매혹과 환멸의
20세기 인물 이야기

매혹과 환멸의
20세기 인물 이야기

이기우 지음

에드워드 8세와 심슨 부인·트루먼·브란트·O.J. 심슨·이사하라·레이건·록 허드슨·간디·구엔 반 티우·루스벨트·피카소·니콜라이 2세·장 제스·드레퓌스·프로이트·이멜다 마르코스·차우셰스쿠·앨런 튜링·고르바초프·프리츠 하버·매릴린 먼로·미테랑·에드거 후버·가와바타 야스나리·파브르·무하마드 알리·옐친·대처·D.H. 로렌스·플리치·콜린 파월·레이철 카슨·엘리아 카잔·그레이스 켈리·푸틴·빌 게이츠·장 록토·히틀러·구르몽·엘리자베스 2세·쿠르트 발트하임·코난 도일·마타하리·맥아더·무솔리니·마리 퀴리·버나드 쇼·수하르토·매들린 올브라이트·스탈린·엘리자베스 테일러·카다피·흐루시초프·처칠·만델라·달라이라마·아베베 비킬라·사르트르·체 게바라·제임스 조이스·린위탕·피아제·문익·아이젠하워·니체·놈 촘스키·솔제니친·생텍쥐페리·샤를 드골·하인리히 뵐·라마크리슈나·앙드레 말로·맬컴 엑스·헤세·아인슈타인·아폴리네르·헤밍웨이·브레히트·트로츠키·엘비스 프레슬리·마네·고상돈·유치환·김기림·김소월·대도 조세형·김형욱·심훈·윤동주·최순희·김광균·신창옥·박헌영·윤보선·황석영·염상섭·방정환·양희은·문익환·탈옥수 신창원·윤심덕·이완용·장준하·함석헌·이준·장영자 부부·이효석·최익현

황금가지

현재란 미래가 과거로 허물어져 가는 순간이다.

—로버트 브라우닝

| 저자의 말 |

　티베트 불교에서는 흔히 전생(前生)을 주사위 쌓기에 비유한다고 하지요. 하나의 생은 숱한 전생의 주사위 위에 또 하나의 주사위를 얹는 과정이며, '지금 이곳'의 주사위는 그것을 떠받드는 무수한 지난 생들의 윤회의 사슬에서 결코 자유롭지 못하다는 것이지요.
　호수 위를 미끄러지는 '시간의 배'는 오직 현재라는 수면 위를 스쳐 지나가는 듯 보이지만 끊임없이 과거의 물살을 지치고 있음을 우리는 봅니다. 역사의 수레바퀴 역시 비슷한 궤적을 그려 가는 게 아닐까요? 우리는 항상 새롭게, 그러나 예외 없이 언제나 어제의 그림자 위에 '오늘'을 써 내려가고 있습니다.
　그러니 그 어느 획기적인 시대도 최종적인 것이 될 권리를 부여받았다고 말할 수는 없을 것입니다. 그 어떤 오늘도 내일의 더 큰 포옹 속을 통과해야 하며 초월되면서 내포되어야 할 운명에 처해 있다는 것이지요. 우리 모두는 내일의 먹이인 것입니다!

　필자는 이 책에서 위대하거나 끔찍했던 20세기 인물과 사건들의 속살을 들추어내면서 이 시대의 매혹과 환멸에 흠뻑 빠져들었습니다. 역사의 공식 문서와, 때로는 신화가 되고 때로는 추문이 되었던 바람의 귀엣말을 통해 울리는 역사의 메아리에 몸을 떨었습니다. 이 책의 모태가 되었던 《동아일보》의 역사 칼럼「책갈피 속의 오늘」은 시간의 화석이 되어 버린 역사의 기록과 문헌에 오늘의 숨결과 온기를 불어넣고자 하는 기획이었습니다.

그리고 새삼 지난날의 진실은 오늘에 다시금 해석되어야 하는 것임을, 오늘의 해석이야말로 역사의 진실에 이르는 진정한 통로임을 새기게 됩니다. 우주의 깊이는 끝없이 깊숙이 들어가므로 해석 또한 끝없이 깊숙이 들어가야 한다고 말한 이는 하이데거였던가요?

아직 탯줄이 끊어지지 않은 20세기, 이 극단의 시대를 찌르는 한마디의 키워드를 꼽으라면 그건 '이성의 과잉'이 아닐까, 생각해 봅니다.

과학적 경험주의랄까 물질주의의 깜짝 놀랄 만한 성공은 보다 더 부드러운 목소리를 가진 다른 모든 것을 몰아내고 합리성의 법칙만을 포식해 온 것은 아닌지요? 그리하여 의미 없는 물질의 분주함만이 우리의 시야를 가득 메우고 있는 것은 아닌지요? 미국의 위대한 사상가 켄 윌버는 이성의 범람, 이것이야말로 프로이트의 진짜 환자라고 개탄합니다.

우리는 지금 정신의 숭고함과 자연의 신성(神性)이 내팽개쳐진 근대의 황무지에서, 막스 베버의 말을 빌자면 '황홀함이 사라진 세계에의 혐오' 속에서 새로운 세기를 맞고 있습니다. 서로 다른 고수(鼓手)의 장단에 발맞추어 행진하는 세계화의 북소리만이 온통 사위를 뒤흔들고 있는 듯합니다……

「책갈피 속의 오늘」을 집필하는 1년여 동안 《동아일보》의 선후배들이 보여 주었던 뜨거운 사랑과 관심에 감사드립니다. 정보 검색을 맡았던 이현주씨와 황금가지 식구들에게도 고마움을 전합니다. 그리고 누구보다, 2년 가까이 원고를 완전히 다시 쓰고 책을 만드는 동안 언제나 변함없이 최초의 독자이자 마지막 독자로 곁을 지켜 준 아내에게 이 졸저(拙著)를 바치고자 합니다.

차례

저자의 말 7

제1부 세계 인물편
그들이 오늘의 지구를 만들었다

동성애와 '독 사과' ▶15
앨런 튜링(1912~1954)

공산당 최후의 로맨티스트 ▶18
고르바초프(1923~)

빵과 독가스 ▶21
프리츠 하버(1868~1934)

20세기의 관능 ▶24
메릴린 먼로(1926~1962)

프랑스의 붉은 장미 ▶26
프랑수아 미테랑(1916~1996)

FBI의 일생 ▶28
에드거 후버(1895~1972)

벚꽃과 사무라이 ▶31
가와바타 야스나리(1899~1972)

곤충의 시인 ▶34
앙리 파브르(1823~1915)

나비처럼 날아 벌처럼 쏘다 ▶36
무하마드 알리(1942~)

'공룡 러시아'의 퇴장 ▶39
보리스 옐친(1931~)

철의 여인 ▶41
마거릿 대처(1925~)

채털리 부인의 사랑 ▶44
D.H. 로런스(1885~1930)

폭로를 향한 열정 ▶47
퓰리처(1847~1911)

부시의 가신? ▶49
콜린 파월(1937~)

침묵의 봄 ▶52
레이철 카슨(1907~1964)

할리우드의 검은 뱀 ▶55
엘리아 카잔(1909~2003)

눈 덮인 화산 ▶58
그레이스 켈리(1929~1982)

푸틴 보나파르트 ▶60
푸틴(1952~)

컴퓨터의 황제 ▶62
빌 게이츠(1955~)

조국의 배신자? ▶65
빌리 브란트(1913~1992)

최후의 딜레탕트 ▶67
장 콕토(1889~1963)

히틀러를 위한 변명 ▶69
아돌프 히틀러(1889~1945)

시온의 시인 ▶72
레미 드 구르몽(1858~1915)

대영제국의 노을 ▶74
엘리자베스 2세(1926~)

오스트리아의 업보 ▶76
쿠르트 발트하임(1918~)

'셜록 홈스'의 작가 ▶78
코난 도일(1859~1930)

팜 파탈 ▶80
마타하리(1876~1917)

맥아더의 전쟁 ▶82
더글러스 맥아더(1880~1964)

대중은 파쇼를 원했다 ▶85
베니토 무솔리니(1883~1945)

남편 퀴리 ▶87
마리 퀴리(1867~1934)

이상과 실천의 작가 ▶90
버나드 쇼(1856~1950)

도시바 왕국의 총독 ▶92
수하르토(1921~)

브로치 외교 ▶94
매들린 올브라이트(1937~)

공포의 기억 ▶97
스탈린(1879~1953)

클레오파트라의 눈 ▶100
엘리자베스 테일러(1932~)

사막의 늑대 ▶102
무아마르 카다피(1942~)

그림의 암살자 ▶105
파블로 피카소(1881~1973)

착한 레닌, 나쁜 스탈린 ▶107
니키타 흐루시초프(1894~1971)

처칠의 구애 ▶109
윈스턴 처칠(1874~1965)

아프리카의 대부 ▶111
넬슨 만델라(1918~)

여우 같은 사자 ▶113
프랭클린 루스벨트(1882~1945)

티베트 불교의 스승 ▶115
달라이라마(1935~)

마지막까지 피는 꽃 ▶118
아베베 비킬라(1932~1973)

행동하는 지성 ▶120
장 폴 사르트르(1905~1980)

20세기 최후의 전사 ▶123
체 게바라(1928~1967)

젊은 예술가의 초상 ▶126
제임스 조이스(1882~1941)

동방 철인의 유머 ▶128
린위탕(1895~1976)

'앎'의 심리학 ▶130
피아제(1896~1980)

중국의 붉은 별 ▶132
쑨원(1866~1925)

전쟁을 증오한 전쟁 영웅 ▶134
아이젠하워(1890~1969)

생각의 다이너마이트 ▶136
프리드리히 니체(1844~1900)

미국의 '반체제' ▶138
놈 촘스키(1928~)

흘러간 노래 ▶140
솔제니친(1918~)

영원 속으로 실종되다 ▶142
생텍쥐페리(1900~1944)

프랑스의 직관 ▶144
샤를 드골(1890~1970)

시민 될, 도덕가 될 ▶146
하인리히 뵐(1917~1985)

영혼의 근원에 이르다 ▶148
라마크리슈나(1836~1886)

행동하는 사도 ▶150
앙드레 말로(1901~1976)

미국에서 가장 성난 흑인 ▶152
맬컴 엑스(1925~1965)

수레바퀴 밑에서 ▶155
헤르만 헤세(1877~1962)

시간의 각성 ▶158
아인슈타인(1879~1955)

20세기의 에스프리 ▶161
기욤 아폴리네르(1880~1918)

킬리만자로의 표범 ▶164
어니스트 헤밍웨이(1899~1961)

시에 불리한 시대 ▶167
베르톨트 브레히트(1898~1956)

비운의 혁명가 ▶170
레온 트로츠키(1879~1940)

로큰롤의 황제 ▶172
엘비스 프레슬리(1935~1977)

인상주의의 빛 ▶174
마네(1832~1883)

제2부 세계 사건편
빛 바래지 않은 현대사의 사진첩

세기의 로맨스? ▶179
1937년 6월 3일 에드워드 8세와 심슨 부인 결혼

노 모어 히로시마! ▶182
1945년 8월 6일 히로시마 원폭 투하

패션과 노출의 핵폭발 ▶184
1946년 7월 5일 비키니 수영복 발표

브란트, 무릎을 꿇다 ▶186
1970년 3월 29일 제2차 동서독 정상회담

사슴이 머무는 곳 ▶189
1947년 3월 12일 트루먼 독트린 발표

배꼽 아래의 진실 ▶191
1947년 4월 8일 킨제이 연구소 설립

콩코드의 오류 ▶193
2000년 7월 25일 콩코드 여객기 추락

'커밍아웃'의 세기 ▶195
1969년 5월 15일 캐나다 동성애 처벌 규정 삭제

궁극의 목표 ▶197
1953년 5월 29일 에베레스트 최초 등정

인종의 용광로? ▶199
1992년 4월 30일 로스앤젤레스 폭동

스푸트니크의 연인 ▶201
1957년 10월 4일 최초 인공위성 발사

중후한 숙녀의 변신 ▶203
1951년 9월 18일 《뉴욕 타임스》 창간

진실게임? 파워게임? ▶205
1973년 5월 17일 워터게이트 청문회

'가장 흰 색깔을 가진' 흑인 ▶ 208
1995년 10월 3일 O. J 심슨 무죄 평결

은밀하고 조용하게! ▶ 210
1989년 7월 17일 스텔스 기 시험 비행

존사(尊師) 아사하라 ▶ 212
1995년 3월 20일 도쿄 지하철 독가스 살포

스타 워즈 에피소드 I ▶ 215
1983년 3월 23일 스타 워즈 계획 발표

질병의 은유 ▶ 218
1985년 10월 2일 록 허드슨 에이즈로 사망

유에프오의 사회학 ▶ 220
1947년 6월 24일 UFO 최초 목격 보고

냉전의 눈 ▶ 222
1960년 5월 1일 소련의 미 정찰기 격추 사건

대서양주의자의 선택 ▶ 224
1952년 5월 26일 4국 평화 협정

20세기의 복음 ▶ 226
1998년 5월 ?일 비아그라 시판

우주의 '하얀 잠자리' ▶ 228
2001년 3월 23일 러시아 우주정거장 미르 폐기

대통령이 잠든 사이에 ▶ 230
1981년 3월 30일 미국 레이건 대통령 피격

원자력 시대의 잔다르크 ▶ 233
1983년 3월 ?일 독일 녹색당 연방의회 진출

크렘린의 불청객 ▶ 235
1987년 5월 28일 세스나 기 모스크바 착륙

'매 맞는 아내'의 미소? ▶ 237
1911년 8월 21일「모나리자」도난 사건

위대한 영혼 ▶ 240
1930년 4월 6일 간디의 소금 행진

'신의 언어'를 읽다 ▶ 243
2000년 6월 26일 인간 게놈 프로젝트 발표

타이탄의 저주 ▶ 245
1912년 4월 14일 타이태닉 호 침몰

러시아의 '흘러간 노래' ▶ 247
1912년 5월 5일《프라우다》창간

사라예보의 총성 ▶ 250
1914년 6월 28일 오스트리아 황태자 부부 피격

금괴 소리 ▶ 252
1975년 4월 30일 사이공 함락

신성 로마 제국의 부활? ▶ 255
1929년 2월 11일 바티칸 시국 독립

루스벨트의 웃음 ▶ 258
1933년 3월 3일 뉴딜 정책

하늘이 뚫리다 ▶ 260
1937년 4월 26일 게르니카 공습

금조(金鳥)의 나래를 펴다 ▶ 262
1937년 5월 27일 골든게이트 브리지 완공

팔레비의 부메랑 ▶ 264
1979년 2월 1일 이란 팔레비 왕정 붕괴

'차별의 강'을 건너다 ▶ 266
1920년 8월 26일 미국 여성 참정권 획득

덩의 이중주(二重奏) ▶ 268
1976년 4월 4일 제1차 톈안먼 사건

살인자에 대한 살인 ▶ 271
1955년 7월 13일 영국 최후의 사형 집행

종말론의 예언자, 명의 노트르담 ▶ 273
2001년 9월 11일 세계무역센터 테러

니콜라이 2세와 '스톨리핀의 넥타이' ▶ 275
1917년 3월 8일 러시아 2월 혁명 발발

권력의 화신 ▶ 277
1927년 4월 12일 장제스의 상하이 쿠데타

19세기 '생각의 고속도로' ▶ 279
1844년 5월 24일 최초의 전신 송신

나는 고발한다! ▶ 281
1894년 12월 22일 드레퓌스 사건

프로이트의 시대 ▶ 283
1900년 프로이트『꿈의 해석』출간

이멜디픽 ▶ 286
1989년 이멜다 마르코스 하와이로 망명

드라큘라의 나라 ▶ 288
1989년 12월 25일 차우세스쿠 처형

제3부 한국편
우리가 겪어 온 시대와 사람들

왜 에베레스트인가? ▶ 293
고상돈(1948~1979)

생명의 서 ▶ 296
유치환(1903~1967)

쉬리야, 반갑다! ▶ 299
1999년 4월 10일「쉬리」관객 200만 명 돌파

모더니즘의 '잰 걸음' ▶ 302
김기림(1908~?)

즈려밟고 가시옵소서 ▶ 305
김소월(1902~1934)

미인 대회 열전 ▶ 308
1957년 5월 29일 제1회 미스코리아 선발 대회

권력의 곳간 속 ▶ 310
1983년 4월 19일 대도 조세형 탈주

'일인지하'의 말로 ▶312
김형욱(1925~?)

맥크레이지! ▶315
1988년 3월 29일 맥도널드 한국 상륙

민족의 상록수 ▶317
심훈(1901~1936)

하늘과 바람과 별과 시 ▶319
윤동주(1917~1945)

고구마의 승리 ▶322
1978년 4월 24일 함평 고구마 투쟁

동방의 백조 ▶325
최승희(1911~1969)

'와사등'의 시인 ▶328
김광균(1914~1993)

섹스, 여배우 그리고 비디오 ▶330
1999년 3월 O양 비디오 파문

영화 같은 삶 ▶332
신상옥(1920~2006)

올 것이 왔구나! ▶335
1962년 3월 22일 윤보선 대통령 사임

눈물 젖은 두만강 ▶337
박헌영(1900~1955)

베꼬니아의 핏방울 ▶339
1960년 3월 15일 3·15 부정 선거

분단 시대의 작가 ▶342
황석영(1934~)

초대받지 않은 손님 ▶345
1961년 5월 18일 제2공화국 장면 내각 사퇴

한국 근대 문학의 거봉 ▶347
염상섭(1897~1963)

근대문학의 두 얼굴 ▶349
1925년 8월 카프 결성

어린이들을 잘 부탁하오! ▶352
방정환(1899~1931)

한미 동맹, 그 겉과 속 ▶354
1953년 7월 27일 6·25 전쟁 정전 협정

긴 밤 지새우고 ▶356
양희은(1952~)

부모의 가슴에 묻다 ▶358
1991년 3월 26일 개구리 소년 실종

김일성과 포옹하다 ▶361
1989년 3월 25일 문익환 평양 방문

신출경물 ▶364
1997년 1월 신창원 탈옥

사의 찬미 ▶366
윤심덕(1897~1926)

5공의 방주 ▶368
1987년 2월 28일 평화의 댐 착공

시류를 따라 이(利)를 좇을 뿐 ▶370
이완용(1856~1926)

냉전의 포로들 ▶373
1993년 3월 19일 이인모 노인 송환

카사노바를 위한 변명 ▶375
1955년 5월 박인수 검거

나는 새도 떨어뜨린다 ▶377
1961년 6월 10일 중앙정보부 창설

입을 꿰매도 할 말은 했다! ▶379
장준하(1918~1975)

사법부 길들이기 ▶382
1971년 7월 28일 제1차 사법 파동

씨울의 소리 ▶385
함석헌(1901~1989)

김일성의 목을 따라! ▶387
1971년 8월 23일 684부대 실미도 탈출

오래된 수렁 ▶390
1965년 2월 25일 사이공 부대 베트남 도착

이역만리에서 지다 ▶393
이준(1859~1907)

메밀꽃 필 무렵 ▶396
이효석(1907~1942)

공순이가 영애에게! ▶398
1979년 8월 11일 신민당사 YH 농성 진압

민나 도로보데스! ▶401
1982년 5월 4일 이철희·장영자 부부 구속

문화재의 창씨개명 ▶403
1996년 11월 28일 홍인지문 명칭 회복

백제사의 여백 ▶405
1971년 7월 8일 공주 무령왕릉 발굴

도끼를 든 선비 ▶407
최익현(1833~1906)

제1부 세계 인물편

그들이 오늘의 지구를 만들었다

| 앨런 튜링 · 1912~1954 |

동성애와 '독 사과'

"사회가 나를 여자로 변하도록 강요했으므로
순수한 여자가 할 만한 방식으로 죽음을 택한다……."

영국의 천재 수학자 앨런 튜링.

그는 스물일곱 살에 이미 현대 컴퓨터의 원형이라 할 튜링 머신을 수학적으로 고안했다. 그가 연산 컴퓨터 콜로서스(Colossus)를 만든 게 1943년이니, 세계 최초의 컴퓨터로 알려진 미국의 에니악(ENIAC)보다 2년을 앞선다.

튜링은 제2차 세계 대전 당시 난공불락이었던 독일의 에니그마(Enigma) 암호 체계를 뚫고 들어갔다. 노르망디 상륙작전이 개시되기 전, 그는 적국의 교신 내용을 수신자보다 먼저 해독하고 있었다. 연합군의 상륙 지점을 칼레로 예상했던 독일군의 정보를 미리 빼냈다. 그가 없었더라도 연합국이 그렇게 승리를 장담할 수 있었을까?

그러나 튜링은 단 한 가지, 성적(性的) 취향이 다수와 다르다는 이유로 쓰레기처럼 내동댕이쳐진다. 1952년 동성애 혐의로 체포돼 유죄 판결을 받았다. 법원은 그에게 십 년간 감옥생활을 할지, 아니면 여성 호르몬인 에스트로겐 주사를 맞을 것인지 양자택일하라고 명령한다.

에스트로겐 주사는 일종의 '화학적 거세'였다. 여성 호르몬을 지속적으로 투입해 치명적인 신체 변화를 유도한다. 발기 불능, 신경 중추 손상, 그리고 무엇보다 참을 수 없는 것은 나날이 부풀어 오르는 유방(?)이었다.

튜링은 더는 견딜 수 없었다. 1954년 6월 7일, 튜링은 치사량을 정확히 계산한 뒤 시안화칼륨(청산가리)을 사과에 주사했다. 그리고 백설 공주처럼 그 '독사과'를 베어 물었다. 그가 메모지에 끄적거린 유언은 씁쓸한 뒷맛을 남긴다.

"사회가 나를 여자로 변하도록 강요했으므로 순수한 여자가 할 만한 방식으로 죽음을 택한다······."

자신의 성 정체성에 사형 선고를 내린 동시대에 대한 신랄한 야유였다. 튜링의 나이 마흔둘. 이제 막 전쟁의 부역에서 벗어나 진정한 천재의 능력이 만개하던 때였다.

어려서부터 숫자밖에 몰랐던 튜링. 그는 부끄러움을 잘 타고 자기 표현에 서툴렀다. 호흡기를 보호한다며 방독면을 쓰고 다녔던 이 예민한 청년이 자신의 동성애 성향을 처음 눈치 챈 것은 고교 시절이었다. 안개가 영국의 일부이듯 동성애는 영국 기숙사 학교 체계의 일부였다.

그러나 튜링은 1950년대 영국 사회에서 동성애자가 얼마나 지독한 혐오의 대상인지를 알지 못했다. 그렇지 않았다면 법원에서 그리도 순순히 동성애 사실을 시인하지는 않았을 것이다.

이 불세출의 천재 수학자는 인공지능 개념도 처음 생각해 냈다. 답이 컴퓨터에서 나왔는지 사람의 뇌에서 나왔는지 분간할 수 없다면 기계는 이미 생각하기 시작한 것이라는 유명한 말을 남겼다.

튜링은 죽기 전에는 생명체의 형상(形狀) 생성에 관한 연구에 몰두했다. 그는 신의 비밀에 너무 가까이 다가갔던 것일까.

이십여 년이 흐른 뒤, 애플 사의 창업자 스티브 잡스는 인류 최초의 개인용 컴퓨터를 만들고 이름을 '애플(Apple)'이라고 지었다. 그리고 한 입 베어 먹은 사과 모양을 로고로 택했다.

그것은 '진정한 컴퓨터의 아버지'에 대한 경의였을까.

| 고르바초프 · 1931~ |

공산당 최후의 로맨티스트

"소련은 너무 일찍, 그리고 너무 빨리 민주주의에 편입됐다.
고르비는 개혁의 와중에 고삐를 놓치고 말았다."
—— 로버트 스칼라피노

1985년 3월 10일. 쉰네 살의 소련 공산당 최연소 정치국원인 미하일 세르게예비치 고르바초프가 당 서기장에 선출된다. 그의 정치적 후견인이었던 안드로포프와 정적 체르넨코의 짧은 치세 뒤끝이었다. 흐루시초프가 뿌린 해빙의 씨앗이 17년에 걸친 '브레즈네프의 얼음장'을 뚫고 싹을 틔우는 순간이었다.

제정 러시아의 표트르 대제(大帝) 이후 가장 강력한 개혁자였던 미하일 고르바초프.

그러나 역사는 이 '세계사적 개인'이 장차 어떤 지도를 그려나갈지 알지 못했다. 그가 집권한 지 4년 만에 베를린 장벽이 무너졌고 그 얼마 뒤 소련 연방이 해체되었다.

고르비(고르바초프의 애칭)는 흐루시초프의 사상적 적자(嫡子)였다. 공산당의 현대화, '인간의 얼굴을 가진 사회주의'를 지향했다. 우리는 변해야 합니다! 내일을 살아야 합니다! 그의 외침은 동서 냉전의 강고한 껍질을 깨부쉈고 마침내 노보에미슐레니(신사고)의 용암이 솟구쳐 올랐다.

고르비는 소모적이고 파국적인 미소 군비 경쟁에 브레이크를 걸었다. 1988년 일방적으로 국방비 삭감과 소련군 50만 명 감축을 선언했다. 이 듬해 12월에는 지중해 몰타에서 사상 최초로 미·소 정상회담을 갖고 냉전 체제의 공식 종언을 선언했다.

　소련군을 아프가니스탄에서 거둬들이고 동유럽을 소련의 사슬에 묶어 둔 브레주네프 독트린을 폐기했다. 그는 동구 국가들에게 '시내트러 독트린'이라는 새로운 자결 원칙을 제시했고, 프랭크 시내트러의 그 노래 제목처럼 동유럽은 제각기 민주화의 마이 웨이(My Way)를 걸어갔다. 소련 내에서는 페레스트로이카라는 이름 아래 경제 개혁이, 글라스노스트라는 이름 아래 정치 자유화가 급속히 진행되었다.

　영국의 대처 전 수상은 "말이 통하는 크렘린 지도자를 만났다"고 반색했다. '철의 여인'은 고르비의 세련된 매너에서 본능적으로 탈(脫)공산주의의 냄새를 맡았다. 시사 주간지 《타임》은 그가 플라톤 정치 철학의 도를 터득했다고 극찬했다. 고르비는 국제 무대에서 상종가를 기록했다. 유럽 대통령을 뽑는다면 그가 가장 유력한 후보였고, 1990년 그의 서기장 사임설이 보도되자 뉴욕과 도쿄 증권 시장에서 주가가 폭락했다.

　그러나 그의 이마의 반점은 어느 관상가의 예언대로 미래의 불안을 반영하는 불길한 징조였던가. 언제부터인가 페레스트로이카와 글라스노스트는 스스로의 가속도를 견디지 못하고 삐걱거리기 시작했다. 소련은 1917년 러시아 혁명 때와 흡사한 혼란과 불안에 휩싸인다. "소련은 너무 일찍, 그리고 너무 빨리 민주주의에 편입됐다. 고르비는 개혁의 와중에 고삐를 놓치고 말았다."(로버트 스칼라피노)

　이때 미국의 《워싱턴 포스트》는 고르비가 2월 혁명의 권력투쟁에서 패배한 온건사회민주주의자 '케렌스키의 딜레마'에 빠졌다고 보도했다. 다당제 정치와 자유 시장경제로 신속히 이행할 것인가? 아니면 자본주의의 마신(魔神)을 전체주의라는 병 속에 다시 가둘 것인가?

　선택은 분명했다. 그가 해야 할 일은 진정한 혁명이었다. 역사는 고르비의 온화한 미소 속에 '철의 이빨'을 감추고 있었으니, 그것은 고르비조차 원치 않았던 옐친의 등장이었다.

고르비의 한계는 뚜렷했다. 그는 어떻게든 레닌의 정신으로 되돌아가고자 했다. 옐친은 과거와 단절을 원했으나 고르비는 과거와 미래의 정치를 연결시키고자 했다. 그는 사회주의의 포기가 아니라 인간이 중심이 된 사회주의의 재생을 원했다. 고르비는 급진파의 요구에 분명한 선을 그었다. 그러나 옐친은 "공산주의는 지상에서 실현될 수 없는 이상"이라며 당적을 내던졌다.

역사의 선택은 분명해졌다. 1991년 '충분히' 예상되었던 보수파들의 쿠데타가 일어났을 때, 그리고 옐친이 그를 구하기 위해 탱크 위에 올라섰을 때 고르비의 시대는 이미 끝나 있었다.

"휴지통에 내던져진 공산주의의 역사에서 고르비는 최후의 로맨티스트였다……."(게일 쉬이)

| 프리츠 하버 · 1868~1934 |

빵과 독가스

"하버가 없었다면 제1차 세계 대전이 그리 오래가지는 않았을 것이다."

"평화 시에는 인류에, 전시에는 조국에 봉사한다!"

독일이 낳은 20세기 최고의 화학자 프리츠 하버. 그는 평화 시에 공기에서 빵을 만들었고, 전시에는 소금에서 독가스를 만들었다.

1911년 베를린 카이저빌헬름 연구소의 책임자로 부임한 하버는 정부의 명을 받들어 독가스 개발에 착수했다. 그리고 1915년, 소금을 분해해 대량으로 염소 가스를 만들어 냈다. 그것은 공기보다 2.5배나 무거워 참호에 숨어 있는 적에게 치명적이었다.

제조 및 살포 방법이 단순해 '가난한 자들의 무기'로 불리는 생화학무기. 현대적 의미에서 이 대량 살상 무기를 처음 개발한 이가 하버였다. 그는 독가스가 얼마나 위험한 것인지 잘 알고 있었지만 "독가스를 사용하고 사용하지 않고는 전적으로 독일 정부의 몫"이라고 얼버무렸다. 그는 독가스의 효능을 입증하기 위해 직접 실전에도 참여했다. 그의 애국심은 단지 '실험실의 과학자'로 만족할 수 없었던 것이다.

1915년 4월 벨기에의 이프르 전선. 독일군이 바람에 날려 보낸 하버의 독가스는 가공할 위력을

발휘한다. 참호에 숨어 있던 프랑스-캐나다 연합군 1만 5000명이 피를 토하며 쓰러졌다. 5,000명이 사망하고 6,000명이 실신 상태에서 포로로 붙잡혔다.

여기저기서 비난이 쏟아졌으나 그는 "독가스도 여느 폭탄과 다를 바 없다"고 둘러댔다. 그러나 역시 화학자였던 그의 부인 클라라 임머바르는 남편의 독가스 개발에 항의해 자살하고 만다. 동료들이 하버의 혁혁한 전공을 기려 축하 파티를 벌이던 밤의 일이다. 그런데도 하버는 아무 일도 없었다는 듯이 이튿날 전선으로 달려갔다.

대량살상무기를 만들었지만 본의 아니게(?) 인류를 식량난에서 구한 것도 하버였다. 그는 현대 인류의 가장 위대한 화학적 업적으로 꼽히는 암모니아 합성법을 개발했다. 화학비료 제조의 원조 격인 암모니아 합성은 기근에 허덕이던 유럽에 단비를 뿌렸다. '공기에서 빵을 만드는' 이 농업 혁명으로 식량 생산은 여섯 배 이상 늘어났다. 1918년 하버는 이 공로로 노벨 화학상을 수상한다.

그러나 하버가 암모니아 합성법을 개발하게 된 동기 역시 순수하지 못했다. 당초 연구 목적은 독일이 전쟁에서 사용할 폭약의 원료인 질산을 만드는 것이었다. 당시 독일은 연합국의 해상 봉쇄로 질산의 원료인 칠레산 초석을 수입할 길이 막혀 있었던 것이다. "하버가 없었다면 제1차 세계 대전이 그리 오래가지는 않았을 것"이라는 얘기는 충분히 근거가 있다.

하버는 전쟁이 끝난 후에도 조국에 부과된 막대한 전쟁 배상금을 마련하기 위해 바닷물에서 금을 추출하는 연구에 매달렸다. 그의 애국심은 결코 마르는 법이 없었다. 하버는 유대인 태생이었으나 유대인이기보다 독일인이기를 원했다. 자신의 조국을 위해 기꺼이 민족을 버릴 준비가 돼 있었고, 일찌감치 기독교로 개종했다.

그러나 1933년 반(反)유대인 정책을 내세운 히틀러 정권이 부상하면서 이 위대한 독일의 화학자는 '유대인 하버'로 낙인찍히고 만다. 그해 어쩔 수 없이 실험실을 떠나야 했던 하버는 같은 유대인 과학자인 아인슈타인에게 속마음을 털어놓는다.

"내 생애에 지금처럼 절절히 유대인인 적은 없었네……."

그런데 히틀러는 하버가 만든 그 독가스로 그의 동족 수백만 명을 학살하고 말았으니.

| 메릴린 먼로 · 1926~1962 |

20세기의 관능

먼로는 디마지오와 9개월 만에 갈라섰다.
그 이태 뒤 극작가 아서 밀러와 재혼했으나 5년 만에 다시 헤어졌다.
세상은 그녀가 '한 남자의 여자'이기를 결코 원하지 않았다.

"할리우드에서 여자의 인격은 머리 모양보다도 중요하지 않다. 할리우드는 키스 한 번에 1,000달러를 지불하지만 영혼은 50센트밖에 나가지 않는다……"

할리우드, 그곳은 메릴린 먼로에게 삶의 중심이었다. 세상의 축이었다. 그러나 할리우드는 오직 그녀의 몸을 탐했다. 그녀를 육체 속에 감금시키고 그녀의 영혼을 갉아먹었다.

1953년 먼로가 출세작인「나이아가라」에서 선보인 '먼로 워크'. 독특하게 엉덩이를 흔드는 그 육감적인 몸짓은 이내 20세기의 성적 코드가 되었다. 관능이야말로 먼로의 정체성이었다.

20세기의 성(性)은 그녀를 만나 대중성을 부여받았다. '집단적 관음(觀淫)'이 시작된 것이다. 그녀가《플레이보이》창간호의 표지 모델이 된 것은 결코 우연이 아니다.

본명 노마 제인 모텐슨. 어머니에게서 버림받고 고아원에서 자랐던 먼로의 어린 시절은 불우했다. 이따금씩 찾아와 5달러짜리 지폐를 쥐어 주곤 하던 여인이 자신의 어머니인 줄은 꿈에도 몰랐다. 양녀로 이집저집 떠돌아야 했고 아홉 살 되던 때 이웃집 아저씨에게 성폭행을 당했다.

아무것에도, 누구에게도 속하지 않았던 먼로. 그녀는 열세 살 때 수영복을 입고 바닷가를 거닐다 사람들의 뜨거운 시선 속에서 비로소 깨달았다.

자신이 발가벗겨짐으로써 세상에 가까이 다가갈 수 있음을 몸으로 느꼈다.

1954년 섹시 스타로서 한창 물이 오를 무렵 먼로는 미국 메이저리그의 영웅 조 디마지오를 만나 결혼한다. 미국인들이 가장 탐닉하는 영화와 야구, 그 두 분야의 최고 스타들의 로맨스는 사람들을 흥분시켰다.

헤밍웨이의 소설『노인과 바다』와 사이먼 앤드 가펑클의 노래「로빈슨 부인」에도 등장하는 디마지오는 살아 있는 전설이었다. 제2차 세계 대전으로 뒤숭숭하던 1941년, 미국인들은 그의 56경기 연속 안타 행진을 지켜보며 시름을 잊었다. "오늘도 쳤습니까?" 그게 인사였다.

그러나 두 사람은 9개월 만에 파경에 이르고 만다. 먼로는 이태 뒤 저명한 극작가인 아서 밀러와 재혼했으나 5년 만에 또 다시 헤어졌다. 세상은 그녀가 '한 남자의 여자'이기를 결코 원치 않았다.

최근 먼로는 여성학자들에 의해 새롭게 조명된다. 사회적 약자를 옹호하는 진보적 이념을 따랐으며, 매카시즘에 "노!"라고 저항했던 용기 있는 배우로 인식되고 있다. 그녀는 할리우드의 가부장적 체제에도 강한 거부감을 느꼈다. 그러면서도 자신의 육체적 매력을 남성의 판타지 속에 한껏 투사하며 생존을 도모해야만 했으니.

그녀는 수수께끼 같은 여자였다. 자아 도취와 자기 혐오라는 극단적인 자기 분열은 끝내 그녀를 죽음으로 내몰았다.

먼로는 결국 자신의 몸에서 자유롭지 못했다. 몸에서 벗어나지 못했다. 그리고 마침내 그 '몸'에 질식당했다.

그런데도 우리는 여전히 그녀의 속살을 엿보고 있다!

| 프랑수아 미테랑 · 1916~1996 |

프랑스의 붉은 장미

그는 극도의 실용주의 노선을 좇았다.
수많은 개혁 조치에도 시장경제에서 멀리 떠나지 않았다.
수시로 '오른쪽'으로 기우뚱거렸다.

1981년 5월 10일. 마침내 프랑스의 '붉은 장미'가 꽃망울을 터뜨렸다. 프랑수아 미테랑이 현직 대통령 지스카르 데스탱을 물리치고 사회당 출신으로는 처음 대통령에 당선된 것이다. 드골의 재등장 이후 퐁피두와 데스탱을 거쳐 20년 넘게 우파 정권이 이어졌으니, 좌파로서는 이날 '빛과 어둠을 갈랐다'며 감격할 밖에.

미테랑은 임기 7년의 대통령 직을 두 번 꼬박 채웠다. 제5공화국 대통령으로 최장수였고, 엘리제궁은 장밋빛으로 짙게 물들었다. 그는 재임 중 두 차례에 걸쳐 좌파 대통령에 우파 정부라는 기이한 쌍두마차를 몰았다. '좌우 동거'는 사회당 개혁주의에 대한 절묘한 견제와 균형을 이루며 당초 우려와는 달리 순항했다.

미테랑은 집권한 뒤 이념주의자들이 득실대는 사회당 내에서 극도의 실용주의 노선을 좇았다. 수많은 개혁 조치에도 불구하고 자유 시장 경제에서 그리 멀리 떠나지 않았다. 임기 내내 인플레이션과 실업자 문제가 이념의 발목을 붙잡았고, 그는 '오른쪽'으로 기우뚱거렸다. 유럽의 정치 경제적 통합을 일궈 낸 1991년의 마스트리히트 조약은 그의 최대 치적으로 꼽힌다.

그러나 임기 말 잇따라 정치적 스캔들이 터지면서 국민

들은 미테랑의 또 다른 얼굴에 크게 당혹하지 않을 수 없었다. 영국의 《옵서버》는 미테랑이 제2차 세계 대전 당시 나치의 괴뢰 정권인 비시 정부에 부역했으며 그 수반인 필리프 페탱에게서 훈장을 받았다고 폭로했다. 비시 정부와 그 시대의 께름칙한 기억은 프랑스 현대사의 아킬레스건이 아닌가.

미테랑은 『끊어진 회고록』에서 이렇게 얼버무렸다.

"다른 대부분의 사람들이 그러했듯이 나는 페탱이 프랑스를 보호할 수 있을 것이라고 생각했다. 그가 반(反)독일적이라고 여겼다. 정치인으로서 나는 무명의 신인이었고 어렸다."

뒤이어 전화 도청설, 의문사 개입설, 건강 기록 조작설이 터져 나온다. 1994년 11월 《파리 마치》는 미테랑이 혼외 관계에서 '완두콩처럼 꼭 빼닮은' 스무 살 먹은 딸을 두었다며 부녀가 함께 찍은 사진을 공개했다.

그러나 놀랍게도, 정작 비난에 휘말린 것은 《파리 마치》였다. 《르 몽드》가 뽑은 타이틀은 이랬다. "그래서 어떻다는 말인가?"

사후에도 미테랑의 신화는 계속된다. 그가 죽었을 때 프랑스 일간 신문의 판매 부수는 1970년 드골 사망 이래 최대를 기록했다. 많은 프랑스인들에게 그는 드골과 또 다른 의미에서 프랑스의 영광을 구현한 지도자로 기억되었고 있었다.

그러나 1996년 숨지기 전, 미테랑은 탄식했다. "나는 수명을 넘겨 살고 있어……." 그리고 주변에 간곡히 당부했다.

"추모 연설은 필요 없네. 갈색 장미, 보라색과 노란색 붓꽃 다발 외에는 어떤 조화도 놓지 말게……."

| 에드거 후버 · 1895~1972 |

FBI의 일생

그는 8명의 대통령을 모셨다.
FBI는 엄연히 법무부의 지휘 아래 있었지만 대통령을 직접 상대했다.
대통령조차 그에게는 두려움을 느끼고 있었다.

'FBI의 일생'을 살았던 후버.

1924년 스물아홉 살의 젊은 국장 에드거 후버가 부임하면서 FBI는 국내 스파이 활동에 흠뻑 젖어들었다.

후버의 수중에서 FBI의 얼굴은 이지러진다. 도청, 미행, 감시, 폭로, 암살……. 냉전과 반공주의의 광기 속에서 수만 명의 평화운동가와 시민운동가, 인권 및 소수 민족 단체에 대해 광범위한 불법 행위가 저질러졌다.

FBI의 비밀작전은 '코인텔프로(Cointelpro)'라는 암호명으로 15년간 지속됐다. 허다한 과학자, 문인, 예술가, 연예인들이 FBI의 정치 사찰 리스트에 오른다. 어니스트 헤밍웨이, 윌리엄 포크너, 존 스타인벡, 토마스 만, 펄 벅, 그리고 앨버트 아인슈타인, 파블로 피카소, 헨리 무어, 존 레넌, 마릴린 먼로, 프랭크 시내트러……. 미국 땅을 한번도 밟아 본 적 없는 피카소는 'C(공산주의자)' 및 'R(러시아 첩자)'로 분류됐다.

FBI를 '미국의 게슈타포'에 비유했던 헤밍웨이에 대한 'X파일'은 FBI의 사감(私感)이 역력하다. 헤밍웨이는 술주정뱅이에 공산주의자요, 3류 작가로 내쳐진다. 파일은 그를 이렇게 깎아내렸다.

"헤밍웨이가 창조해 낸 문체는 추악한 것이었다. 그는 동시대 작가 중 최하위다!"

FBI는 많은 '자원 봉사자'들을 거느리고 있었다. 배우 로널드 레이건과 존 웨인, 가수 엘비스 프레슬리는 충실한 정보원들이었다. 그들은 동료들의 친공(親共) 성향을 세세히 고해 바쳤다. '비밀정보원 T10'으로 불렸던 레이건은 1940년대 영화배우 조합을 이끌면서 반대자들을 체제 전복 세력으로 지목하기도 했다.

반세기 가까이 FBI 국장을 역임했던 후버. 그는 8명의 대통령을 모셨다. 1908년 법무부 검찰국으로 출발한 FBI는 엄연히 법무부의 지휘 하에 있었으나, 그는 언제나 대통령을 직접 상대하려 했다. 대통령들은 후버에게 두려움을 느끼고 있었다. 케네디와 닉슨이 그를 해임하려 했지만 실패했다. 후버는 그들의 결정적인 약점을 쥐고 있었다.

1972년 후버가 숨졌을 때 미 전역의 관공서와 군 기지에는 조기가 내걸린다. 닉슨 대통령은 그를 '미국의 영웅'이라고 칭송했고 당시 캘리포니아 주지사였던 레이건은 "후버보다 이 나라에 업적을 남긴 20세기의 인물은 없다"고 애도했다.

과연 그럴까? 미국인들은 후버를 오류를 범하지 않는 청렴결백한 인물로 믿었으나 그는 국민의 신뢰를 악용했다. 후버가 죽은 뒤 그가 평생에 걸쳐 집착해 온 사찰이 그 자신을 겨냥하자 놀라운 사실들이 속속 밝혀진다.

후버는 재임 중 공직사회의 동성애자를 색출해 추방하는 데 광분했으나, 정작 그 자신이 동성애자임이 드러났다. 모든 공작이 연막이었던 것이다. 보좌관과 40년간 열렬한 동성애에 빠졌던 그는 소녀의 옷차림으로 '게이 파티'에 서성거리는 장면이 목격되었다.

마피아와 '추잡한 거래'를 일삼았고, 1939년 마피아 소탕 때는 '암흑가의 수상' 프랭크 코스텔로와 함께 진압 작전을 논의하기도 했다. 동성애 장면을 찍은 사진이 마피아에 넘어가 이를 폭로하겠다는 마피아의 협박에 후버가 굴복했다는 얘기도 들린다.

1972년 후버는 집무실에서 급사했다. 사인은 지금껏 의문으로 남아 있다. 부검이 실시되지 않은 후버의 죽음에 대해 일부에서는 타살로 단정한다. "후버의 적은 세계 도처에 득실대고 있었다……."

| 가와바타 야스나리 · 1899~1972 |

벚꽃과 사무라이

그는 죽음을 투명하게 바라보았다.
그 투명함은 너무 쓰라려 달랠 길이 없었다.
눈처럼 차가웠다.

1972년 4월 16일. 소설 『설국(雪國)』으로 우리에게도 친숙한 일본의 작가 가와바타 야스나리(川端康成)가 자살했다. 입에 가스관을 물고서였다. 그의 나이 73세. 노벨 문학상을 수상한 지 3년 반 만이었다. 아무런 유서도 남기지 않았고, 스스로 목숨을 끊어야 할 그 어떤 낌새도 없었다.

이날 그는 예의 버릇처럼 글을 쓰다 말고 훌쩍 집을 떠났다. 쓰다 만 원고지엔 '또'라고 씌어져 있었고, 만년필은 뚜껑이 열린 채였다. 자살은 깨달음의 자세가 아니라고 말해 온 그였다. 노벨 문학상을 받고 난 뒤 왕성하게 활동하던 그였다. 어쩌면 그 자신도 스스로의 죽음을 예상치 못했던 것일까.

가와바타의 생과 문학에는 죽음의 그림자가 미행(尾行)한다. 두세 살 때에 잇따라 부모를 잃고, 얼마 지나지 않아 누이와 할머니의 죽음을 지켜보았다. 백내장으로 눈이 먼 할아버지와 단 둘이 외롭게 자랐으나 열다섯 되던 해에 그마저 떠나보내야 했다. 자전적 소설 『열여섯 살의 일기』에 가와바타는 이렇게 썼다.

"정오의 햇살이 내리쬐는 언덕에서 소년은 할

아버지의 뼛가루가 든 항아리를 들고 코피를 흘린다⋯⋯."

가와바타는 10대에 이미 삶의 끝에 잠겨 있는 죽음의 문을 보았다. 삶은 그 문으로 향하고 있었으니 죽음의 문고리는 삶을 여는 열쇠였다. 그는 죽음을 투명하게 바라보았다. 그 투명함은 너무 쓰라려 달랠 길이 없었다. 눈처럼 차가웠다.

"국경의 긴 터널을 빠져나오니 설국이 펼쳐졌다. 밤의 밑바닥이 하얗게 변했다⋯⋯."(『설국』)

허무의 칼날이 긋는 생(生)의 생채기와 홀로 남겨졌다는 '노란 현기증.' 그 고독과 단절감 속에서 그는 문학적 성취가 지극한 탐미주의를 일궈냈다. 신비의 경지에 이르는 섬세한 묘사 속에 '아름다운 일본의 나'를 꽃잎처럼 흘려보냈다.

가와바타는 일본의 전통과 문화를, 모든 일본적인 것을 찬미했다. 그 극단에는 '천황 폐하 만세'를 외치며 할복한 제자 미시마 유키오(三島由紀夫)가 있었다. 가와바타가 죽은 뒤 미시마는 육상자위대 사령관실로 쳐들어가 일본도로 배를 가르고 내장을 꺼냈다. 조수가 그 목을 쳤다. 그들의 니힐에는 순정의 미가 있다. 벚꽃의 속살처럼 눈이 부신. 그리고 그 눈부신 벚꽃의 낙화엔 사무라이의 칼날과 가미카제의 광기가 너울거린다.

예순아홉의 나이에 하얀 머리칼을 반짝이며 스웨덴 한림원의 노벨상 시상식장에 섰던 가와바타. 그는 에도(江戶)시대 승려 시인 료칸(良寬)의 시를 읊조렸다.

내 삶의 기념으로
무엇을 남길 건가
봄에 피는 꽃

산에 우는 뻐꾸기
　　가을은 단풍 잎새

그는 이 생에서 단지, 아름다움만을 보고자 했던가…….

| 앙리 파브르 · 1823~1915 |

곤충의 시인

"쇠똥구리에게 똥은 밥이요, 하늘이요, 집이다."

"나는 꿈을 꿀 때마다 단 몇 분만이라도 우리 집 개의 뇌로 생각할 수 있기를 바랐다. 모기의 눈으로 세상을 볼 수 있기를 바라기도 했다. 그럴 수 있다면 세상은 얼마나 다를 것인가?"

1915년 10월 11일. '곤충의 시인'이요 '내 형제 중 지극히 작은 자'(「마태복음」)들의 평생 벗이었던 앙리 파브르가 별세했다. 92세의 고령이었다.

파브르는 프랑스 남부 생레옹의 산간 마을에서 태어났다. 그는 여섯 살이 되었을 때 이미 쇠똥구리의 빛나는 갑옷에 매료되었고 하늘을 향해 그물을 짜는 거미의 모습에 마음을 빼앗겼다. 그는 곤충들의 이름을 통해 알파벳을 익혔다.

파브르가 30년에 걸쳐 쓴 노작 『곤충기』는 동시대의 문호 빅토르 위고가 극찬한 대로 "곤충 세계의 일리아드요 오디세이"였다. 깊은 감명을 받은 다윈은 그에게 서한을 보내 "본능의 진화에 대해 쓰게 된다면 귀하가 기록한 사실 가운데 몇 가지를 인용하고 싶다"고 경의를 표했다.

파브르는 철학자처럼 사색하고, 예술가처럼 관찰하며, 시인처럼 표현했다. 그에게 삶과 연구는 다르지 않았다. 솔나방 애벌레의 공동체 생활을 지켜보던 파브르는 감탄한다.

"이들은 고귀한 정신의 소유자들이다. 머리가 아니라 가슴으로 사고(思考)한다. 다투지 않고 나눔으로써 자연의 풍요를 한껏 누리고 있지 않은

가. 이들은 인간 세계의 고통에 대한 궁극적인 대안으로 평등과 공산주의를 제안한다."

두더지의 시체 아래 썩은 액체 속에서 떠올랐다 가라앉았다 꿈틀거리는 구더기를 바라보며 파브르는 생각에 잠긴다.

"구더기는 우리 세계가 갖고 있는 위력이다. 그들은 생명이 다한 곳에서 새로운 생명을 틔우기 위해 마치 가마솥에서 물이 끓듯 쉴 새 없이 움직이고 있다."

숨을 죽이고 몸을 한껏 낮추어, '착하지만 단지 무게가 나가지 않을 뿐인' 곤충들의 퍼덕임과 깜박임 하나하나까지 놓치지 않으려 했던 파브르. 그에게는 소박한 바람이 있었으니 그것은 집 가까이에 골풀 몇 포기가 싱싱하게 자라고 부평초가 우거진 연못을 갖는 것이었다. 동그라미를 멋지게 그리며 헤엄치는 물매미, 물 위를 미끄러지듯 스치는 소금쟁이, 직업이 잠수부인 물방개……. 모두가 그의 벗이요 연인이었다.

혹자는 근대적 의미의 생명사상과 환경운동의 정신적 뿌리를 파브르에서 찾는다. 그의 눈부시도록 아름다운 생태적 각성은 '지구의 영성(靈性)'에 닿는다. 파브르는 곤충기에 이렇게 적었다.

"내 소중한 곤충들아. 과학자들은 실험실에서 너희를 고문하지만 나는 파란 하늘 아래에서 매미의 노랫소리를 들으며 너희들을 본다. 그들은 너희를 토막 내 세포와 원형질로 내던지지만 나는 너희의 본능이 최고도로 현시되는 모습을 관찰한다. 그들은 죽음을 연구하지만 나는 생명을 연구한다……."

| 무하마드 알리 · 1942~ |

나비처럼 날아 벌처럼 쏘다

"알리는 20세기의 위대한 천재였다.
그는 인생의 벼랑끝에서 다시 수직 상승했다.
그것은 인생에서 도저히 불가능한 일이었다."
—— 노먼 메일러

"당신이 진실에 가까이 다가갈수록 사람들은 당신을 외면할 거요!"(존 레넌)

무하마드 알리. 본명 캐시어스 마셀러스 클레이. 그에게 1960년대 미국 사회는 '사각의 링'이었다. 세상은 시끄러웠다. 미국은 베트남 전쟁에 뛰어들었고 비틀스의 음악과 반전 운동, 히피 문화가 미국을 휩쓰는 동안 맬컴 엑스와 킹 목사, 케네디 대통령이 차례로 암살당했다.

그 숨 가쁜 시대의 한복판에 알리가 있었다. 링 위에서 몸놀림만큼이나 현란했던 그의 입담은 세상과의 삐걱거림이었다. 1960년 로마올림픽에서 금메달을 목에 걸고 금의환향했으나 백인 전용 식당에서 몰매를 맞고 쫓겨나야 했던 알리. 그는 금메달을 오하이오 강물에 던지면서 자신의 본명도 내던졌다. "클레이는 조상들이 노예 때 쓰던 이름이다!"

알리는 흑인들에게 블랙(black)이라는 단어를 쓰지 말라고 요구했다. 그는 이렇게 따졌다.

"왜 범죄자의 명단은 블랙리스트이고 왜 검은 고양이는 불길하며, 왜 천사는 항상 백인인가?"

프로데뷔 4년 만인 1964년. 소니 리스튼을 눕히고 세계 헤비급 챔피언 타이틀을 거머쥔 그는 링에서 포효했다.

"나는 당신들이 원하는 챔피언이 아니다. 나는 내가 원하는 챔피언이 될 것이다!"

그러고는 이슬람으로 개종을 선언했다. 알리는 파란 눈에 갈색 머리칼을 가진 사람들의 신인 예수를 믿고 싶지 않았던 것이다. 이후 그는 아홉 차례의 방어전을 승리로 장식하며 무적으로 군림한다.

알리는 복싱 기술을 혁명적으로 바꿔놓았다. 헤비급 복싱은 그의 스피드와 풋워크로 화려하게 다시 태어났다. 리스튼과의 리턴 매치는 스피드의 진가를 보여준다. 경기 개시 단 1분 만에 KO로 끝난 이 경기에서 알리의 어떤 펀치가 어떻게 작렬했는지 아무도 알지 못했다.

"복싱은 알리에게 많은 것을 주었다. 그러나 알리는 복싱에 더 많은 것을 주었다."(켄 노턴)

1967년 전성기의 알리는 베트남 전쟁 징집을 거부함으로써 미국 사회를 들쑤셔 놓는다. 사람을 죽이기 위해 1만 마일을 날아갈 생각이 없다고 당당하게 자신의 입장을 밝혔다. 그리고 감옥살이의 위협에 "아프리카에서 끌려온 흑인들은 이미 400년간 옥살이를 했다"고 맞받았다.

알리는 타이틀을 박탈당하고 선수 생활도 금지됐다. 3년 5개월에 걸친 재판 끝에 '양심적 징집거부'라는 무죄 판결을 받아냈으나, 그의 이십대는 지나가고 있었다.

1974년 알리가 서른둘이라는 나이에 조지 포먼에게 도전했을 때 주위에서는 그가 혹시 링에서 죽는 것은 아닐까 걱정했다. 당시 스물넷이던 포먼은 무적이었다. 그는 알리가 생애 처음 다운을 빼앗겼던 조 프레이저를 간단히 KO로 잠재운 해머 펀치의 소유자였다. 알리 대 포먼, 이 세기의 대결은 흑인 노예들의 고향인 아프리카 자이르에서 열렸다.

그리고 세계는 '킨샤사의 기적'을 목격하게 된다.

경기가 시작되자 알리는 로프에 깊이 몸을 묻었고 포먼은 느릿느릿 곰처럼 다가와 무수히 펀치를 날렸다. 포먼의 위협적인 훅이 알리의 복부에 꽂힐 때마다 관중들도 통증에 움찔했다. 알리는 무섭게 얻어맞으면서도 쉴 새 없이 떠벌렸다.

"이 정도 주먹은 계집애 거야. 이거밖에 안 돼? 응? 진짜 이게 다야?" 그는 링의 래퍼였다.

마침내 8라운드. 포먼은 서서히 다리에서 힘이 빠져 나간다고 느꼈다. 그 순간 알리의 전광석화 같은 연타가 터졌다. '벌처럼 쏘았다.' 그리고 끝이었다. 그것은 한 편의 위대한 드라마였다.

"알리는 20세기의 위대한 천재였다. 그는 인생의 내리막길에서 다시 수직상승했다. 그것은 인생에서 도저히 불가능한 일이었다."(노먼 메일러)

| 보리스 옐친 · 1931~ |

'공룡 러시아'의 퇴장

"옐친은 가족들과 측근들의 강요에 못이겨 사임했다.
옐친의 퇴출만이 그들이 살길이었다."
— 고르바초프

러시아의 초대 대통령 보리스 옐친. 그의 시대는 천년의 일몰과 함께 저물었다. 1999년 12월 31일, 대통령 직을 전격 사임했다.

새 천년의 기대로 들떠 있던 지구촌에 그의 사임은 뜻밖이었다. 그러나 그것은 치밀하게 계산된 정치 쇼이자 '퇴임 후'를 보장받기 위한 고도의 포석이었다. 사임 전에 그는 이미 블라디미르 푸틴을 후계자로 점지했고, 의회 선거에서 친 푸틴계 정당을 적극 후원했다. 사임으로 대선은 앞당겨졌으니 총선에서의 판세를 대선에 이식(移植)하면 그만이었다.

한때 차르(황제)라고 불렸던 옐친의 지지도는 당시 1퍼센트를 밑돌고 있었다. 그러나 그의 사임에 대해서는 국민 42퍼센트가 아쉽다는 반응을 보였다. 떠나가는 그에게서 '공룡 러시아'의 마지막 뒷모습을 보았음인가.

그러나 고르바초프는 "옐친이 가족들과 측근들의 강요에 못 이겨 사임했다"며 그 의미를 평가절하했다. 옐친의 퇴출만이 그들이 살길이었다는 것이다.

옐친과 고르비의 인연은 기구하다. 옐친을 중앙무대에 데뷔시킨 이는 고르비였으나 고르비 시대에 종지부를 찍은 것은 옐친이었다.

사임 당시 고르비는 옐친의 닦달에 짐도 제대로 싸지 못했다. 집무실을 비우는 데 닷새를 주겠다고 약속했으나, 그는 몇 시간 만에 들이닥쳐 고르비가 보는 앞에서 보드카를 마셨다. 고르비는 치를 떨었다.

열한 살 때 친구들과 무기창고에서 수류탄을 훔쳐 분해하다 폭발사고로 왼손 손가락을 잃었던 옐친. 그는 격동의 세월을 헤쳐 왔다. 1991년 쿠데타가 일어나자 탱크 위에서 시민들의 항전을 이끌었고, 1993년 공산당이 장악한 의회 건물에 포격을 퍼부었다. 국민들에게 두 차례의 체첸 전쟁과 두 차례의 루블화 평가절하를 안겼다. 다섯 명의 총리를 경질했으며 목숨을 건 혈관수술을 견뎌냈다. 만취 외교와 잦은 입원으로 '병상 통치'란 신조어를 만들어 낸 것도 그였다. '러시아 민주주의의 아버지'(빌 클린턴)는 거대한 모순덩어리였다.

그런 옐친에게 무서운 적은 따로 있었으니 '빈 냄비'는 탱크보다 위험했다. 자유와 민주주의의 꿈이 러시아의 빈 냄비를 채워줄 수는 없었다. 러시아의 혹독한 겨울이 닥쳐오면 시민들이 기꺼이 빵과 자유를 맞바꾸려 할 것임을, 그토록 갈망해 왔던 민주주의는 더 이상 아쉬워지지 않게 될 것임을 옐친은 잘 알고 있었다.

정치는 타이밍의 예술이라고 했던가. 옐친은 역사의 변곡점에서 나아가야 할 때 나아갔고, 물러서야 할 때 물러섰다. 그는 정치 곡예에 능한 지도자였다.

| 마거릿 대처 · 1925~ |

철의 여인

강력한 경제 개혁으로 영국 경제를 회생시킨 대처리즘의 경제 철학은 명쾌하다.
"일한 만큼 얻는다! 누리는 만큼 지불한다!"

"21세기의 새로운 천년을 맞이하는 세계가 좀 더 현명해진 데에는 구멍가게 집 딸이 기여한 바가 적지 않다."

《타임》이 세 차례 영국 총리를 연임한 마거릿 대처를 '20세기 인물 100인'에 선정하면서 바친 찬사다. 20세기는 이상주의자들에게 너무나 큰 실망을 안겨 주었으나 대처가 거센 반대 속에서도 견지했던 자유 경제와 자유 정신에 대한 믿음은 갈수록 강하게 부각되고 있다는 것이다.

대처는 1925년 잉글랜드 중부 글랜섬의 허름한 구멍가게 이층에서 태어났다. 옥스퍼드 대학교를 장학생으로 졸업한 뒤 두 차례 하원 의원 낙선을 딛고 영국의 첫 여성 총리에 올랐다. 보수적인 영국 사회에서 그녀의 입지전적 신분 상승은 그만큼 극적이다.

대처는 집권 3기에 걸친 강력한 경제 개혁으로 영국 경제를 회생시켰다는 평가를 받는다. 대처리즘의 경제 철학은 명쾌하다. 일한 만큼 얻는다! 누리는 만큼 지불한다!

레이거노믹스와 함께 신자유주의 경제의 성공적 모델로 꼽히는 대처리즘. 그 성공 신화는 1997년 총선에서 압승한 토니 블레어 총리의 '블레어노믹스'에 그대로 이

어진다. 영국은 여전히 대처의 그늘에서 살고 있는 것이다. 오죽하면 노동당 소속의 블레어 총리가 제2차 세계 대전 이후 최고의 보수당 총리라는 비아냥거림을 들을까.

살인적인 인플레를 잡고 오랜 경기 침체의 고리를 끊었다는 대처리즘. 그러나 그 철저한 자본주의의 논리는 소외된 사회적 약자들을 거리로 내몰았다. 영화「치킨 런」은 더 이상 알을 낳지 못하는 닭들을 파이 공장에 보내는 무자비한 양계장 주인으로 대처를 그리고 있다. 고실업에 따른 가정의 붕괴는 알코올과 마약에 탐닉하며 방황하는 '대처 세대'의 어두운 아이들을 낳기도 했다.

철저한 능률주의자여서 두 아이도 쌍둥이로 한꺼번에 낳았다는 야유를 받았던 대처. 그러나 그녀는 추호도 흔들림이 없었다. 기회 있을 때마다 지도자의 확고한 신념을 강조했다. "미디어가 주름잡는 이 시대에는 유행이 지도자를 삼킬 수 있다. 미디어의 거울에 비친 허상을 좇아 춤추는 정치는 더 이상 미래가 없다!"

대처는 이념적으로 견고했다. 그녀는 공산주의에 대해서는 최선의 것만을 믿고 자본주의에 대해서는 최악의 것만을 믿는 좌익 청맹과니들의 어처구니없는 맹신을 질타한다. 제3의 길을 추구하는 중도파 정치인들을 훈련받은 대로 행동하는 '서커스의 강아지 같은 존재'라고 깎아내렸다.

DJ 정부의 햇볕 정책에 대해서도 독설을 서슴지 않았다. "어떤 단계에서든 북한에 대해 '혹시나' 하는 생각을 품는 것은 어리석기 짝이 없다. 대표적 불량 국가인 북한은 오직 돈을 얻고 시간을 벌기 위해 남한과 대화하는 것뿐이다."

그런 그녀도 여성의 약점을 보여서는 안 된다는 중압감에 시달려 왔다고 토로한다. 한밤중에 몰래 혼자 눈물 흘린 적도 많았다고 한다. 대처가

포클랜드 전쟁을 선언했을 때 영국 정가의 반응은 참으로 전근대적이었다. "국가에 중대한 위기를 몰고 올지도 모르는 사안을 여자가 결정하는 것은 위험천만"이라고 호들갑을 떨었다. 대처도 여성인 한 영국 사회의 완고함을 비껴날 수 없었던 것이다.

대처의 말년은 쓸쓸하다.

총리 공관인 다우닝 가 10번지를 떠난 지 14년 만에 믿기지 않을 만큼 심신이 허약하고 초라한 노인으로 변해가고 있다고 《더 타임스》는 전한다. 노년을 자연스럽게 받아들이지 못하고 영광스러웠던 과거의 미망인으로 힘들게 살고 있다는 것.

앞날에 대한 불안과 두려움에 떨고 있는 '철의 여인' 대처, 그 모습은 쉬 상상이 가지 않는다.

|D. H. 로런스 · 1885~1930|

채털리 부인의 사랑

그는 예술에서 오직 생에 충성할 것을 맹세했다.
'생명의 근원'에 펜을 담그고 공허에 빠진 20세기의 인간을 구원하고자 했다.

"광부의 아들이 시를 쓰고자 할 때 사람들이 얼마나 비웃을 것인가?"

세기의 스캔들이 되고 만 소설 『채털리 부인의 사랑』의 작가 D.H. 로런스. 그는 훗날 그의 전기를 집필하게 될 여자친구 제시 체임버스에게 고민을 털어놓았다. 과연 광부의 아들이 시인이 될 수 있을까?

로런스의 우려는 끔찍한 현실로 나타난다.

그가 쓴 소설과 시는 '비천한' 출신 배경 때문에 신랄한 비판과 인신공격에 직면했는데, 그 공격의 중심에는 20세기의 위대한 시인 T.S. 엘리엇이 있었다. 1920년 로런스가 이미 걸출한 소설가로 확고한 위치를 차지한 후에도 엘리엇은 무자비하게 그의 작품을 깎아내렸다.

"그의 작품에는 병적 징후가 두드러진다. 파격적인 성 묘사는 그의 특수한 가정 환경에서 비롯된 히스테리에 다름 아니다."

우리 시대 가장 유명한 시로 불렸던 「황무지」의 시인 엘리엇. 그와 로런스가 활동한 시기는 영문학사에서 '로런스와 엘리엇의 시대'로 자리매김되고 있다. 그러나 엘리엇은 로런스를 버트런드 러셀, H.G. 웰스, 올더스 헉슬리와 더불어 '퇴치해야 할 20세기의 인물'로 매도했다. 또한 로런스에게 엘리엇은 '이 세상에서 죽어 없어지기를 바라는 무리 중 하나'였다.

두 사람은 생전은 물론 사후에도 화해할 수 없었다. 엘리엇은 로런스가 죽은 뒤에도 공격을 멈추지 않았다. 그러나 후대의 비평가들은 엘리엇이 그토록 경멸해 마지않았던 교육의 결핍을 로런스 문학의 커다란 자산으로 이해한다.

"그 평범하고 사소한 일상의 되풀이는 해석을 기다리는 심오함과 신비함으로 가득 차 있다."(존 미들턴 머리)

예술에서 오로지 생에 충성할 것을 맹세했던 로런스. 그는 마지막 순간까지 '생명의 근원'에 펜을 담갔다. 폐병 말기에 접어들어 육체적 파멸에 직면한 때에 『채털리 부인의 사랑』을 집필했고, 성에 대한 새로운 인식을 통해 무감각의 공허에 빠진 20세기의 인간을 구원하고자 했다.

그러나 그의 소설은 예술적 텍스트가 아니라 외설에 쏠린 불온한 텍스트로 낙인찍힌다. 이 책은 영국과 미국에서 출간되자마자 판금됐고, 30여 년이 지난 뒤에도 원문 그대로 작품을 출판한 영국의 펭귄 출판사는 고소를 당했다. 이를 예견했음인가. 그는 『채털리 부인의 사랑』의 서두에 이렇게 썼다. "현대는 본질적으로 비극의 시대다!"

로런스가 소설에 담고자 했던 생명의 메시지는 그의 시 「뱀」에서 아름답게 표출된다.

시에서 화자는 외롭게 선 큰 나무 밑 옹달샘에 물을 마시러 갔다가 먼저 와 물을 마시는 뱀을 발견한다. 그리고 뱀을 때려 죽여야 한다는 문명 세계의 목소리를 듣는다. 그러나 이내 화자는 자연의 신성한 생명체가 마시는 물을 함께 마실 수 있다는 사실에 영광스러움을 느낀다. 시적 자아와 뱀이 함께 마시는 신령스러운 기운은 『채털리 부인의 사랑』에서 벌거벗은 코니가 몇 백 년 묵은 숲에서 느끼는 태고의 우수(憂愁), 숲 자체와 더불어 공명하는 우주적 신비감

에 다름 아니다.
　'로런스의 뱀'은 서유럽의 기독교 문명이 그토록 인간의 본능에서 떼어놓고자 했던 그 무엇, 그가 원초적 성을 통해 생명의 바다에서 길어올리고자 했던 그 무엇의 알레고리다.

| 퓰리처 · 1847~1911 |

폭로를 향한 열정

"신문에 폭로될지도 모른다는 두려움은 지금까지 만들어진 그 어떤 법률과 도덕보다도 더 많은 범죄를 예방한다."

"만약 신문이 형세를 관망하며 중립적인 태도만을 취한다면 나는 무덤 속에서도 돌아누울 것이다!"

'현대 저널리즘'의 또 다른 이름으로 불리는 조지프 퓰리처. 언론의 공공성과 상업주의라는 이율배반을 그만큼 드라마틱하게 체현한 인물은 없었다. 그는 정론과 대중이라는 두 마리 토끼를 동시에 거머쥐고자 했다. '언론의 노벨상'이라는 퓰리처상을 만든 그였지만 신문 라이벌인 허스트와 부수 경쟁을 벌이면서 황색 언론(yellow journalism)이라는 불명예스러운 유산을 남긴 것도 그였다. 그는 철저하게 대중의, 대중을 위한 신문을 지향했다.

"재미없는 신문은 죄악이다!"

헝가리에서 이민 온 빈털터리 청년으로 《세인트루이스 포스트 디스패치》와 《뉴욕 월드》라는 미국 정상의 일간지를 소유한 신문왕이 되기까지 그의 인생 역정은 파란만장하다. 함정 취재, 일요판 창간, 여기자 채용, 언론대학원 설립……. 언론사에 길이 기록될 최초의 사건들이 모두 그의 머리에서 나왔다. 독자가 100만 명에 달했던 1890년대에 《뉴욕 월드》는 남북전쟁 이후 최초의 민주당 대통령 클리블랜드를 탄생시켰다는 말을 들었다.

언론인으로서 평생 동안 퓰리처를 지배한 것은 '폭로에의 열정'이었다. "신문에 폭로될지도 모른다는 두려움은 지금까지 만들어진 그 어떤 법률과 도덕보다도 더 많은 범죄를 예방한다."

퓰리처는 파나마운하 건설 과정에서 비리를 덮으려는 시어도어 루스벨트 대통령에 당당히 맞섰고, 영국과의 대치상황에서 모두가 전쟁을 외칠 때 평화주의를 고수했다.

퓰리처의 유언에 따라 200만 달러의 기금으로 제정된 퓰리처상은 이제 89년의 역사를 헤아린다. 매년 4월이 되면 전 세계의 매스컴이 주목하는 권위의 상징이지만 수상자 선정을 둘러싸고 잡음 또한 적지 않았다. 1981년 마약에 중독된 여자 아이를 다루었던 《워싱턴 포스트》의 여기자 재닛 쿡의 「지미의 세계」는 날조 기사로 드러나 수상이 취소되기도 했다.

1994년 피처 사진 수상작 「독수리와 소녀」는 언론사에 길이 남을 뜨거운 논쟁을 지핀다. 굶주림에 지칠 대로 지친 아프리카 소녀와 그를 노려보는 독수리를 찍은 사진은 "인간성 대신 상을 택했다"는 거센 비난에 휘말렸다. 사진 촬영보다는 먼저 소녀를 구해야 했다는 것이다. 수상자인 《뉴욕 타임스》의 캐빈 카터는 여론의 압박을 견디지 못하고 3개월 뒤에 목숨을 끊고 말았다.

그 자신 기자였던 퓰리처. 그가 현장에 있었다면 과연 어떤 판단을 내렸을까?

| 콜린 파월 · 1937~ |

부시의 가신?

"백인들은 흑인 후보를 선뜻 찍으려 하지 않을 것이다. 사람들이 나를 좋아하는 것은 내가 정치인이 아니기 때문이다."

아이젠하워 이래 가장 명망 있는 군인이라는 콜린 파월.

그는 민주당이 가장 구애(求愛)하는 공화당원이기도 하다. 그런데 왜 대통령후보로 나서지 않았을까? 1995년 불출마를 선언했을 때 말했듯이 가정을 지키는 것이 더 소중해서일까?

자메이카 이민 2세로 뉴욕 할렘 가에서 자란 파월. 그는 진즉 '앵글로색슨-백인-신교도(WASP)'의 벽을 실감했을 터이다. 1964년 인종차별 철폐법이 통과되기 전까지 이 육군 장교는 햄버거도 마음대로 사먹지 못했다고 하니 말이다.

이제 미국인들은 더 이상 피부색에 신경을 쓰지 않는다? 파월은 고개를 흔든다.

"아무도 보지 않는 기표소에 들어가면 백인들은 흑인 후보를 선뜻 찍으려 하지 않을 것이다. 사람들이 나를 좋아하는 것은 내가 정치인이 아니기 때문이다."

공화당 예선을 통과할 가능성도 그리 높아 보이지 않는다. 공화당의 핵심 주류인 매파는 그의 중도 우파적 성향에 강한 거부반응을 보여 왔다.

파월은 자신의 말대로 '아메리칸 드림을 먹고

자랐다.' 그는 분명 흑인에 대한 우대정책의 수혜자다. 그러나 '정치인 파월'에 이르면 그 프리미엄은 소진되고 만다. 부인 앨머의 우려는 노이로제만은 아니다.

"남편이 출마하면 그를 죽이는 것이 국가적 사명이라고 생각하는 사람이 반드시 나타날 것이다."

비(非)육사 출신인 파월은 탁월한 정치 군인이었다. 35년간의 군 생활을 야전군보다 워싱턴에서 보내면서 승승장구했다. 1980년대를 전후해 국방부와 국가안보위원회의 핵심 멤버로 고속 승진을 거듭했다. 거미줄처럼 얽힌 정치구조와 군 사이에서 조화 예술의 거장처럼 빈틈 없이 움직였다.

부시 가문은 파월의 최대 후원자다. 1989년 '아버지' 조지 W 부시에 의해 미 역사상 최초의 흑인 합참의장이 되었고, 십여 년 뒤 '아들' 부시는 그를 최초의 흑인 국무장관에 임명했다. 부시의 가신(家臣)?

1963년 베트남 전쟁에서 지뢰를 밟고 죽어가는 병사를 품에 안고 지켜보아야 했던 파월. 그는 조심스러운 전사다. 군사 개입에 극도로 신중하다.

'걸프전의 영웅'은 1991년에도 무력 공격보다 경제 제재를 선호했다. "전쟁은 마지막 선택이어야 한다!" '파월 독트린'이다. 불가피하게 개입할 경우에는 분명한 목적 아래 최단 시일 내에 압도적 승리를 거둬야 한다는 게 그의 지론이다.

그러나 국무장관 재임 시 그의 입지는 좁았다. 그는 자신과 다른 세계관을 가진 팀들에 둘러싸여 있었다. 그의 상호주의는 '체니-럼즈펠드-라이스' 트로이카의 일방주의에 치이기 일쑤였다. 특히나 미국의 이라크 전쟁을 전후해 그의 위상은 크게 흔들렸다. 파월은 어디 갔냐는 기사가 여기저기서 터져 나왔고 '허수아비 국무장관'이 아니냐는 비아냥을 들어야 했다.

그러나 이 '애국심의 상징'은 결코 소리를 내는 법이 없었다. 명예를 존중하는 파월의 처신은 진중하기만 하다. 외교문제에 있어서나 인종문제에 있어서나 그의 자제력은 놀랄 정도다. 정치 투쟁에 필요한 열망이 부족한 것인가? 아니면 미국 주류 사회에서 '백인도 좋아하는 흑인'의 어찌할 수 없는 선택인가?

어쩌면 그는 이길 수 없는 싸움을 일찌감치 포기했는지도 모른다.

| 레이첼 카슨 · 1907~1964 |

침묵의 봄

"우리가 이겨야 할 대상은 자연이 아닙니다.
바로 우리 자신입니다!"

"울새, 어치, 굴뚝새, 검정지빠귀……. 대체 새들은 다 어디로 간 것일까? 밤새 봄을 지저귀던 새들은 더 이상 울지 않는다. 들판과 숲과 늪은 소리를 죽였다. 마침내 침묵의 봄이 온 것이다."

20세기 환경 운동사의 기념비적 저작인 레이첼 카슨의 『침묵의 봄』은 출판도 되기 전에 거센 논란에 휘말렸다. 1962년 6월 주간 《뉴요커》에 발췌가 실리자 화학 물질 제조 업체들은 카슨을 '살충제보다 더 독한 여자'라고 부르며 발끈했다. 출판사에 압력을 넣었고, 책의 내용을 소개하는 신문과 방송에 광고를 끊겠다고 협박했다. 공무원들은 시집도 안 간 노처녀가 왜 그렇게 유전학에 관심이 많으냐고 비웃었고, 어용학자들은 이렇게 맞받아쳤다.

"살충제 사용을 금한다면 더 이상 수확을 하지 못하는 '침묵의 가을'을 맞게 될 것이다."

그러나 논란이 커질수록 책의 유명세는 높아만 갔고, 『침묵의 봄』은 60만 부가 팔려 나갔다. 《뉴욕 타임스》는 "어느 과학 소설이 그려낸 악몽의 시나리오보다도 더욱 생생하게 '자연의 저주'를 묘사했다"고 극찬했다. 그리고 그 이듬해 4월 미국 CBS방송은 황금 시간대에 방영한 특별 프로그램에 카슨을 출연시킴으로써 환경 오염에 대한 대중의 인식을 결정적으로 바꿔 놓는다. 그녀는 이렇게 호소했다. "우리가 이겨야 할 대상은 자연이 아닙니다. 바로 우리 자신입니다!"

당시 살충제의 대명사인 디디티(DDT)는 만병통치약이었다. 기아와 질병에서 인류를 구한 이 기적의 물질은 무차별적으로 살포되었다. 살충제는 거개가 제2차 세계 대전 때 쓰고 남은 화학 무기 원료로 만들어지고 있었으니, 평화 시에도 대량 살상 무기가 인명을 겨누고 있었던 셈이다.

해양 동물 학자인 카슨이 환경 문제에 관심을 갖게 된 것은 1957년. 친구에게서 받은 한 통의 편지가 계기가 됐다. 친구는 편지에 "매사추세츠 주 정부가 DDT를 대량 살포했는데 죽어야 할 모기는 더 악착스러워지고 다른 생물이 죽어 가고 있다"고 썼다.

이때 시작된 조사는 4년간 계속된다. 카슨은 당시 암과 투병 중이었다. 자신의 영혼에서 우러나온 절실함이 없었다면 『침묵의 봄』이 그렇게 큰 반향을 불러일으키지 못했을 것이다.

책의 결론은 충격적이었다. 살충제의 독성은 먹이 사슬을 타고 최상위 포식자인 사람에게 고스란히 흘러온다!

케네디 대통령은 과학 자문 위원회를 구성해 사실 여부를 조사토록 했다. 1969년 닉슨 대통령이 환경 보호 법안에 서명했고 미국 환경 보호청(EPA)이 발족했다. 이듬해에는 지구의 날(4월 22일)이 제정되었고, 이태 뒤 미국 내에서 DDT 사용이 전면 금지됐다.

카슨이 경고했던 환경 재앙은 현실로 나타나고 있다. 1996년 실체를 드러낸 환경 호르몬은 그 무서운 징후다. 동물학자 테오 칼본은 7년여에 걸쳐 '사냥개처럼 코를 킁킁거리며' 합성 화학 물질이 생태계에 미치는 영향을 추적했다. 호숫물에 녹아 있는 폴리클로로페닐(PCB) 등의 오염 물질은 비록 미량이라도 갈매기 같은 상위 포식자에 이르면 그 농도가 호숫물의 2500만 배까지 증가한다는 사실을 밝혀냈다. 사람의 체지방에서 무려 250종의 유해 화학 물질이 검출되었고, 이들 물질은 무정자증과 같은 생식 장애를 일으키고 있었다.

어쩌면 우리들의 미래는 송두리째 도둑맞고 있는지 모른다. 아니, 어쩌면 우리는 지금 후손들의 내일을 훔치고 있는지 모른다. 영국의 생태주의 운동가 조너선 포릿은 이렇게 경고하지 않았던가.

"다음 세기는 생태주의의 시대가 될 것이다. 그렇지 않다면 인류는 더 이상 존재하지 않을 것이다!"

| 엘리아 카잔 · 1909~2003 |

할리우드의 검은 뱀

할리우드는 그를 잊지 않고 있겠다.
그가 아카데미 공로상을 수상했을 때
청중들의 절반은 기립박수를 보이콧했다.

"나는 검은 뱀이었다. 허물을 벗으며 몇 개의 인생을 살았다."

터키의 이스탄불에서 태어난 그리스인 엘리아 카잔. 그는 할리우드의 거장이었다. 마술사 같은 연출자이자 리얼리즘 영화의 대부였다. 그가 연출한 스크린은 적대적인 개인과 사회의 관계를 파헤치는 강렬한 감각으로 번득인다.

1947년에 카잔이 리 스트라스버그와 함께 설립한 액터즈 스튜디오는 '메소드 연기'의 전당이었다. 배우의 사적 경험을 극중 캐릭터와 완전 동화시키는 '심리적 자연주의' 연기는 여기서 탄생했다. 말론 브란도와 제임스 딘, 그리고 몽고메리 클리프트, 폴 뉴먼, 워런 비티 같은 명우들이 이곳을 거쳐 갔다.

그러나 누구도 부인하지 못할 카잔의 예술적 성취는 1952년 4월 충격적인 '탈피(脫皮)'로 일순 빛이 바랬다.

때는 매카시 선풍이 휘몰아치던 잿빛 시절이었다. 미 의회의 반미 행위 조사 위원회에 선 카잔은 자신이 1930년대 중반 공산당에 적을 두었음을 고백했다. 그리고 공산당원인 동료 여덟 명을 고발한다. 《뉴욕 타임스》에는 '할리우드에서 공산주의자를 색출하라'는 선동적인 제목의 글을 기고했다.

카잔이 증언한 바로 그 해에 20세기 영화를 예술의 반열에 올려놓은 찰리 채플린이 미국에서 추방당했다. '어린이의 눈을 가진 거인' 오선 웰스도 이때 희생됐다. 카잔이 밝힌 밀고의 변은 간명했다.

"공산당 동료들을 보호하겠다고 내 일을 포기하고 싶지는 않다."

카잔은 이때 브로드웨이와 할리우드에서 승승장구하고 있었다. 아서 밀러의 『세일즈맨의 죽음』과 테네시 윌리엄스의 『욕망이라는 이름의 전차』를 무대에 올렸고 영화 「신사협정」으로 아카데미상을 받았다. 수많은 영화인들이 매카시즘의 칼날에 스러질 때 그는 빛나는 걸작들을 쏟아냈다. 「워터 프런트」(1954), 「에덴의 동쪽」(1955), 「초원의 빛」(1961)이 그때 만들어졌다.

카잔은 시대의 '왼쪽'을 사납게 할퀴었던 광풍이 잦아든 뒤에도 자신의 행위를 사과하지 않았다. 1988년에 출간한 회고록에서 그는 다시 그런 기회가 오더라도 똑같이 '명예로운 행동'을 하겠다고 주장하기까지 했다.

1999년 카잔은 아카데미 공로상을 수상한다. 사반세기 전에 이미 채플린에게 공로상을 수여해 매카시즘의 피해자에게 정중히 사과했던 아카데미 위원회가 이번에는 매카시즘의 가해자에게 관용을 베풀고자 했던 것일까.

그러나 할리우드는 카잔을 잊지 않고 있었다. 그의 수상을 지켜보았던 청중의 절반은 기립박수를 '보이콧' 했다. 침묵의 야유를 보냈다. 배우 닉 놀테는 "그 어떤 위대한 예술적 공로도 비신사적인 행위를 덮을 수는 없다"고 잘랐다.

누구는 카잔의 배신 행위를 종교 재판에 직면한 갈릴레오의 번뇌에 빗대기도 했으나 누구는 "저격을 기대한다"는 극언을 서슴지 않았다. 카잔은 쫓기듯 시상식장을 떴다.

주변의 냉대는 카잔에게 낯선 것이 아니었다. 작가 샐린저는 『호밀밭의 파수꾼』을 영화화하고 싶다는 카잔의 제의를 받고 "홀든(소설의 주인공)이 싫어할까 두렵다"며 물리치기도 했다.

카잔의 말년은 쓸쓸했다. 냉랭한 고독에 묻혀 살았다. 그래설까. 그는 숨지기 전 이렇게 당부했다. "울적한 장례식은 원치 않는다. 파티를 열어 오래된 적들을 초대하라."

그러나 수많은 적대자들보다 오래 살았으니, 카잔의 나이 아흔넷이었다.

| 그레이스 켈리 · 1929~1982 |

눈 덮인 화산

"내가 왜 켈리를 좋아하는지 아십니까?
거실의 숙녀처럼 보이지만 침실에서는 요부가 되는 반전의 女을 때문입니다……."
— 앨프리드 히치콕

할리우드에서 홀연히 '모나코 왕국의 백조'로 날아간 그레이스 켈리. 그리고 또 한 사람 재클린 케네디, 아니 재클린 오나시스.

1929년 같은 해에 태어난 두 사람은 20세기의 백설공주, 아니 신데렐라였다. 그러나 현대판 백설공주와 신데렐라의 뒷 이야기는 해피엔딩이 아니었으니, 두 사람은 말년의 공허와 상실감을 어찌하지 못했다.

재클린의 인생을 바꿔놓은 그리스의 선박왕 오나시스는 켈리의 삶에도 깊숙이 개입했다. 모나코 왕인 레니에 3세와 켈리가 칸 영화제에서 만난 것은 우연이 아니었다. 당시 모나코 왕실을 쥐락펴락했던 재계의 거물 오나시스는 모나코 경제의 젖줄이나 다름없던 관광산업을 살리기 위해 레니에와 머리를 맞대고 있었다. 오나시스는 레니에에게 할리우드 스타와의 결혼을 제의한다. 켈리와 레니에의 결합, 그것은 오나시스에게는 사업이었고 레니에에게는 정치였다.

그리스의 대리석 조각처럼 차갑고 이지적인 분위기의 켈리. 금발의 굵은 웨이브와 깊은 눈은 고전미와 정숙함의 상징이었다. 그러나 그는 내면에 뜨거움을 간직한 여자였다. 앨프리드 히치콕 감독은 켈리를 '눈 덮인 화산'에 비유했다. 히치콕은 지독한 여성혐오증 환자였으나 평생 켈리에게 매혹됐다. 사디스트다운 히치콕의 설명.

"성적 매력에는 서스펜스가 있어야지요. 메릴린 먼로의 섹스어필에는 긴장이 없어요. 내가 왜 켈리를 좋아하는지 아십니까? 거실의 숙녀처럼 보이지만 침실에서는 요부가 되는 반전의 전율 때문입니다."

켈리가 출연했던 영화 「모감보」에서 여우 에바 가드너의 도발이야말로 켈리의 참모습이었다. 켈리는 할리우드에서 숱한 염문을 뿌렸다. 게리 쿠퍼, 케리 그랜트, 윌리엄 홀던, 클라크 게이블……. 당대 최고의 남우들이 그녀의 주변을 맴돌았다. 가수 프랭크 시내트러는 집요한 구혼 공세를 펼쳤고 이란의 팔레비 국왕은 정식으로 청혼했다. 미국의 전기 작가 로버트 레이시는 "레니에는 켈리의 50번째 남자였다"라고 까지 말한다.

그런 켈리에게 궁중 생활은 숨이 막혔다. 그녀는 차츰 말을 잃어갔다. 할리우드로 돌아가고 싶었다. 그러나 히치콕이 제안한 영화 「마니」의 여주인공 역은 성사 단계에서 레니에의 반대에 부닥친다. 이때부터 켈리가 알코올에 의존해 살아간다는 소문이 돌기 시작했다. 프랑스 파리에서 밀회 장면이 목격되기도 했다.

켈리는 1982년 몬테카를로의 트위스트 산정에서 교통사고로 숨졌는데, 기이하게도 영화 「캐치 어 씨프」를 찍다 레이니와 처음 만난 장소가 바로 그곳이었다.

켈리는 칼릴 지브란의 시를 애송했다고 한다. 그건 그녀의 숙명이었을까.

사랑이 너를 부를 때, 그를 따라 가거라
비록 그의 목소리가 네 꿈을 흩어 버릴지라도…….
―「예언자」

| 푸틴 · 1952~ |

푸틴 보나파르트

푸틴은 실로 전광석화와 같았다.
그는 개인의 의지와 능력만으로 권력의 정점에 올랐다.
그것은 러시아 정치 무대에서 매우 이례적인 사건이었다.

푸틴 그로즈니!

천둥 번개처럼 무섭고 두려운 푸틴이라는 뜻이다. 반대파를 용납하지 않는 단호함과 절대적인 푸틴의 통치 스타일에서 사람들은 러시아 최초의 차르 이반 4세를 떠올린다. 16세기 러시아 제국의 기반을 닦은 이반 4세의 별칭이 바로 '이반 그로즈니', 곧 이반 뇌제(雷帝)였다.

러시아인들은 오랜 기간 공포와 전율을 통해 지도자의 힘을 가늠해 왔다. 그들은 체첸 반군을 '경멸스러운 짐승'이라고 부르며 무자비하게 짓이긴 푸틴에게서 강한 러시아를 보았다. 그 부활의 노래를 들었다. 군사작전을 통해 민심을 얻었다는 점에서 그것은 '푸틴 보나파르트'의 등장이기도 하다.

러시아 정계의 중앙 무대에 처음 얼굴을 내밀었을 때 블라디미르 푸틴은 무명이었다. 제정 러시아의 수도 상트페테르부르크 출신이라는 것, 정보기관인 KGB와 그 후신인 연방 보안국(FSB)에서 15년간 근무했다는 것, 상트페테르부르크 제1부시장을 지냈다는 게 알려진 전부였다. 그가 총리를 거쳐 2000년 5월 러시아 제3대 대통령에 취임한 것은 불과 3년 동안의 일이다. 푸틴은 실로 전광석화와 같았다. 개인의 의지와 능력만으로 권력의 정점에 올랐으니 러시아 정치 무대에서 그것은 매우 이례적인 사건이었다.

말수가 적고 좀체 감정을 드러내지 않는 '블랙박스' 푸틴. 슬라브족 남성 특유의 좁고 각진 얼굴에 좀체 웃지 않는 얇은 입술, 그리고 상대방을 꿰뚫어보는 듯한 차가운 눈. 엄격하고 규율이 몸에 밴 전형적인 KGB 요원의 모습이다.

푸틴은 구소련 해체 후 십여 년간 계속되어 온 혼란을 가라앉히고 모라토리엄(채무지불 유예) 직전의 러시아 경제를 구해냈다. 옐친 패밀리와 마피아를 등에 업은 올리가키(과두 재벌)의 목을 땄다. 지지자들은 "푸틴이 러시아에 안정을 가져왔다는 사실이 가장 중요하다"고 입을 모은다. 러시아 국민들은 기적을 원한 게 아니라 질서를 원했고, 푸틴은 이에 적극 부응했다.

그러나 푸틴에게는 네오 스탈린주의자의 그림자가 어른거린다. '법의 독재'를 내세운 개혁 드라이브는 결과적으로 언론과 야당을 무력화시켰다. 인사에서 군과 정보기관 출신을 중용해 러시아의 시계를 뒤로 돌려놓았다는 비난도 듣는다. 체키스트(FSB 출신)와 피테르(페테르부르크 출신)가 푸틴 인맥의 핵심을 이루고 있다.

대외정책에 관한 한 그는 한결같은 실용주의 노선을 추구한다. 상대에 따라 끊임없이 변하되 항시 그 중심에는 국가 이익이 놓였다.《르 피가로》의 표현 그대로 '차가운 얼굴을 가진 카멜레온'이었다.

지난 한 세기 동안 인류 전체를 대신해 국가와 사회체제의 실험장 역할을 해온 러시아. 푸틴은 지금 '글로벌 러시아'를 실험하고 있고, 그 실험은 아직 진행 중이다.

| 빌 게이츠 · 1955~ |
컴퓨터의 황제

"게이츠는 처음부터 끝까지 비즈니스맨이었다.
그가 개발했다는 베이직이나 MS-DOS는
다른 사람의 프로그램을 베낀 것에 지나지 않는다."

"마이크로소프트는 도저히 치유할 수 없는 독점주의자들이다. 사실 Y2K보다 인류에 더 해악을 끼치는 것은 W2K(윈도 2000)와 O2K(오피스 2000)다."

'빌 게이츠 저격수'로 통하는 선 마이크로시스템사의 스콧 맥닐리 회장. 그는 2000년 11월 세계 최대 컴퓨터 전시회인 라스베이거스 컴덱스 쇼에서 게이츠에게 직격탄을 날렸다.

'컴퓨터의 황제' 빌 게이츠는 적이 많다.

비판자들은 그를 곧잘 미국의 자동차 왕 헨리 포드에 비유한다. 포드가 자동차 부품은 단 한 가지도 발명하지 않았지만 자동차 산업을 일으켰듯이, 게이츠도 단지 '소프트웨어 산업'을 창출한 사업가에 지나지 않는다는 것이다. 이들은 게이츠가 결코 리눅스를 만든 리누스 토발즈나 오픈 소스 운동을 주도한 리처드 스톨먼 같은 진정한 프로그래머였던 적이 없다고 공격한다.

"그는 처음부터 끝까지 비즈니스맨이었다. 그가 개발했다는 베이직(BASIC)이나 MS-DOS는 다른 사람의 프로그램을 베끼거나 프로그램을 사들인 뒤 이름만 바꾼 것에 지나지 않는다."

게이츠는 소프트웨어를 공공의 재산으로 받아들이던 풍토에서, 아무도 사고팔 수 있는 물건이라고 생각하지 않던 일련의 수학적 논리 체계를 상품화한 최초의 인물로 지목된다. 누군가 프로그램을 개발하면 이를 널리 배포하고 다 함께 혜택을 나눠 갖던 관행을 그는 일거에 뒤집어 버렸다.

게이츠는 리눅스의 창시자인 토발즈와 대비된다. '아름다운 컴퓨터 천재' 토발즈는 기술은 빈부의 격차 없이 공유되어야 한다는 신념의 소유자였다. 토발즈는 자신이 개발한 프로그램의 소스 코드를 완전 무료로 공개했으며, 전 세계 500만 프로그래머들이 리눅스 업그레이드에 참여하고 있다.

그는 리눅스를 개발할 당시 새 프로그램을 다운받으면 그 대가로 개발자에게 10달러씩 보내던 관행조차 마다했다. 대신 이용자가 살고 있는 나라의 풍경이 담긴 엽서를 한 장씩 보내 달라고 말했다. 카피라이트(Copyright, 저작권)에 대항하는 카피레프트(Copyleft)의 숭고한 정신이다.

이에 비해 게이츠의 탐욕은 '거의 도착적'이라고 비난을 듣는다. 수년에 걸친 미국 법무부와 마이크로소프트의 반독점 소송은 '정글의 약탈자' 게이츠의 경쟁사 죽이기가 얼마나 지독했는지 보여준다.

게이츠는 특유의 무뚝뚝한 표정으로 아메리카 온라인(AOL)의 간부에게 이렇게 말했다고 한다. "얼마나 주면 넷스케이프를 결딴낼 수 있겠소? 오늘은 당신에게 행운의 날이야." 회계 관리 소프트웨어를 개발하는 인투잇의 경영자도 게이츠의 제의를 받았다. "당신네 소프트웨어에 넷스케이프를 끼워 팔지 않겠다면 이 자리에서 100만 달러를 줄 수도 있지!"

그러나 게이츠는 2000년을 전후해 아프리카 등지를 방문하고 나서 많은 변화를 겪은 듯하다.

그해 미국 시애틀에서 '컴퓨터를 이용해 제3세계를 돕자'라는 주제로 열린 국제 회의에서 그는 폭탄 발언을 했다. "컴퓨터는 지구촌의 심각한 빈곤과 질병 문제를 해결하는 데 아무런 기여도 할 수 없습니다!" 그래설까. 그는 지금 세계에서 가장 많은 돈을 사회에 환원하는 기업인이 되었다.

최근 10년 넘게 포브스가 발표한 미국 부자 순위에서 부동의 1위를 차지하고 있는 게이츠. 그의 재산은 우리 돈으로 50조 원을 오르내린다. 게이츠가 재산의 반을 떼어 설립한 자선 재단은 전 세계 질병 퇴치와 극빈 아동을 위한 공립 학교 설립 등에 쓰이고 있다.

밉든 곱든 마이크로소프트의 윈도는 이제 세계의 창(窓)이 되었다. 게이츠는 피해 갈 수 없는 디지털 세계의 권력이다. 2003년 4월 우리나라에서 게이츠 사망설이 퍼졌을 때 주식 시장은 어떠했던가. 그야말로 요동을 쳤다.

그런데도 끝내 마이크로소프트가 못마땅하다면 게이츠가 초등학교 학생들에게 들려줬다는 얘기를 되씹어 볼 밖에.

"인생이란 원래 공평하지 못한 것이다. 불평하지 말고 그대로 받아들여라!"

| 빌리 브란트 · 1913~1992 |

조국의 배신자?

"빌리 브란트는 나의 모범이요 정치적 스승이었다.
그가 물러나자 체념이 고개를 들었고, 서서히 분노와 실망이 밀려왔다."
— 귄터 그라스

1974년 5월 6일. 독일 통일의 아버지 빌리 브란트가 총리 직을 전격 사임했다. 그의 보좌관 귄터 기욤이 동독 비밀 경찰 슈타지의 첩자였음이 밝혀진 지 열흘 만이었다. 독일은 물론 세계가 경악했다. 동방 정책의 기수로서 통독의 기틀을 다져 온 브란트였기에 의구심은 더욱 컸다.

냉전이 엄연한 시절이었다.

야당은 일제히 포문을 열었고, 브란트가 이끌던 사민당 내부도 들끓었다. 그렇지 않아도 브란트는 우파에게는 조국의 배반자였고, 좌파에게는 사회주의의 배신자였다. 브란트가 사임할 당시 그의 지지도는 30퍼센트대로 추락했다.

브란트의 사임에 누구보다도 충격을 받은 이는 《양철북》의 작가 귄터 그라스였다. 그라스는 문인으로서는 이례적으로 선거 팸플릿을 그리고, 노래를 부르며 브란트의 유세에 발 벗고 뛰어들었던 사람이다. 그는 이때의 비통함을 이렇게 토로했다.

"빌리 브란트는 나의 모범이요 정치적 스승이었다. 그가 물러나자 체념이 고개를 들었고, 서서히 분노와 실망이 밀려왔다."

기욤은 오랫동안 '잠자는 스파이'였다. 성실한 당원으

로 사민당에 잠복했다가 브란트의 측근이 된 뒤에야 비로소 스파이 활동을 개시했다. 기욤을 브란트의 비서로 잠입시킨 장본인은 서방 세계에 '얼굴 없는 사나이'로 알려진 슈타지의 대외 첩보국 국장 마르쿠스 볼프였다.

기욤 사건은 브란트가 죽고 독일이 통일된 뒤 '베너 스캔들'로 다시 불거졌다. 1994년 브란트의 미망인은 "기욤 사건은 사민당 내 권력 투쟁에 의한 공작"이라며 남편의 유고(遺稿)를 공개했다. 독일 사민당의 거물 헤르베르트 베너가 동독 공산당 당수 에리히 호네커와 손잡고 브란트를 정계에서 추방할 음모를 꾸몄다는 것이다. 제2차 세계 대전 당시 베너와 호네커는 함께 반(反)나치 운동을 벌인 사이여서 더욱 그럴듯했다. 이에 대해 베너의 미망인은 "등뒤에서 칼을 꽂았다"며 펄펄 뛰었다.

미망인들에 의한 기욤 사건 2라운드의 뒷맛은 썼다. 집권 기민당은 브란트와 베너를 싸잡아 비난했다. "독일 통일을 지연시키고 냉전 체제를 장기화하기 위한 소련 국가보안위원회(KGB)와 동독 슈타지의 대외 공작에 놀아난 게 동방 정책이다."

그리고 그 얼마 뒤 기욤 사건 3라운드가 시작된다. 스파이 기욤이 브란트의 숱한 여성 편력에 깊숙이 개입했다는 비밀 문서가 폭로돼 또 다시 정가를 흔들어 놓았다. 기욤은 브란트가 해외 여행을 갈 때마다 출판업자, 언론인, 스튜어디스 등 여러 여성들을 끌어들여 관계를 주선했다는 내용이었다. 스파이 기욤의 또 다른 직함은 채홍사였던가.

영원한 사회민주주의자이며 애국자인 동시에 진정한 세계 시민이었던 브란트. 그의 생전에 통일의 길은 험난했고, 사후에도 그의 시련은 멈출 줄을 몰랐다.

| 장 콕토 · 1889~1963 |

최후의 딜레탕트

'콕토적 우주'의 중심은 시였다.
시는 희망 없는 종교이며 모럴이라고 비판했으나
끝내 시인의 운명을 떨치지 못한다.
그는 불구자이면서도 달리기를 꿈꾸었다.

내 귀는 소라껍데기
바다 소리를 그리워한다…….
—「칸」연작 5

　20세기 최후의 딜레탕트, 장 콕토. 그는 마술적 재능의 시인이었다. 새로운 충격을 좇는 초현실주의 극작가였다.
　소설가이자 문학 비평가였고 영화배우이자 감독, 제작자였다. 화가이자 조각가였다. 초상화가요 삽화가였고 도예가, 벽화 장식가, 포스터 디자이너, 장식용 융단 제조자였다. 여기에 더하여 재즈 연주가였다.
　천의 얼굴을 가진 콕토. 그는 참으로 다양한 예술의 장르에 손을 댔던 탐식가였다. 진정한 20세기의 르네상스인이었다.
　그러나 '콕토적 우주'의 중심은 시였다. 시는 희망 없는 종교이며 모럴이라고 비관했으나 끝내 시인의 운명을 떨치지 못한다. 그는 본질적으로 불구자이면서도 달리기를 꿈꾸었다!
　파리 근교의 상류층 가정에서 자란 콕토는 17세의 나이에 조숙한 몽상의 시인으로 등단한다. 피카소, 모딜리아니, 아폴리네르, 스트라빈스키와 교류하며 그들의 예술적 영역에 침투했고 초현실주의 미학을 섭취했다.
　콕토는 늘 미지의 것, 어디에서도 보지 못한 것에 이끌렸다. 생사의 갈림

길, 시공간이 이지러지는 경계에서 서성거렸다. 그에게 시는 꿈, 기적, 초자연, 죽음과 이웃한다.

성적 취향 또한 남달랐으니 청년시절부터 동성애 성향을 감추지 않았다. 첫사랑이었던 천재 소년 라디게가 21세에 요절하자 아편에 빠져들었고 '제3의 성을 가진 수탉'이라는 험담에 시달렸다.

그런 콕토가 꿈의 메커니즘이 작동하는 영화에 매료된 것은 당연했다. 영화는 몽환의 세계, 비합리의 세계를 그려내면서도 거기에 한껏 현실감을 불어넣는 완벽한 조형 언어였으니.

콕토는 그토록 많은 장르에 개입했으나 실상 그 어디에서도 최고의 경지에 이르지 못하였다고 혹자는 꼬집는다. 그는 겉으로만 화려한 사기꾼이었으며 기껏해야 코미디언, 잔재주꾼에 불과하다는 것.

그러나 그는 모험에 '생의 내기'를 걸었던 고독한 시 정신의 소유자였다.

펜으로, 붓으로, 그리고 카메라로 시를 표현하고자 했던 콕토. 그가 만든 첫 영화 「시인의 피」는 "초현실주의의 새로운 장르를 열었다"고 영화사는 적고 있다.

말년에 이르러 콕토는 영화에 모든 것을 쏟아 부었고, 스크린에 빛의 잉크로 시를 써나갔으며, 거기에서 마침내 예술의 절정을 맛보았다.

| 아돌프 히틀러 · 1889~1945 |

히틀러를 위한 변명

"정치가는 자신이 저지른 일에 대해 책임을 져야 한다.
내가 죽고 나면 수백만 국민이 나를 저주할 것이다.
그것이 독재자의 운명이다."

"승자에게는 진실을 말했는지를 결코 묻지 못한다!"

우리가 히틀러에 대해 말할 때 반드시 새겨야 할 그의 어록이다. 악(惡)은 고스란히 패자의 몫인 것이니.

히틀러는 정신병자였는가? 그는 간혹 극단적인 편집증을 보이기는 했지만 정신병을 앓은 적은 없었다. 영국의 신경학자 프리츠 레들리히는 그의 정신 상태에 대해 '아주 정상'이었다고 진단한다.

"히틀러는 스스로 무엇을 하고 있는지 분명히 인식하고 있었고, 자긍심과 열정을 갖고 이를 수행했다."

그는 약물중독이었는가? 히틀러는 술조차 입에 대지 않았다. 담배도 혐오했다. 채식주의자였다. 그런 그가 약물중독이라니? 그는 알려진 것처럼 성불구자도 아니었다. 히틀러의 고환이 하나뿐이었다는 얘기는 소비에트의 병리학자들이 지어낸 것이다.

우리는 히틀러의 최후에 이르러서야 진실의 일단을 본다. 독일 패망 직전 베를린의 지하 벙커에서 3개월을 숨어 지냈던 히틀러. 그는 도피냐, 자살이냐를 놓고 수하들과 의논했다. 그리고 영혼을 바쳐 충성했던 선전상 괴벨스의 의견을 받아들인다. 그는 "국민을 배반하지 말고 베를린에서 자살해야 한다"고 주장했다.

히틀러의 여비서였던 트라우들 융에는 그에게서 오랫동안 갈망했던 아버지의 상을 발견했다고 회고한다. 히틀러는 '친절하고 예의바른 아저씨'였다.

값싼 안경에 남루한 제복을 즐겨 입었던 히틀러. 그는 금욕적인 생활을 했고 청렴했다. 정력적으로 일했다. 이튿날 동틀 무렵이 되어서야 잠자리에 들곤 했다.

히틀러는 권력을 강탈한 것도 아니었다. 그는 선거를 통해 합법적으로 집권했다. 1933년 총리에 올라 집권 2년 만에 600만 명의 실업자를 200만 명으로 줄였고 6년 뒤에는 사실상 완전고용을 달성했다. 생산은 두 배로 늘어났다. 전 세계가 대공황의 늪에서 허우적대고 있을 때였다. 전후(戰後) '라인강의 기적'은 이때 이미 시현됐다. 히틀러는 구세주였다.

히틀러의 정치적 레토릭은 그대로 역사적 실체가 되었다. 국민을 다스리는 데는 빵과 서커스면 족하다!

독일인들은 제2차 세계 대전 중 마지막까지 히틀러가 부여한 의무에 기꺼이 순응했다. 그들은 그를 통해 옛 게르만의 영광을 되찾고자 했던 것이다. 연합국은 또 어떤가. 그들은 히틀러가 소비에트 러시아에 대해 유럽의 최상의 방어책이라는 환상을 갖고 있었다. 『나의 투쟁』을 손에 들고 있으면서도 전쟁이 아닌 평화를 꿈꾸었다.

그런데도 전쟁이 히틀러만의 잘못인 것은 '악의 화신' 히틀러, 그것이 모든 이들을 만족시켜 주는 해답이기 때문이다.

그가 있기에 연합국도, 독일 국민도 무고함을 주장할 수 있었다. 그의 존재는 역사를 위한 변명이었다.

그는 자신의 운명을 예감한 듯 최후의 메모에 이런 말을 남겼다.

"정치가는 자신이 저지른 일에 대해 책임을 져야 한다. 내가 죽고 나면 수백만 국민이 나를 저주할 것이다. 그것이 독재자의 운명이다."

히틀러는 모두를 사면했다.

| 레미 드 구르몽 · 1858~1915 |

시몬의 시인

"발로 밟으면 낙엽은 영혼처럼 운다.
낙엽은 날개 소리와 여자 옷자락 소리를 낸다.
가까이 오라, 우리도 언젠가는 낙엽이 되리니……".

'시몬의 시인' 레미 드 구르몽.

시인이자 소설가요, 극작가이자 철학자였던 구르몽. 그의 본업은 평론가였다.

현대문학의 밑그림이 된 프랑스 상징주의 운동의 대부였다. 에즈라 파운드와 T. S. 엘리엇 같은 20세기 시인들의 영감의 원천이었다. 세기말의 완벽한 비평가였다.

상징주의 운동은 반란을 도모했다. 상징파들은 틀에 박힌 시의 기능과 형식에서 해방되기를 원했다. 인간 내면의 감각적 인상과 형언하기 어려운 직관을 환기하고자 했다. 지극히 개인적인 은유와 상징에 기대 근원적인 신비를 전하고자 했다. 관습의 모방과 답습은 문학적 범죄행위다!

18세기 회의주의 철학의 적통을 이어받았던 구르몽. 그는 모든 진리는 상대성을 갖는다고 믿었다. 미학만이 유일한 세상의 척도였다.

"이 세상은 바로 나 자신이다. 이 세상은 나 없이 존재할 수 없다. 내가 의미를 부여함으로써 세상은 생겨나고, 세상은 나의 노예이다. 그 누구도 이 세상에 권리를 주장할 수 없다."

문학적 명성이 바야흐로 절정으로 치닫고 있던 1891년. 구르몽은 10년간 몸담아온 파리 국립도서관 사서직에서 쫓겨난다. 잡지에 실린 글이 프랑스의 국수주의를 비판했대서다.

전 세계적으로 애송되고 있는 시 「낙엽」이 발표된 게 그 이듬해.

낙엽을 밟을 때마다 절로 떠오르는 시 「낙엽」. '시몬, 너는 좋으냐 낙엽 밟는 소리가?'라는 구절이 후렴처럼 연주되는 이 시는 행이 거듭될수록 화자의 애상이 짙어지며, 마지막에 이르러 스산한 기운이 뼛속까지 스민다.

발로 밟으면 낙엽은 영혼처럼 운다
낙엽은 날개 소리와 여자 옷자락 소리를 낸다……
가까이 오라, 우리도 언젠가는 낙엽이 되리니
가까이 오라, 밤이 되고 바람이 분다…….

그러나 정작 '시몬의 시인'은 여인들과 담을 쌓고 지냈다. 낭창에 걸려 얼굴이 추해지자 파리의 아파트 서재에 파묻혔다. "금욕은 성적 일탈 가운데 가장 기묘한 것"이라고 비웃었던 구르몽에게 은둔은 지독한 형벌이 아니었을까.

그래서일까. 그는 간절히 시몬을 부르지만 그 분위기는 차갑고도 멀다.

시몬, 눈은 네 목처럼 희다
시몬, 눈은 네 무릎처럼 희다
……
눈은 불의 키스에 녹지만
네 가슴은 이별의 키스에만 녹는다
눈은 소나무 가지 위에서 슬프지만
네 이마는 밤빛 머리카락 밑에서 슬프다…….
—「눈」

| 엘리자베스 2세 · 1926~ |

대영제국의 노을

세계를 무대로 한 엘리자베스 1세의 '식민지 사냥'과
2세의 '꿩 사냥'은 참으로 격세지감이 있다.

"영국 신민들의 충성심을 마지막으로 시험하고 있다."

영국 신문《가디언》은 엘리자베스 2세 여왕의 즉위 50주년을 즈음해 버킹엄 궁을 겨냥했다. "왜 오늘날까지 영국인들은 '우리를 …… 지배하도록/하느님, 여왕을 보우하소서'라는 국가(國歌)를 불러야 하는가?" 신문은 납세자들이 왕실을 위해 연간 3500만 파운드(약 752억 원)를 지불하고 있다고 따졌다. 영국 왕실의 충복이라는《데일리 텔레그래프》도 "여왕은 사람을 다루기보다 말을 다루는 데 더 능숙하다"고 꼬집었다. 왕실이 당혹스러워할 정도로 가라앉았던 즉위 50주년 기념일. 그것은 달라진 '버킹엄 궁의 오늘'이었다.

여왕의 사생활마저 심심찮게 언론의 도마 위에 오르내린다. 여왕이 사냥을 하던 중 아직 숨이 붙어 있는 꿩의 목을 맨손으로 비트는 모습이 카메라에 잡히기도 했다. 동물 애호 단체들이 들고 일어났다. 여왕의 부군인 필립 공이 세계 야생생물 기금(WWF)을 이끌고 있던 터라 사건은 맹랑했다.

왕실의 스캔들은 여왕 즉위 내내 타블로이드판 신문을 도배하다시피 했다. 찰스 왕세자와 다이애나 비의 오랜 불화와 이혼은 왕실의 악몽이었다. 여왕에게 다이애나는 업보였다. 찰스 부부의 별거가 시작된 1992년은 "재앙의 해"로 불린다.

여왕은 며느리에게 냉혹했다. 여왕은 다이애나가 죽은 뒤에도 눈물 한 방울 흘리지 않아 다이애나를 끔찍이 사랑했던 국민들의 미움을 샀다. 다이애나에 대한 추모 열기는 반(反)왕실 분위기로 이어진다.

찰스 왕세자에게 드리운 여왕의 그늘 역시 짙다. 그의 나이 이제 58세. 왕세자로 불리기에는 너무 늙어 버렸다. 환갑이 지나서야 즉위했던 빅토리아 여왕의 장자 에드워드 7세의 전철을 밟게 될 것인가.

엘리자베스 2세는 곧잘 1세와 비견된다. "나는 대영제국과 결혼했다"며 독신으로 일관했던 엘리자베스 1세. 1세의 치세는 스페인의 무적함대를 무찌르는 기개가 넘쳐났고, 인도와도 바꾸지 않겠다던 셰익스피어를 탄생시킨 전성기였다.

세계를 무대로 한 1세의 식민지 사냥과 2세의 꿩 사냥은 참으로 격세지감이 있다. 엘리자베스 1세가 '해가 지지 않는 나라'의 기틀을 마련했다면 2세는 저물어가는 대영제국의 노을을 지켜봐야 했다. 2세는 흐트러짐 없는 몸가짐으로 여왕의 기품을 지켜오고 있지만 텔레비전 연속극을 좋아하고 친구들과 티타임을 즐기는 그저 평범한 영국의 할머니일 뿐이다.

그런 여왕에게 대관식 때 써야 했던 선대의 왕관은 너무 버거운 것인지 모른다. 다이아몬드가 무수히 박힌 왕관의 무게는 2.5킬로그램에 달한다.

그것은 전 세계의 4분의 1을 식민지로 거느렸던 지난날과 대서양의 변방으로 쇠락한 오늘의 영국을 상징하는 씁쓸한 비유다.

| 쿠르트 발트하임 · 1918~ |

오스트리아의 업보

"발트하임이 나치 치하에서 범죄자였다는 건 그리 중요하지 않을지 모른다. 문제는 그의 처신이 당시 오스트리아의 정신을 대변한다는 사실이다."

"오스트리아는 독일의 한 지방이 되었다!"(히틀러)

600년간 중부 유럽을 지배했던 합스부르크 왕조로 연결됐던 탓인가. 제2차 세계 대전 당시 오스트리아는 독일에 진한 혈연을 느꼈다. 1938년 오스트리아는 독일의 '침공'을 열렬히 환영했다. 독일군은 점령군이 아니라 해방군이었다.

오스트리아는 나치의 인종주의 정책을 그대로 답습했다. 제2차 세계 대전 당시 18만에 달하던 오스트리아 내 유태인 가운데 7만 명이 숨졌다. 오스트리아의 인구는 독일의 10분의 1에 불과했으나 히틀러의 친위부대인 SS전투단은 60퍼센트 이상이 오스트리아인들로 채워졌다. 나치 정권에 부역한 오스트리아인들은 60만 명을 헤아린다.

두 차례 유엔 사무총장을 역임하고 1987년 오스트리아 대통령에 당선된 쿠르트 발트하임도 그들 중 한 사람이었다. 1987년 작성된 미국 국무부 보고서는 "발트하임 중위가 1942년부터 1945년까지 발칸 반도에서 나치 정보장교로 있으면서 민간인들을 강제 수용소와 처형장으로 보내는 일에 관여했다"고 폭로했다.

그러나 발트하임은 끝까지 자신의 과오를 시인하지 않았다. "미국 정부와 세계 유대인 회의(WJC)가 나를 헐뜯고 있다"고 강변했다.

오스트리아는 지금도 나치의 원죄에서 자유롭지 못하다. 1955년 영구 중립을 선언했으나 그 낙인은 반세기가 지나도록 지워지지 않고 있다. 나치 치하의 전범을 대통령으로 '모신' 이 나라에는 역시 이곳 태생인 히틀러와 아돌프 아이히만, 그리고 SS 부사령관이었던 에른스트 칼텐브루너의 망령이 떠돌고 있다.

2000년 오스트리아 유권자들은 외르크 하이더가 이끄는 극우 보수정당을 기꺼이 제2당으로 밀어 주었다. 유럽 연합(EU)은 '히틀러의 정신적 양아들'을 자처하는 하이더의 정치적 도약에 질겁했다. "빈은 여전히 나치의 소굴"이라는 비난이 쏟아졌다.

미 국무부 보고서가 발표된 뒤 발트하임은 현직 대통령임에도 미국의 입국 감시자 명단에 오르는 수모를 당했다.

1981년 중국의 거부권 행사로 그의 유엔 사무총장 3선이 좌절되었고, 1991년에는 국제 사회의 압력을 견디지 못하고 대선 재출마를 포기했다.

그는 전직 대통령으로서 '친선 대사'의 역할도 수행할 수 없다. 아무도 발트하임에게서 '선(善)'을 느끼지 못하기 때문이다.

그것은 오스트리아 국민의 업보인지도 모른다. 혹자는 이렇게 말한다.

"발트하임이 나치 치하에서 주요 범죄자였다는 건 그리 중요하지 않을지 모른다. 문제는 그의 시대 순응적 처신이 당시 오스트리아의 정신을 대변하고 있다는 사실이다."

| 코난 도일 · 1859~1930 |

'셜록 홈스'의 작가

홈스는 영국 신사와는 거리가 멀었다.
마약 중독자에 괴짜였다.
코페르니쿠스의 지동설이 뭔지도 모르는 백치였다.

'셜록 홈스'의 작가, 코난 도일.

그런 그가 말년에 세계 심령학회의 회장을 지냈다는 게 놀랍기만 하다. 인세 수입 20만 파운드를 심령학 연구에 쾌척하기도 했다. 마치 추리소설의 예기치 못한 반전이랄까, 허를 찌르는 결말을 보는 듯하다. 아니면 그의 삶 자체가 하나의 거대한 트릭이었던가?

한 가지는 분명하다. 작가의 실제 삶이 추리소설처럼 그렇게 논리적이거나 치밀하지는 않았다는 것이다. 도일의 아버지는 알코올 중독자였고, 도일 자신도 불현듯 고래잡이 어선을 타고 그린란드 항해를 떠나는 모험가의 자질을 타고났다. 영국의 아프리카 식민지 전쟁에 군의관으로 참전하기도 했다. 1900년대 초반 영국 런던에서 발생한 몇몇 살인사건의 배후를 추적해 경찰의 용의자가 진범이 아님을 밝혀낸 것도 그였다. 아이러니컬하게도 그런 도일은 훗날 동료 작가의 부인과 공모해 그녀의 남편을 독살한 범인으로 지목되기도 했다.

그가 만들어 낸 '명탐정의 대명사' 홈스만 해도 문고판 내지 축약판에 익숙한 우리에게는 낯선 인물이다. 홈스는 영국 신사와는 거리가 멀었다. 그는 우울증에 빠지면 하루 세 번씩 자신의 팔에 주삿바늘을 찔러대는 마약 중독자였다. 괴짜였다. 여성을 혐오했다. 해부학에 조예가 깊은 일급 화학자였으나 코페르니쿠스의 지동설이 뭔지 모르는 백치였다. 허영심이 너무 강해 친구이자 충실한 조언자인 왓슨은 "내가 쓴 문장 하나하나가 오로지 홈스의 활약상을 기리는 데 바쳐져야 한다"고 불평하곤 했다.

도일은 추리소설 작가라는 명함을 싫어했다. '역사 소설가'로 불리기를 원했다. 실제로 홈스 시리즈는 대영제국의 전성기가 막 지나는 1890년대 빅토리아 시대의 세태 소설, 사회 소설로 읽힌다.

홈스의 인기가 절정에 달하던 1893년, 도일은 「최후의 사건」에서 홈스를 폭포에 떨어뜨려 죽인다. 작가의 명성을 압도하는 주인공에게 질투를 느낀 것일까. 반응은 상상을 초월했다. 수많은 '셜로키언(Shelokian)'과 '홈지언(Homesian)'들이 들고 일어났다. 런던 시내에는 검은 상장을 단 사람들이 등장했고, 군중은 소설 속 홈스의 집이 있는 런던 베이커 가 221B번지로 몰려가 '홈스'를 연호했다. 항의 편지에 시달리던 출판사는 작가를 달래기도 하고 으름장도 놓았으나 도일은 완강히 버텼다. "나는 홈스를 과다 복용했다!"

1887년 첫 번째 홈스 이야기인 「주홍색 연구」는 단돈 25파운드에 원고가 넘어갔으나 이제 홈스를 주인공으로 한 영화만도 200편을 헤아린다. 드라큘라와 프랑켄슈타인의 기록을 멀찌감치 따돌렸다.

추리소설은 민주주의가 발달한 나라에서 널리 읽힌다고 했던가. 그러나 셜록 홈스는 북한의 『세계 명작 전집』에도 버젓이 한쪽 자리를 지키고 있다. 김일성 주석과 각별했던 『생의 한가운데』의 작가 루이제 린저가 강력히 추천했다고.

| 마타하리 · 1876~1917 |

팜 파탈

"마타하리는 단지 스파이가 된다는 데 낭만적인 환상을 품은 몽상가는 아니었을까."
— 크리스토퍼 앤드루

팜 파탈(Femme Fatale, 치명적인 여인)!

1917년 10월 15일. 스파이 혐의로 사형을 언도받은 마타하리가 프랑스 파리 근교에서 처형됐다. 프랑스 재판부는 이렇게 판시했다. "그가 빼낸 군사 기밀은 연합군 병사 5만 명을 죽일 수 있을 만큼 가치 있는 것이었다." 그녀의 나이 41세. 시신은 해부 실험용으로 병원에 보내졌다.

네덜란드 출신인 그녀의 본명은 마가레타 게르트루다 젤러. 파리의 사교계로 진출하면서 마타하리로 개명했다. 마타하리는 인도네시아 어로 '새벽의 눈동자', 태양을 뜻한다.

1905년 파리 몽마르트르에 개장한 물랭루주에 나타난 마타하리는 스트립쇼나 진배없는 현란한 벨리 댄스로 클럽의 명물로 떠오른다. 올리브빛 피부, 커다란 갈색 눈, 검은 머리카락……. 자바 태생으로 동양인의 피가 흐른다고 선전한 그녀의 이국적인 외모는 뭇 남성들을 달아오르게 했다. 프로이센의 황태자, 네덜란드 총리, 프랑스 귀족, 영국 백작 들이 주변을 맴돌았다.

그녀는 정말 스파이였을까?

프랑스 정보부는 마타하리가 독일 스파이 'H21'이었다고 주장했다. 그러나 1999년 비밀 해제된 영국 정보부의 제2차 세계 대전 문서는 마타하리가 어떠한 군사 정보도 독일에 넘겼다는 증거가 없다고 밝히고 있다. 세 차례에 걸쳐 그녀를 심문했으나 스파이 혐의를 입증할 그 어떤 증언도 물증도 나타나지 않았다는 것.

마타하리의 혐의점은 단지 독일이 프랑스에 선전 포고할 당시 베를린에 있었다는 것뿐이다. 그녀는 재판정에서 독일인에게서 돈을 받기는 했으나 스파이 활동이나 정보 제공의 대가는 아니었다고 주장했다.

그런데 그녀는 왜 베를린에 남았을까?

1914년 그녀의 아름다움은 서서히 시들어 가고 있었다. 어쩌면 그녀는 단지 새로운 경제적 후원자를 찾아 한창 떠오르던 신흥 도시 베를린으로 원정을 나섰던지도 모른다.

스파이로서 쓸모가 없어지자 독일이 버렸다는 얘기도 있고, 프랑스가 대독 선전전에 이용하기 위해 죄목을 부풀려 마타하리를 처형했다는 얘기도 있다. 마타하리가 과대망상증 환자였다는 분석도 있다. 영국 케임브리지 대학교의 첩보 전문가 크리스토퍼 앤드루 박사는 "마타하리가 단지 스파이가 된다는 데 낭만적인 환상을 품은 몽상가였을 가능성이 높다"고 설명한다.

매혹적인 여성 스파이의 대명사로 깊이 각인된 마타하리.

그녀가 정녕 스파이가 아니라 단지 시대의 속죄양일 뿐이라면?

그렇다면 역사가 그녀를 희롱한 것인가? 아니면 스파이를 자처했던 '다국적 콜걸'이 역사를 희롱한 것인가?

| 더글러스 맥아더 · 1880~1964 |

맥아더의 전쟁

그는 철저하게 냉전 사관으로 무장한 군인이었다.
국제 정세에도 어두웠다.
불가사의하고 모순에 가득한 인물이었다.

"노병은 죽지 않는다. 다만 사라질 뿐이다."

그것은 결코 맥아더의 허세가 아니었다. 전시에 사령관직에서 해임된 맥아더가 미국으로 돌아왔을 때 그의 인기는 하늘을 찔렀다. 그의 연설을 들으며 엉엉 우는 미국인들이 적지 않았다. 해임 반대 여론이 얼마나 드셌던지 그의 목을 친 트루먼 대통령의 정치 생명이 위태로울 지경이었다.

그러나 의회 공개 청문회에서 맥아더의 월권 행위와 해임의 진상이 서서히 드러나면서 그에 대한 열광은 서서히 가라앉았다.

어떤 의미에서 6·25 전쟁은 '맥아더의 전쟁'이었다. 그는 인천 상륙 작전으로 불리한 전세를 단숨에 뒤집었다. 트루먼은 맥아더를 신뢰했고, 그는 본국으로부터 어떠한 지시나 간섭도 받지 않았다.

그러나 중국이 참전하면서 상황은 급변한다. 1951년 1·4 후퇴를 고비로 전쟁이 정체 상태에 빠져들자 미국은 명예로운 휴전을 모색했으나 맥아더는 줄기차게 확전을 주장했다.

맥아더는 만주에 원자 폭탄 투하를 주장하며 원폭 26개를 요구했다. 그것도 1차분으로! 한반도를 가로지르는 방사능 오염 지대를 만들 계획도 수립했다.

1951년 3월 24일. 끝내 자신의 뜻이 받아들여지지 않자 맥아더는 트루먼에게 반기를 든다. 트루먼이 중국에 휴전을 제의하기 직전 그는 중국에 사실상 항복을 강요하는 '평화 계획'을 발표했다. 이는 사실상의 북진 명령이었다. 대통령에 대한 명백한 도전이었다. 미국 역사상 문민 우위의 원칙에 도전한 군인은 맥아더가 유일했다.

어쩌면 그는 스스로 해임을 자초했는지 모른다. 이제 전쟁에서 그가 할 일은 남아 있지 않았다. 초라하게 귀환하느니 차라리 순교자의 길을 택했다. 자신의 정치적 야망을 위해 명분을 축적하고자 했다. 그의 꿈은 대통령이 되는 것이었다.

맥아더는 영웅이었나?

그는 철저하게 냉전 사관(史觀)으로 무장한 군인이었다. 기회가 있을 때마다 "공산주의의 뿌리를 뽑아야 한다"며 제3차 세계 대전을 촉발하는 듯한 언동을 서슴지 않았다. 국제 정세에도 어두웠다. CIA가 여러 차례 북한의 남침 가능성을 경고했으나 이를 무시했다. 중국군의 참전 가능성을 묵살한 것은 치명적이었다.

인천 상륙 작전만 해도 중국은 이미 계획을 꿰뚫어 보고 있었다. 소련도 마찬가지였다. 김일성이 왜 마오쩌둥과 스탈린의 충고를 무시했는지는 아직도 미스터리로 남아 있다.

맥아더는 한국의 은인인가?

한강 다리를 끊어 버리고 혼자 도망쳤던 이승만에게는 그러했을 터이다. 이승만은 서울이 수복되자 맥아더의 손을 덥석 잡으며 "우리 민족의 구세주"라며 감읍했다.

맥아더의 신화는 '그들이' 그렇게 지핀 것이었다. 민간에서는 그를 무속 신으로 떠받들기까지 한다.

그러나 그 맥아더가 누군가. 일본 점령군 사령관

으로 부임하자마자 태평양 전쟁의 주범인 히로히토 일왕을 사면한 장본인이 아닌가. 일제가 한반도에서 약탈해 간 문화재 10만 점의 반환을 거부한 것도 맥아더였다. 일본의 반미 감정이 우려된다는 게 그 이유였다. 그에게는 미국의 이익에 합치되는 '일본의 안정'만이 중요했다. 당연하게도(?) 동아시아 민중의 고통과 아픔은 관심 밖이었다.

불가사의하고 모순에 가득 찼던 맥아더. 그의 말대로 노병은 죽지 않았다! 사라지지도 않았다! 1957년 인천의 만국공원에 맥아더 동상이 건립돼 어느덧 반세기를 버티고 있으니 말이다. 공원 이름마저 그를 기려 '자유공원'으로 개칭됐으니.

어느 시인이 애통해하듯 '남의 나라 장수의 동상이 서 있는 나라'는 우리나라가 유일한지 어떤지 모르겠다. 다만 그게 우리 역사에서 그리 낯선 풍경은 아니라는 사실이다.

당나라의 소정방을 불러 삼국을 통일한 신라가 그의 이름을 붙인 절을 지어 그를 기렸다든지, 조선이 임진왜란 때 명군을 지휘했던 이여송의 사당을 세워 제사를 지냈다든지…….

| 베니토 무솔리니 · 1883~1945 |

대중은 파쇼를 원했다

"파시즘은 경제적 공황과 정치적 아노미가 빚어낸 '시대의 질환'이었다."
—— 토마스 만

1945년 4월 28일. 무솔리니의 시체가 이탈리아 밀라노의 로레타 광장에 공개됐다. 사람들은 가로등에 거꾸로 매달린 그의 시신에 돌팔매질을 했다. 시신은 끝내 시궁창에 내팽개쳐진다. 나치 독일의 히틀러가 자살한 것은 그 이튿날이다.

베니토 무솔리니. 비록 최후는 비참했으나 그가 불과 서른아홉의 나이로 이탈리아 총리에 올랐을 때 국민들은 환호했다. 일 두체(위대한 지도자)!

무솔리니의 등장은 의회 정치의 숨통을 끊어 놓았다. 그러나 국민들은 조국이 지난날의 영광을 되찾을 수 있다면 기꺼이 독재에 복종할 태세였다. 그것은 민주주의에 대한 대중의 일대 반란이었다.

미국과 유럽의 언론은 그를 초인으로 격찬했다. 처칠은 그를 '천재의 화신'이라고 불렀고 스탈린은 '현자'라 지칭했다. 집권 초기 무솔리니의 활약은 눈부셨다. 마치 기적과 같았다. 계속되는 파업과 소요로 기진한 이탈리아는 그의 지도력 아래 활력을 되찾았다. 경제는 차츰 안정됐고, 사회 개혁과 공공 사업 계획이 일사천리로 진행됐다. 가톨릭 교회와 오랜 불화도 청산했다.

제국에 대한 환상이 없었다면 무솔리니는

진정한 이탈리아의 영웅으로 남을 수도 있었다. 로마 제국의 영광을 부활시킨 20세기의 카이사르로 기억될 수도 있었다. 그러나 1935년 10개월을 뒤척인 끝에 그는 에티오피아를 침공하는 우를 저지르고야 만다. 권력의 오만이었다. 팽창주의의 과욕이었다.

무솔리니는 히틀러에게 조바심을 냈다. 승승장구하는 히틀러를 지켜보며 어찌할 바를 몰랐다. 나치 총통의 연설에 다소곳이 귀를 기울여야 하는 추축국의 2류 지도자는 진정 자신이 원하는 바가 아니었다. 1940년 10월의 갑작스러운 그리스 침공과 치명적인 패배는 그 조급함의 소산이었다.

그로부터 불과 3년 뒤. 무솔리니는 쿠데타로 실각하고 히틀러의 도움을 받아 근근이 '나치 괴뢰 정부'를 이끄는 신세로 전락하고 만다.

혹자는 이탈리아 역사에서 무솔리니의 등장은 에피소드에 불과하다고 실소 하지만 무솔리니의 정치적 명멸은 엄연히 시대의 조종(操縱)이었다.

제1차 세계 대전과 제2차 세계 대전 사이에 끼인 유럽 대륙은 파시즘의 열병을 앓고 있었다. 파시즘은 경제적 공황과 정치적 아노미가 빚어낸 '시대의 질환'이었다. 무솔리니가 파시스트 행동대인 검은 셔츠단을 움직여 로마 진군을 감행한 것도 시대의 부름이었다. 대장장이의 아들로 태어나 스스로 '인민의 아들'을 자처했던 무솔리니. 그런 그의 파시스트 정당이 애초 완연했던 사회주의 색채를 벗어던지고 극우의 날개를 단 것 역시 시대의 요청이었다.

대중은 파쇼를 원했다. 그리고 그 대가는 혹독했다.

무솔리니의 말 그대로였다.

"국가 안에 모두가 있고, 국가 밖에 아무도 존재하지 않으며, 국가에 반대하는 그 누구도 존재할 수 없다!"

| 마리 퀴리 · 1867~1934 |

남편 퀴리

퀴리 부부는 과학의 꿈을 함께 나눈 동지였다.
남편 피에르는 부인의 든든한 후원자였다.
피에르의 도움 없이 그녀의 두 차례 노벨상 수상은 생각하기 어려운 것이었다.

"그녀는 모든 저명인사 가운데 명성 때문에 부패하지 않은 유일한 인물이다."

1934년 퀴리 부인이 숨졌을 때 알베르트 아인슈타인이 바친 찬사다. 20세기 과학 혁명의 중심에 섰던 아인슈타인은 과학자의 재능과 업적이 돈과 명예의 유혹에서 자유로울 수 없음을 누구보다 뼈저리게 느끼고 있었다.

강력한 방사성 원소인 '신물질' 라듐과 폴로늄을 발견한 퀴리 부부. 그들에게 과학은 인류의 도덕적 유산이었다. 실험실이 없어 허름한 창고에서 작업을 해야 했으나 일확천금의 라듐 제조방법을 개발하고도 끝내 특허를 내지 않았다.

"라듐의 소유자는 지구이다. 누구도 이것으로부터 이득을 취할 권리는 없다."

그들은 나아가 과학에 있어 도덕이란 현재의 연구에 미래의 개연성까지를 총체적으로 반영하는 것이라고 믿었다. 1903년 퀴리 부부는 노벨 물리학상 시상식에서 가슴 속 깊이 묻어 놓았던 '오래된 질문'을 다시 끄집어 냈다.

"자연의 비밀을 캐내는 것이 인류에게 얼마나 도움이 될까? 그 비밀을 안다고 할지라도 제대

로 활용할 수 있을 만큼 과연 인류는 성숙한가?"

폴란드 태생의 천재 소녀 마리아 스클로도프스카. 그녀는 1893년 파리대학 물리학과를 수석으로, 이듬해 수학과를 차석으로 졸업한 뒤 파리 물리화학학교 실험주임으로 있던 피에르 퀴리와 결혼했다. 세상은 그를 퀴리 부인이라고 불렀으나 정작 '퀴리 부인의 남편'으로 세상에 가려진 이는 피에르였다.

그러나 '남편 퀴리'는 자신의 업적만으로도 과학사에 이름을 남긴 인물이다. 그가 발견한 퀴리의 법칙은 자성물리학의 주춧돌을 놓았다. 퀴리 부부는 과학의 꿈을 함께 나눈 동지였다. 남편은 부인의 든든한 후원자였다. 1902년 우라늄 광석 찌꺼기를 정제해 순수 염화라듐을 얻어낸 것은 부부의 공동작업이었다.

마리는 남편이 숨진 뒤에도 연구를 계속해 1910년 미량의 금속 라듐을 만들어 내는 데 성공했다. 언제나 꼭 부둥켜안은 채 잠이 들었다는 퀴리 부부. 피에르의 도움 없이 마리의 두 차례 노벨상 수상은 생각하기 어려운 것이었다. 아인슈타인의 첫 번째 부인 밀레바 마리치의 뛰어난 과학적 재능이 남편의 몰이해와 권위주의적 성격 때문에 끝내 빛을 보지 못하고 묻혀 버렸던 것과는 대비된다.

어디 아인슈타인뿐이랴. 당시 여성에 대한 편견은 지독했다. 프랑스 학술원은 노벨상 후보를 추천하면서 아예 마리를 제외하고 남편만 추천했다. 프랑스 과학아카데미는 마리가 노벨상을 수상한 뒤에도 여성회원으로 받아들이기를 거부했다. 그러나 금녀(禁女)의 벽이 그녀의 혁혁한 업적을 끝내 가릴 수는 없었다. 마리는 생전에는 소르본대 최초의 여성교수에 임명됐고 사후에는 여성으로서 유일하게 파리의 팡테옹 국립묘지에 묻힌다.

오로지 '인류의 보다 나은 미래를 위한 신전인 과학'(파스퇴르)에 헌신했던 퀴리 부부. 이들은 새로 발견한 방사성 원소에 자나 깨나 넋을 빼앗겼다. 피에르는 라듐이 든 시험관을 주머니에 넣고 다녔고 마리는 붉게 타오르는 방사능 물질을 침대 머리맡에 놓아두고 잠이 들었다. 마리는 결국 방사능에 오염돼 백혈병으로 사망한다. 피에르도 마차사고로 죽기 전 심각한 후유증에 시달려야 했다.

생전에 마리는 프랑스 정부가 훈장을 수여하려 하자 정중히 거절하며 이렇게 말했다고 한다. "장식물은 필요 없습니다. 그보다는 연구소를 갖고 싶습니다."

인간은 재능만으로 결코 위대해지지 않는다고 했던가. 퀴리 부부의 삶이 바로 그러했다.

| 버나드 쇼 · 1856~1950 |

이상과 실천의 작가

"노벨이 다이너마이트를 발명한 것은 그런대로 용서할 수 있지만
세계 문학상을 생각해 낸 것은 참으로 언어도단이야."

"끈질기게 시기가 올 때까지 기다리고, 때가 오면 과감히 돌진한다!"
마르크스주의가 맥을 못 춘 영국에서 '피 없는 혁명, 소리 없는 전진'을 이끌었던 페이비어니즘(점진적 사회주의). 그 산실인 페이비언 협회를 주도한 이가 바로 극작가 버나드 쇼다. 쇼는 극좌와 극우의 발호를 막아 영국을 피비린내 나는 내란의 위기에서 건졌다는 페이비언 협회의 좌장 격이었다.

쇼는 스스로 '정부 이면의 공작'이라고 표현했던 지적 정치적 침투를 통해 정치인들에게 개혁 입법의 필요성을 확신시키는 데 힘썼다. 혁명이 아닌 개혁, 개혁보다는 개량. 그것도 점진적으로, 절차를 밟아서!

페이비언이라는 이름부터가 끈질기고 참을성 있는 지구전으로 한니발을 물리친 로마의 장군 파비우스에서 유래한다. 20세기 세계 지성의 대부라 불리는 작가 H.G. 웰스가 이 협회를 탈퇴한 것도 그 뜨뜻미지근한 온건론에 반발해서다. 그럼에도 영국 정부에 공산주의자의 명단을 넘겨준 조지 오웰은 쇼를 '확실한 친(親)소련 인물'로 점찍었다던가.

쇼는 이상의 작가였으나 또한 실천의 작가였다. 그는 권력을 변화시키고자 했으나 그것을 탐하지는 않았다. 그러나 철저한 의회주의 신봉자였던 쇼도 현실 정치에는 어지간히 물렸던지 유명한 독설을 남긴다. "민주주의는 부패한 소수의 결정을 무능한 다수의 선거로 대체했다."

입센의 참여 문학을 전범으로 삼았던 쇼. "모차르트가 나의 문학적 스승"이라던 그는 음악과 미술에도 통달했다. 모든 예술의 장르를 종횡무진 넘나들던 그가 연극에 눈을 돌렸을 때 영국 사실주의 근대극은 탄생한다.

쇼의 초기 대표작「홀아비의 집」과「워런 부인의 직업」은 대도시 빈민가의 주택 문제와 조직 매춘 같은 '불쾌한 주제'를 다루며 사회성 짙은 메시지를 담았다. 빅토리아 시대의 허위와 위선에 찌든 연극 무대를 일신했다.

몽상가이며 신비주의자였던 쇼. 그의 예술은 도덕적 열정에 이끌렸으나 실제 생활에선 오만불손하고 자기 과시적이었다. 아흔네 살이 되도록 오래오래 살아남아 다른 사람을 개의치 않는 쾌활한 기지를 마음껏 내뿜었다. 깡마른 체구와 무성한 턱수염, 멋진 지팡이는 그의 희곡만큼이나 유명세를 탔다.

쇼는 매사에 신랄했다. 1925년 노벨 문학상을 받고는 이렇게 내뱉었다.

"노벨이 다이너마이트를 발명한 것은 그런대로 용서할 수 있지만 세계 문학상을 생각해 낸 것은 참으로 언어도단이야."

혹자는 쇼를 사회주의의 선전가이자 파괴적 비평가라고 혹평하기도 하나 그의 문제작은 지금도 연극으로서 생명력을 잃지 않고 있다. 1956년 뮤지컬「마이 페어 레이디」로 각색되어 인기를 모은「피그말리온」은 영화로도 만들어졌.

임종을 앞두고 "내 생명을 무슨 골동품처럼 보존하려 든다"며 의사에게 투덜거렸던 쇼. 그가 원한 묘비명은 이랬다.

"우물쭈물하다가 내 이럴 줄 알았다!"

| 수하르토 · 1921~ |

도시바 왕국의 총독

수하르토에겐 박정희에게 없는 것이 하나 있었다.
나라 살림을 결딴 낸 족벌 체제, 그것은 치명적이었다.

인도네시아 개발의 아버지 수하르토.

1998년 3월, 그가 5년 임기의 대통령에 선출됐을 때 그것은 여섯 번째 연임이었다. 인도네시아 국민들은 1945년 네덜란드로부터 독립한 이래 이때까지 단 두 명의 대통령밖에 갖지 못했다. '독립의 아버지' 수카르노가 22년간 집권했고, 그 뒤를 이어 수하르토가 32년간 통치했다.

"이번이 끝이다! 더는 출마하지 않겠다!" 수하르토는 대통령 4선 후에 그렇게 말했다.

"다시 출마하기에는 너무 늙었다……."(5선 후)

"1998년이면 내가 몇 살이냐. 자연의 섭리를 따라야지……."(6선 후)

이렇게 해서 그는 선출직으로는 최장기 집권 기록을 남기게 된다.

수하르토는 박정희와 닮았다. 농부의 아들로 태어났다. 열아홉 살에 네덜란드 식민 치하의 동인도군에 입대했고 일본 군정 하에서 장교를 지냈다. 1966년 쿠데타로 정권을 장악한 그는 '개발과 안정'이라는 기치 아래 연평균 7퍼센트의 고도 성장기를 연다. 강력한 친정 체제를 구축했던 그는 결코 2인자를 만들지 않는 통치스타일도 박정희와 흡사했다. 그리고 폭압적인 언론 통제. 야수의 폭력으로 침묵을 강요했다. 야당은 꼭두각시였고 국회는 '고무 도장'이었다.

그러나 외교에 있어서는 나름대로 독자 노선을 지향했다. 미소(美蘇)를 저울질하며 제3세계의 지도자를 자처했다. 1만 3000여 개의 섬, 300여 개의 서로 다른 종족, 동서 길이 5,000킬로미터, 인구 2억이 넘는 대국을 일사불란하게 다스렸다. 수하르토의 왕국에선 적어도 지역감정은 없었다.

그러나 수하르토에겐 있어서는 안 되는 것, 박정희에겐 없는 것이 하나 있었다.

나라 살림을 결딴낸 족벌 체제, 그것은 치명적이었다. 오죽하면 '도시바 왕국'이라고 했을까. 수하르토의 셋째아들 토미와 큰딸 시티, 차남 밤방의 이름 첫 글자를 딴 조어다. 시티는 집권 여당의 부총재, 밤방은 당 재무위원장, 삼남은 국민차 회사 티로르의 소유주였다. 수하르토는 3남 3녀를 끔찍이 아껴 국사(國事)를 가족 회의에서 논의했고, 그가 물러나기 직전 치러진 총선에 일가족 일곱 명이 출마하기도 했다.

1997년 아시아 외환 위기가 닥쳤을 때, 살아남기 위해서는 국제통화기금(IMF)의 개혁요구를 받아들여야 했으나 수하르토는 도저히 그럴 수 없었다. 독과점 철폐, 그것은 자신의 권력 자원과 기반을 송두리째 도려내는 것이었다. 일가친척과 측근들에게 칼을 들이대는 것이었다. 정책의 투명성, 그것은 그의 정치적 토대였던 부패 관료 집단을 떼어내는 일이었다. 감당할 수 없는 비용이었다. 금융 개혁을 위해 열여섯 개 은행을 폐쇄했을 때 이들 은행의 주식을 갖고 있던 대통령의 아들이 재무장관과 중앙은행 총재를 고소하는 해프닝이 벌어졌다.

수하르토는 끝내 'IMF 딜레마'에서 빠져나올 수 없었다. 마침내 미국이 등을 돌렸을 때, 그의 도시바 왕국은 채 열 시간도 버티지 못하고 무너져내렸다.

| 매들린 올브라이트 · 1937~ |

브로치 외교

그녀는 자칭 미국의 '자애로운 헤게모니'를 추구했다.
"우리는 청중에 머물지 말고 연기자 이상의 역할을 수행해야 한다."

"남편은 백마 탄 왕자였으며 나는 신데렐라였다. 유리구두를 신어 보니 발에 꼭 맞았다."

미국 최초로 여성 국무장관을 지낸 매들린 올브라이트. 그녀는 웰즐리 대학교 재학 시절에 부유한 언론 가문의 자제인 조지프 올브라이트를 만나 졸업하자마자 결혼했다. 열한 살 때 미국에 건너온 체코 외교관의 딸에게 '아메리칸 드림'은 달콤했다.

올브라이트의 나이 마흔다섯, 결혼 생활이 23년째에 접어들던 어느 날 세 아이의 엄마였던 그녀는 남편에게서 이혼 통고를 받는다. "당신보다 더 젊고 예쁜 여자가 생겼어!" 남편은 그날로 짐을 쌌다.

올브라이트는 자서전에서 "남편을 잡을 수 있다면 사회생활을 포기할 수도 있었다"고 털어놓기도 했으나 국무장관이 된 뒤에는 생각이 바뀌었다고 한다.

"내가 이혼하지 않았더라도 국무장관이 될 수 있었을까? 결혼한 상태였다면 지금처럼 능력을 발휘할 수 있었을까? 솔직히 남편보다는 국무장관을 택하지 않았을까?"

올브라이트는 미국 외교가의 대표적인 강경론자다. 인권 문제와 지역 분쟁에서 미국의 정치적·군사적 개입을 강력히 주장했다. "우리는 청중에 머물지 말고 연기자 이상의 역할을 수행해야 한다!" 그녀는 자칭 미국의 '자애로운 헤게모니'를 추구했다.

올브라이트의 개입주의 노선은 조국 체코가 나치 독일에 점령당했던 유년 시절의 쓰라린 체험과 무관하지 않다. 당시 전쟁을 원치 않았던 영국과 프랑스는 히틀러와 뮌헨 협정을 맺고 체코의 뒤통수를 쳤던 것이다.

"내 사고의 밑바탕은 뮌헨이다!"

올브라이트의 전매특허는 '직설화법'이다. 상대방의 눈을 똑바로 쳐다보며 톡 쏘아대는 말투는 국제 외교가를 적잖이 당혹스럽게 했다.

그러나 이 '사나운 할머니 올빼미'가 솔직하고 유쾌하다는 데에는 그 누구도 동의하지 않을 수 없었다.

올브라이트의 '브로치 외교'는 유명하다.

유엔 대사로 근무하던 1994년 유엔을 앞세워 이라크의 숨통을 바짝 조이자 이라크 언론은 그녀를 '독사'로 묘사했다. 이후 이라크 각료를 만날 때면 그녀는 똬리를 튼 뱀 모양의 브로치를 달고 나왔다. "병적으로 김대중 대통령을 존경한다"는 올브라이트는 작열하는 태양 모양의 브로치로 햇볕 정책에 대한 지지를 나타내기도 했다. 중동 평화협상이 엉킨 실타래처럼 꼬였을 때는 거미줄 문양 브로치를 달았다. '센스'를 아는 외교관이었다.

그런가 하면 1997년 덩샤오핑 사망 직후 자신의 방문을 달가워하지 않는 중국에서 인권 문제를 거론하는 뚝심을 보이기도 했다. 올브라이트는 불도저였다.

2000년 7월 아세안(ASEAN) 안보 포럼 폐막 만찬. 각국 대표들이 나와 장기 자랑을 하는 자리에서 올브라이트는 탕자쉬안 중국 외교부장에게 다가와 이런 의미심장한 노래를 불러 주었다.
"만약 당신의 사랑이 식는다면 나는 미 해군 제7함대를 부를 거예요……."

| 스탈린 · 1879~1953 |

공포의 기억

"역사적 경험으로 볼 때 사회주의 초기 단계에서 테러와 개인 숭배는 필연적으로 나타날 수밖에 없다."
—— 장 폴 사르트르

스탈린이 죽었을 때 세계는 환호했다. 자유 진영은 물론이고 크렘린에서도 안도의 한숨이 새나왔다. 스탈린 독살설의 유력한 용의자로 꼽히는 정치국원 베리야는 흐루시초프에게 귀엣말로 속삭였다.

"그를 해치우고 모두를 구했어!"

그러나 역사에 대한 우리의 의무는 역사를 다시 쓰는 것이라고 했던가. 스탈린 체제에 대한 역사적 평가는 그때그때 달랐다.

"스탈린은 그 믿기지 않는 범죄성에서, 그 한계를 모르는 극악함에서 희귀한 인물"(조지 캐넌)이라는 비난이 있고, 그는 "우연히 러시아 대혁명 앞에 서 있었으며 단지 그 때문에 위대해진 실체 없는 인물"(E.H. 카)이라는 냉소가 있다. "마르크시즘은 그를 만나 잘못된 방향으로 진화해 갔다"(아이작 도이처)는 깊은 탄식이 있는가 하면 "(스탈린의 피비린내 나는 숙청은) 소련 정권에 반대하는 적과 음모가 분명히 존재함을 보여 준다"(버나드 쇼)는 열띤 옹호가 있다.

조국 러시아에서는 생전에는 '빛나는 태양, 우리의 아버지'(러시아 정교회)였고 사후에는 "독재자였으나 제2차 세계 대전을 승리로 이끈 지도자"(블라디미르 푸틴)였다.

프랑스의 작가 로맹 롤랑은 스탈린을 만나 친구가 되었고, 공산주의에 충성을 선서했던 앙드레 지드는 스탈린을 만난 뒤 등을 돌렸다.

경제학자 폴 새뮤얼슨은 책을 낼 때마다 말을 바꾸었다. 그는 『경제학』의 10차 개정판에서 "동유럽 주민들이 비참한 생활을 하고 있다고 보는 것은 천박한 판단"이라고 썼으나 11차 개정판에서는 '천박한 판단'이라는 표현을 뺐다. 그리고 12차 개정판에서는 아예 그 문장을 삭제했다.

그런데 스탈린이 없이도 '강대국 소련'이 존재할 수 있었을까?

스탈린이 소련 공산당 서기장에 취임한 게 1922년. 그 6년 뒤 전권을 장악한 스탈린이 추진한 제1차 5개년 계획의 경제적 성취는 눈부신 것이었다. 그 짧은 기간에 소련은 독일과 영국을 제치고 세계 제2의 공업 생산국으로 도약한다. 1919년 대공황으로 세계 경제가 무너져 내리고 있을 때, 소련이 세계 공업 생산에서 차지하는 비중은 4.7퍼센트에서 13.1퍼센트로 세 배 가까이 증가했다.

스탈린 사후 소련에서는 누구도 그만큼 막강한 권력을 휘두르지 못했다. 누구도 그처럼 개인의 삶을 뒤흔들어 놓지 못했다. 우상 숭배라는 정치적 상징 조작에 있어서 그 누구도 스탈린의 천재성을 흉내조차 낼 수 없었다.

스탈린이 남긴 최대의 정치적 유산은 '공포의 기억'이다.

그가 권좌에 있는 동안 2000만 명이 추방되거나 유배됐고 그 절반이 목숨을 잃었다. 외국인 히틀러에게서나 보았던 악을 몸소 견뎌야 했던 소련 인민들. 그 끔찍한 악몽이 있었기에 그들은 여전히 가혹했던 스탈린의 후계자들을 잘도(?) 견뎌냈던지 모른다. 그 어떤 억압과 잔혹함도 스탈린 시대보다는 나았던 것이다! 그런 스탈린을 위해 '역사를 위한 변명'을 지어낸 것은 사르트르였다.

"역사적 경험으로 볼 때 사회주의 초기 단계에서 테러와 개인 숭배는 필연적으로 나타날 수밖에 없다……."

그 뒤로 많은 동지들이 사르트르 곁을 떠났다.

| 엘리자베스 테일러 · 1932~ |

클레오파트라의 눈

그녀는 미의 여신이었다.
오드리 헵번의 우아함, 그레타 가르보의 은둔자적 신비함,
그레이스 켈리의 차가운 열정……
엘리자베스 테일러는 그 모든 것이었다.

여덟 번째 결혼식이었다.

엘리자베스 테일러는 예순을 바라보는 나이였고, 신랑은 스무 살 연하의 건설 노동자였다. 건축 현장에서 시간당 20달러를 받고 흙을 나르던 중장비 기사였다. 테일러는 그를 알코올 의존증 환자 치료소에서 만났다.

팝스타 마이클 잭슨의 목장에서 열린 결혼식에는 미국의 전직 대통령 로널드 레이건과 제럴드 포드가 초대됐다. 식장은 빨간 장미와 자주색 난초, 노란 나리꽃으로 뒤덮였고 꽃값으로 17만 6000달러(약 1억 6000만 원)가 들었다.

엘리자베스 테일러의 남성 편력은 화려하다. 호텔 재벌 콘래드 힐튼 2세, 배우 마이클 와일딩, 영화 제작자 마이크 토드, 가수 에디 피셔, 배우 리처드 버튼, 공화당 상원의원 존 워너……. 버튼과는 두 번 결혼하고 두 번 이혼했다. 유일하게 '오래된 남자'였다. 두 사람은 10년을 살다 헤어졌고, 이듬해 재결합했으나 4개월을 버티지 못했다.

일본에서는 테일러의 애칭을 딴 《리즈》라는 이혼 전문지가 창간된다. 참지 말고 이혼하라! 이게 잡지의 슬로건이다. 그러나 정작 테일러 자신은 숱한 결혼과 이혼에 대해 "권장할 만한 습관은 아니다"라고 잘라 말한다.

스크린에서 테일러의 아름다움은 찬란하게 빛났다. 영화 「젊은이의 양지」, 「자이언트」, 「클레오파트라」에서 그 고혹적인 눈빛은 관객들의 혼을

빨아들였다. 그녀는 '미의 상징'이었다. 오드리 헵번의 우아함, 그레타 가르보의 은둔자적 신비, 그레이스 켈리의 차가운 열정……. 그녀는 그 모든 것이었다.

테일러의 삶은 영화와 동일시된다. 수많은 작품에서 그녀는 직업을 가진 여성으로 나온 적이 없으며, 집안일을 하는 모습조차 보여 주지 않는다. 극중에서조차 노동으로 그녀의 아름다움이 흐트러지는 것을 아무도 원하지 않았다.

테일러는 '세계 최고의 컬렉터'로 꼽히는 보석 소장가다. 그녀는 세상에 나오자마자 보석과 열애에 빠졌던 듯 싶다.

"나는 태어난 지 여드레가 지나서야 눈을 떴다. 그때 내 눈에 맨 먼저 띈 것은 엄마의 결혼반지였다. 내 눈은 믿을 수 없을 정도로 빛났다고 한다."

만년의 테일러는 미국 에이즈 연구 재단을 설립해 운영하고 있다. 그녀는 에이즈 환자를 돕는 일이 자신을 구원하리라고는 꿈에도 생각지 못했다고 말한다. 그녀의 비서는 에이즈 감염을 비관해 자살했고 며느리도 에이즈에 감염됐다. 오랜 친구였던 출판계의 거물 맬컴 포브스도 에이즈에 걸린 동성애자였다. 그의 주변에는 유난히 동성애 남자들이 들끓는다. 깊은 우정(?)을 나누었던 배우 록 허드슨과 제임스 딘, 그리고 테네시 윌리엄스, 몽고메리 클리프트, 로디 맥도웰이 모두 동성애자였다.

"테일러는 동성애를 즐기는 남자들에게 편안함을 느꼈다. 그녀와 잠자리를 함께할 수 없음에도 자신에게서 헤어나지 못하는 많은 남자들에게 진한 연민을 느꼈달까……."(전기 작가 앨리스 앨범)

| 무아마르 카다피 · 1942~ |

사막의 늑대

'중동의 미친 개'인가,
아니면 '위대한 형제 지도자'인가.

1986년 4월 15일 새벽 2시. 세계의 눈이 리비아의 트리폴리와 벵가지로 쏠렸다. 미국이 리비아의 카다피를 모지락스럽게 손보고 있었던 것이다. 12분간 폭탄 60톤이 쏟아져 내렸다. 열흘 전 베를린의 미군 단골 디스코텍에서 폭탄 테러로 미군 두 명이 사망한 데 대한 응징이었다. 카다피의 숙소와 테러 훈련소를 겨냥한 미국의 '엘도라도 작전'으로 정작 카다피는 무사했지만 그의 어린 수양딸이 숨지고 두 아들이 다쳤다.

국제 사회의 시선은 곱지 않았다. 나토는 폭격에 반대했다. 프랑스와 스페인은 미 전폭기의 영공 통과를 불허했다. 영국 기지를 떠난 전폭기들은 네 차례나 공중 급유를 받으며 15시간에 걸쳐 8,900킬로미터를 우회 비행해야 했다. 영국의 '카우걸'(마거릿 대처)만이 '카우보이'(로널드 레이건)의 곁을 굳게 지켰다.

미국의 군사 행동은 '길들여지지 않는 야수'를 잠재우지 못했다. 한동안 잠잠해진 카다피는 종이 호랑이라고 비웃음을 사기도 했으나 불과 2년 뒤 스코틀랜드 상공에서 벌어진 미 팬암 여객기 폭파 사건의 배후로 지목된다. 그때나 지금이나 테러에 대한 테러는 또 다른 테러를 부를 뿐이었다.

2005년 집권 37년째를 맞은 리비아의 국가 원수 무아마르 카다피. 그는 '중동의 미친 개'(로널드 레이건)인가? '위대한 형제 지도자'(넬슨 만델라) 인가?

미국에 있어 카다피는 눈엣가시이다. 세계 평화의 공적이자 제거 대상 1호다. 그는 미국에게 지구상에서 가장 위험한 인물이다. 아랍의 자존심을 상징한다는 그의 독특한 카리스마는 '광적 우울증세'라는 진단이 내려졌다. 미 언론의 프리즘을 통해 우리에게 비친 그의 모습 역시 무모하고 괴팍하기만 하다. 도무지 종잡을 수 없는 돈키호테나 미치광이에 지나지 않는다.

그러나 아랍권에서 그는 혁명의 영웅이요 이슬람 민족주의의 기수다. 1969년 군사 쿠데타로 왕정을 무너뜨린 스물일곱 살의 청년 장교는 집권하자마자 열강의 식민 잔재를 일소했다. 리비아 내 미군과 영국군 기지를 철수시키고 외국인이 소유한 석유 자산을 모조리 국유화했다.

부자들의 자녀를 강제로 입대시켰으며, 차도르를 벗기고 일부다처제의 악습을 폐지해 여성을 해방했다. 사막을 일군 '녹색 혁명'도 그의 작품이다.

그 후 그는 전 세계에 혁명과 테러를 수출하며 국제 사회에서 악명을 쌓아 간다. 그런 그가 2003년 말 대량 살상 무기(WMD) 개발 계획을 폐기하겠다고 전격 발표했으니 세계가 깜짝 놀랄밖에!

그 변화의 조짐은 일찌감치 감지됐다.

카다피는 9·11 테러를 맨 먼저 비난한 이슬람 지도자였고, 미국의 아프가니스탄 침공에 대해서는 내내 침묵을 지켰다. 미 정보 기관에 알 카에다에 관한 정보를 흘린 것도 리비아였다.

'사막의 늑대'는 아예 '세계화의 양'을 자처하고 나선다. 서방 언론과 인터뷰를 할 때마다 민족주의의 단계는 지나고 지금은 세계화 시대라고 목소리를 높인다.

이 급작스러운 변화가 스스로도 믿기지 않았는지 그는 혼잣말을 이렇게 중얼거렸다고 한다.
"미국과 한 참호에서 공동의 적과 싸우고 있는 우리 자신을 발견하다니, 참으로 놀라운 일이지……."

| 파블로 피카소 · 1881~1973 |

그림의 암살자

"신도 나처럼 많은 걸 시도했지……"

20세기 초는 르네상스 이후 유례없는 천재의 시대였다.

1905년 앨버트 아이슈타인이 특수 상대성이론을 발표했고, 1907년 파블로 피카소가 「아비뇽의 아가씨들」을 세상에 내놓았다. 두 사람은 20세기에 현대성을 부여했다. 물리학은 휘어지는 시공에 대한 통찰을 얻었고, 미술은 새로운 시각 언어인 기하학을 발견했다. 영국 런던 대학교의 아서 밀러 교수는 이렇게 단언한다.

"현대 과학은 곧 아인슈타인이고, 현대 미술은 곧 피카소다."

「아비뇽의 아가씨들」은 도발이었고 스캔들이었다. 기상천외였다. 낱낱이 찢긴 몸에 형체를 알아볼 수 없는 이목구비. 캔버스는 산산이 조각난 채 반짝이는 '유리 영혼'을 담고 있었다.

'그림의 암살자'에게는 비난이 빗발쳤다. 그의 평생 지기였던 앙리 마티스마저 고개를 갸웃했다. 세잔이 대상의 형태를 극단까지 추궁했다면 피카소는 이를 무자비하게 해체했다. 피카소는 과감히 선언했다. 자연은 강간당하기 위해 존재한다!

큐비즘의 창시자 피카소. 92세로 사망할 때까지 방대한 작품 세계를 이루었던 피

카소 예술의 내적 동기와 영감의 원천은 성적 충동이었다. 그의 예술은 한 번도 정숙한 적이 없었다.

피카소의 여인들은 실제에 있어서나 캔버스에 있어서나 그리스 신화의 반인반수 미노타우로스의 야만성과 폭력성에 압도당했다.

러시아 귀족의 딸로 촉망받는 발레리나였던 올가 코클로바는 피카소에게 버림받은 뒤 실성했다. 피카소가 마흔여섯에 만난 17세 소녀 마리 테레즈는 그에게 버림받은 뒤에도 하루 두 번씩 사랑의 편지를 보내라는 피카소의 명령을 충실히 이행했다. 그녀는 피카소가 죽자 목을 매 자살한다. 사진작가였던 도라 마르는 피카소와 헤어진 뒤 정신과 치료를 받아야 했다. 그녀는 아흔 살에 사망할 때까지 독신으로 지냈다. 피카소의 마지막 연인이었던 프랑수아 질로는 스물한 살 때 만난 예순둘의 피카소를 '주인님'으로 불렀다. "나는 그를 위해 존재한다"고 말했던 그녀는 피카소가 죽자 권총 자살했다.

열두 살 때 이미 라파엘로처럼 그렸다는 피카소.

그는 아홉 시간씩 꼼짝 않고 서서 그림을 그릴 정도로 정력적이었다. 둘 이상의 아틀리에에서 한꺼번에 여러 그림을 그리기도 했다. 벨라스케스의 그림을 다시 그린 「라스메니나스와 생활」 연작 58점을 불과 두 달 만에 완성했으니, 하루에 15점을 그리기도 했다.

자신의 작품을 '개칠'하는 것도 마다하지 않았다. 남의 그림을 개작하는 화가는 일찍이 그 말고는 없었다. 그는 스스로를 비웃듯 읊조리곤 했다.

"신(神)도 나처럼 많은 걸 시도했지……."

| 니키타 흐루시초프 · 1894~1971 |

착한 레닌, 나쁜 스탈린

"한 사람의 흐루시초프 속에는 몇 사람의 흐루시초프가 들어 있었다."

그는 열정적인가 하면 냉혈한이고, 도전적인가 하면 냉소적이고, 현실적인가 하면 이념적이었다. 미국 앰허스트 대학의 윌리엄 타우브만 교수는 흐루시초프의 전기에 그는 참으로 불가해한 인물이었다며 이렇게 썼다.

"그 한 사람의 흐루시초프 속에는 몇 사람의 흐루시초프가 들어 있다."

소련 공산당 서기장 흐루시초프는 1960년대를 전후해 냉전 체제를 주도했다. 독일에 베를린 장벽을 구축하고 쿠바 미사일 위기를 야기했다. 동유럽의 반소(反蘇) 민주화 봉기를 무자비하게 진압했다. 그러면서도 최초로 동서 평화 공존의 밑그림을 제시했고, 재래식 병력을 일방적으로 감축했다.

수백만 명의 정치범을 석방한 것도 흐루시초프였다. 그가 있었기에 솔제니친의 『이반 데니소비치의 하루』는 햇빛을 볼 수 있었다.

흐루시초프는 스탈린의 열렬한 추종자이자 스탈린이 가장 신뢰한 '졸개'였다. 팔꿈치까지 피가 차오르도록 충성을 바쳤다. 비천한 농노 출신인 그는 벼락 출세를 했으니, 제2차 세계 대전 중에는 우크라이나 공산당 책임자가 되었고 전쟁이 끝나자 스탈린의 최측근 정치 참모로 부상했다.

그러나 흐루시초프는 크렘린을 장악하자마자 스탈린을 겨누었다. 그것은 단지 정적을 제거하기

위한 술수였던가. 아니면 고르바초프의 말대로 '역사의 과오를 응시한 위대한 자기 고백'이었던가.

"그것은 악을 누르고 선을 택하려는 인간의 저지할 수 없는 성정이 불꽃처럼 타오른 경우였다. 고귀한 인간성의 한 수수께끼였다!"(타우브만)

1956년 소련 공산당 제20차 전당대회, 그 마지막 날 흐루시초프는 칼을 빼들었다. 스탈린의 권력욕과 포악함을 경계했던 레닌의 유서를 읽어 내리며 '역사의 범죄자' 스탈린의 죄상을 낱낱이 파헤쳤다.

흐루시초프의 용기는 흔치 않은 것이었다. 그의 스탈린 격하는 수구파가 여전히 당을 장악하고 있던 때에 행해졌다. 그들은 여전히 적의에 가득 찬 눈빛을 번득이고 있었다.

흐루시초프가 일으킨 시베리아의 봄바람은 국제 공산주의에 난기류를 몰고 온다. 마오쩌둥의 격렬한 반발은 중·소 분쟁으로 발화(發火)되었고 그 불똥은 북한으로 튀었다. 김일성은 중·소 분쟁의 틈새에서 자력 갱생의 길을 찾아야 했으니 '주체 사상'은 그 몸부림이었다.

그럼에도 '착한 레닌, 나쁜 스탈린'이라는 흐루시초프의 등식은 한계가 명백했다. 그는 스탈린의 전체주의가 마르크스-레닌주의의 뿌리에 닿아 있음을 보지 못했고, 그럴 수도 없었다. 그는 어정쩡한 지점에 있었다. 그 스스로가 개혁과 민주화의 걸림돌이었다.

흐루시초프의 외교 정책이 자주 헷갈리는 것은 이 때문이다. 동서 해빙 시대를 열었지만 그 바탕에는 사회주의 체제가 우월하며 자본주의를 매장해 버릴 것이라는 확고한 믿음이 깔려 있었다.

흐루시초프는 공산주의의 개혁을 의도했지 몰락을 원하지 않았다. 훗날 그의 '정신적인 제자'를 자처했던 고르바초프가 그러했던 것처럼.

| 윈스턴 처칠 · 1874~1965 |

처칠의 구애

그는 스스로를 기꺼이 '대통령의 부관'이라고 불렀다.
그리고 종종 이렇게 말했다.
"그것은 전적으로 보스의 결정에 달려 있습니다."

1941년 미국 백악관의 내빈용 침실. 막 목욕을 끝낸 처칠이 벌거벗은 채로 방안을 왔다 갔다 하고 있었다.

그때 노크 소리와 함께 루스벨트가 문을 열고 들어섰다. 루스벨트는 알몸인 처칠을 보고 흠칫 놀랐다. "실례했다"며 황급히 돌아서는 그를 처칠이 불렀다. 그러고는 이렇게 말했다. "보십시오, 각하! 저는 당신에게 숨기는 것이 아무것도 없습니다!"

제2차 세계 대전에서 영국과 미국이 함께 싸우게 된 것은 처음부터 정해진 것이 아니었다. 처칠은 영국이 미국의 지원을 받을 만한 가치가 있다는 사실을 루스벨트에게 확신시켜야만 했다.

그러나 루스벨트를 사로잡기란 쉽지 않았다. 그는 계산적이었고 냉정했다. 교활하기까지 했다. 그런 그를 향한 처칠의 구애는 뜨거웠다. 처칠이 백악관에 보낸 편지는 이렇게 끝맺곤 했다. "내 생각은 항상 당신에게 가 있습니다……."

처칠은 스스로를 기꺼이 '(루스벨트) 대통령의 부관'이라고 불렀고 종종 "그것은 전적으로 보스(루스벨트)의 결정에 달려 있다"고까지 말했다. 세계 대전의 화염

속에서 연단된 두 사람의 우정은 특별한 것이었으나 애초에 처칠의 헌신이 없었다면 불가능했다.

시가를 물고 V자 사인을 해 보이는 처칠의 모습은 거인의 풍모를 느끼게 한다. 그러나 그는 철저한 현실주의자였다. 정치사가들은 "처칠의 삶 자체는 온통 잔인한 역설이었다"고 말한다.

처칠은 인종차별에 맹렬히 반대했으나 끝까지 백인이 우월하다고 믿었다. 열렬한 반공주의자였음에도 스탈린과 동맹을 맺었다. 독일의 드레스덴을 폭격하라고 명령해 민간인 3만 5000명의 목숨을 앗아간 것은 휴머니스트를 자처한 처칠이었다.

40대에 노동당에서 보수당으로 당적을 옮기면서는 이런 명언을 남긴다. "20대에 진보적이지 못하면 마음(heart)이 없는 것이고, 40대에도 진보적이면 정신(mind)이 없는 것이다."

그러나 처칠은 용기 있는 지도자였다. 우리는 역사에서 도망칠 수 없다는 냉철한 현실 인식을 갖고 있었다. 선의 허약함이 악의 야심을 키우는 것을 용납하지 않았다.

전쟁 초기에 영국은 군사적으로 절망적인 상황이었으나 그는 한 치도 물러서지 않았다. 그 단호함은 영국 국민이 도저히 견뎌 낼 수 없을 것 같은 고난을 이겨 내는 힘이 되었다.

대영제국의 마지막 지도자였던 처칠. 그의 긴 생애를 관통한 신념은 이러했다. "결코, 결코, 결코 포기하지 마라!"

| 넬슨 만델라 · 1918~ |

아프리카의 대부

그는 남아프리카공화국을 아파르트헤이트의 악에서뿐만 아니라
그 증오로부터 해방시켰다.

"할아버지는 제 삶을 아름답게 바꿔 주셨어요. 피부색을 가리지 않고 사람을 사랑하게 해 주셨거든요……."

2003년 85세 생일을 맞은 만델라는 한 소녀에게서 아주 특별한 축하 편지를 받았다. 그의 눈가에 물기가 번졌다. 소수 백인이 남아공을 통치하던 1964년 그에게 종신형을 내렸던 헨드리크 페르부르트 전 총리의 증손녀가 보낸 편지였다.

넬슨 롤리랄라 만델라.

그는 '아프리카의 빛'이었다. 백인에 의한 지배와 흑인에 의한 지배를 모두 반대했던 그는 20세기 인권 운동의 상징이다. 350년에 걸친 남아공의 아파르트헤이트(인종 격리 정책)를 철폐했다.

그는 27년간을 감옥에서 보냈다. 수인 번호 '46664'는 그의 또 다른 이름이 되었다. 모친과 장남의 사망 소식을 철창 안에서 들어야 했던 만델라. 그에게 분노는 힘이었고, 고통과 수난은 그의 뼈 마디마디에 새겨졌다.

그러나 72세가 되어서야 석방된 그의 일성(一聲)은 '용서'였다. 그는 과거사를 떨쳐 버렸다. 남아공을 넘어 인류가 서로 더불어 살아야 한다는 숭고한 비전을 제시했다. 흑인에 의한 역차별은 단지 우려에 그쳤다.

아마도 그가 다른 메시지를 보냈더라면 남아공은 불바다가 됐을 것이다.

1994년 그는 남아공 최초의 흑인 대통령으로 선출된다. 만델라는 변화의 속도를 조절하기 위해 '백인' 전 대통령 프레데리크 데클레르크를 부통령으로 지명했다. 화해의 제스처였다. 그는 피를 흘리는 대신 대화와 협상으로 혁명을 이뤄 냈다. 빈곤과 질병, 무지의 땅은 흑백이 함께 하는 무지개 공화국으로 피어났다.

만델라의 정치적 유산은 이에 머물지 않는다. 그는 아프리카의 대부(代父)로서 맡은 바 소임을 다하고자 했다. 그는 국제사회의 논리와 입장이 아프리카의 이익과 주권에 우선할 수 없음을 분명히 했다. 1997년 만델라는 미국과 유엔에 의해 봉쇄된 리비아를 방문한다. "남아공의 백인 정권 하에서 우리를 도왔던 리비아를 저버리는 짓은 부도덕하다"며 카다피에게 남아공 최고 영예 훈장을 수여했다.

나아가 아프리카의 내전 중재에 힘썼고 아프리카 국가들의 경제 협력을 주도했다. 그가 창설한 아프리카 개발공동체는 연평균 5~6퍼센트의 성장률을 기록하며 '아시아의 호랑이'에 빗댄 '아프리카의 사자'로 포효한다. 마침내 '아프리카 르네상스'의 서곡이 울려퍼졌고, 그가 가는 곳마다 함성이 터져 나왔다. 힘! 힘! 아프리카는 우리 것! 민주주의가 불가능하리라 던 아프리카에서 세계는 기적을 보았다.

이 위대한 영혼의 퇴장은 아름다웠다. 일찌감치 후계자로 임명했던 타보 음베키에게 정권을 이양하고 미련 없이 2선으로 물러났다. 무욕의 정치가 만델라는 단지 평범한 할아버지가 되기만을 소망했다.

"당신이 세상에 준 가장 큰 선물은 관용의 정신이었습니다. 그것은 검은 대륙의 정치적 영감이 되었고, 인류의 미래에 희망의 싹을 틔웠습니다……."(빌 클린턴)

| 프랭클린 루스벨트 · 1882~1945 |

여우 같은 사자

"루스벨트는 백악관을 지킨 사람으로는 유일하게
우리 사장이 개자식이라는 사실을 이해한다."

"우리가 유일하게 두려워해야 할 대상이 있다면 그것은 두려움 그 자체이다!"

1936년 11월 3일. 대공황을 극복하고 제2차 세계 대전을 승리로 이끈 제32대 미국 대통령 프랭클린 루스벨트가 재선에 성공했다. 미 헌정 사상 유일무이하게 4선 고지를 밟았던 루스벨트. 그는 '여우 같은 사자'였으며 '거상(巨商)의 정치인'이었다.

"다시는 내 앞에서 안 된다는 말을 하지 마시오!" 영화 「진주만」에서 휠체어에서 일어나 소리치던 루스벨트의 모습은 지도자의 용기와 리더십을 상징하는 삽화로 자주 인용된다.

루스벨트는 미국의 진정한 진보주의자였다. 실업자 1200만 명이 길거리로 내몰리던 시기, 정치적 대안은 파시즘이나 공산주의뿐이라는 극단론이 팽배하던 때에 그는 '새로운 판(New Deal)'을 짬으로써 국난을 정면 돌파했다.

루스벨트는 경제 피라미드의 바닥에 깔린 잊혀진 사람들을 기억했다. 국부(國富)가 위에서 아래로 자연스럽게 흘러내린다는 주장에 대해 "경제적 혜택은 밑바닥에 채 닿기 전에 말라

버린다"고 반박했다. 노동자들은 그에게 진심으로 호응했다. "루스벨트는 백악관을 지킨 사람으로는 유일하게 우리 사장이 개자식이라는 사실을 이해하고 있다."

미국인들은 루스벨트를 사랑했다. 소아마비인 몸을 이끌고 전국 유세를 강행하는 그의 모습에서 용기와 희망을 보았다. 그리고 그는 무엇보다 솔직했다. 뉴딜 정책을 실행하는 과정에서 심각한 재정 적자가 초래되자 과오를 순순이 인정했다. "정부도 실수할 수 있고 대통령도 잘못할 수 있지요."

루스벨트는 항상 웃는 모습이었다. 오죽하면 일본 군부가 그의 이름 'Roosevelt'를 'Loosebelt(헐렁한 샅바)'로 고쳐 부르며 비아냥댔을까. 그와 절친했던 윈스턴 처칠은 그와의 만남이 "샴페인 뚜껑을 따는 일처럼 유쾌했다"고 회고했다.

그러나 사생활에서 그는 그리 모범적이지 못했다. 미 역사상 가장 영향력 있는 여성으로 존경받는 부인 엘리노어 루스벨트는 죽는 날까지 남편의 외도 때문에 괴로워했다. 엘리노어는 숨지기 전 침대 곁에 '1918'이라는 숫자를 써 놓았는데, 이는 그녀가 남편의 외도를 처음 눈치 챈 해였다. 그 상대는 다름 아닌 그녀의 비서였다.

헌신적인 아내이자 어머니였던 엘리노어. 그녀가 여성 운동과 인권 운동에 뛰어들게 된 것은 아이러니컬하게도 남편의 외도 때문이었다. 미국을 구한 대통령 루스벨트는 본의 아니게(?) 자신의 아내를 정치적으로 해방시킨 남편이기도 했다.

| 달라이라마 · 1935~ |

티베트 불교의 스승

"티베트인들이 원하지 않는다면 더 이상 환생은 없다.
외국에서 외국인으로 태어날 수도 있다."

티베트 불교의 14대 달라이라마 텐진 갸초. 티베트의 정치 지도자이자 영혼의 스승인 그가 1998년 11월 빌 클린턴 미국 대통령을 만났다. 클린턴은 이때 영부인 힐러리가 달라이라마를 초청하는 자리에 슬쩍 끼어드는 엉거주춤한 모양새를 취했다. 중국의 반발이 워낙 거세었던 탓이다.

2001년 5월 '아버지' 조지 W. 부시 대통령이 달라이라마를 만날 때는 좀 더 공개적이고 노골적이었다. 당시 러시아는 더 이상 적이 아니라고 천명했던 부시는 '가상의 적' 중국에 대해서는 뭔가 본때를 보여줄 필요를 느꼈던 것일까. 부시와 달라이라마는 중국이 주장하는 티베트 해방 50주년 기념일에 때맞춰 보란 듯이 만났다.

1959년 3월 달라이라마가 인도로 망명하기 위해 히말라야를 넘을 때에도 그의 곁에는 CIA 요원들이 부지런히 따르고 있었다. 대체 왜?

티베트는 무궁무진한 지하자원의 보고다. 우라늄과 같은 특수 광물의 지하 매장량은 세계 최대 규모이며 수력 발전 자원은 3억 킬로와트에 이른다. 중국 산림 면적의 37퍼센트가 티베트에 몰려 있다. 인도를 내려다보는 '세계의 지붕'은 양보할 수 없는 전략적 요충지이기도 하다.

　대중화(大中華)를 추구하는 중국의 입장에서 티베트 문제는 매우 민감한 사안이다. 티베트의 독립은 연쇄적인 소수 민족 분열과 분리 요구를 몰고 올 게 빤한 것이다. 이 때문에 티베트의 인권 문제는 국제 사회에서 중국을 압박하는 절묘한 카드였다. 달라이라마는 일찍이 이를 간파했고, 국제 무대에서 이점을 십분 활용하고 있다. 그는 정치에 능란한 종교지도자이다.

　세속에서 떠나 있는 종교가 정치의 중심에 서 있는 티베트의 현실은 분명 아이러니이다.

　그러나 티베트 불교는 어떤 의미에서 티베트의 정치 그 자체였다. 티베트 불교의 수장을 뜻하는 달라이라마는 '살아 있는 부처'의 또 다른 호칭으로 널리 통용되는데, 그 어원에는 짙은 정치적 함의가 담겨 있다. 달라이 라마는 바다를 뜻하는 몽골어 '달라이'와 스승을 뜻하는 티베트어 '라마'의 합성어. 이는 3대 달라이라마였던 소남 걈초가 16세기 티베트를 지배했던 몽골의 황제 알탄 칸에게서 하사받은 칭호였다. 몽골은 티베트를 대리 통치할 인물로 정치 세력이 아닌 지도자를 선호했으니, 이때부터 티베트에서는 군주요 몽골에서는 왕사(王師)였던 달라이라마의 피할 수 없는 정치적 운명이 시작된다.

　1937년 13대 달라이라마의 환생으로 결정된 14대 달라이라마. 그는 중국의 티베트 침공으로 희생된 8만 7000여 동포들에 대한 자책과 회한으로 한시도 편할 날이 없었다. 최근 티베트의 독립을 포기하고 홍콩식의 완전한 자치를 요구하는 현실주의 노선으로 돌았으나 그의 행보는 고단하기만 하다. 그의 입장 선회는 "달라이라마가 없는 티베트는 더욱 다루기 힘들다"는 중국 내 온건론에 힘을 실어 주었으나 일부 티베트인들은 그가 중국에 굴복하고 있다고 반발한다. 티베트 청년 연합은 "달라이라마가 티베트인들의 영혼에 상처를 입히고 있다"며 "그의 유화 정책은 저주와 다름없는 처사"라고 비난했다.

그래서일까. 그는 최근 티베트인들이 원하지 않는다면 더 이상 환생은 없다고 선언했다. 외국에서 외국인으로 태어날 수도 있다고도 했다. 환생의 대물림이라는 달라이라마의 '전생활불(轉生活佛)' 전통이 티베트 불교를 떠받드는 기둥임을 감안하면 가히 충격적인 발언이다.

망명 정부의 지도자로서 국제 정치의 냉혹함을 뼈저리게 느껴야 했던 14대 달라이라마. 그는 지금 종교적 원력(願力)만으로는 티베트의 윤회의 사슬을 끊기에 역부족임을 느끼고 있는지도 모른다.

| 아베베 비킬라 · 1932~1973 |

마지막까지 피는 꽃

에티오피아의 아베베와 조선의 손기정.
두 사람은 로마 올림픽과 베를린 올림픽에서
정복자의 땅을 번갈아 달리며 약소민족의 울분을 토해 냈다.

1960년 로마 올림픽의 '맨발의 영웅' 아베베 비킬라. 그는 4년 뒤 열린 도쿄 올림픽에서 출전을 불과 한 달 앞두고 맹장수술을 받았으나 끝내 올림픽 마라톤 2연패의 위업을 일궈냈다. 세계는 그의 투혼 앞에 숙연했다.

에티오피아 사람인 아베베가 제2차 세계 대전 추축국의 심장부인 로마와 도쿄에서 거푸 마라톤 금메달을 따낸 것은 의미심장하다. 아베베가 결승점을 눈앞에 두고 맨발로 당당히 통과했던 로마의 콘스탄틴 개선문이 어디인가. 아프리카를 짓밟았던 로마 제국의 장군들이 의기양양하게 지나던 곳이 아닌가.

로마 제국의 후예를 자처한 무솔리니의 전차 군단이 에티오피아를 유린한 것은 1936년의 일이다. 그 직전에 무솔리니와 손을 잡은 히틀러는 제3제국의 위력을 과시하며 베를린 올림픽을 개최했고, 조선의 '식민지 청년' 손기정이 마라톤에서 황색 돌풍을 일으키며 월계관을 쓴 게 바로 이 대회다.

제2차 세계 대전 당시 독일·이탈리아·일본은 3국 군사 동맹을 맺고 '베를린-로마-도쿄 추축'을 형성하고 있었으니 아베베와 손기정은 이들 정복자의 땅을 번갈아 달리

며 약소 민족의 울분을 토해 냈던 것이다. 다만 세계는 지난날 침략자였던 이탈리아의 수도를 달린 아베베에게서 그 값진 승리의 의미를 읽었으나 일장기를 가슴에 달고 뛰어야 했던 손기정의 회한은 미처 헤아리지 못하였다.

아베베가 로마 올림픽에서 금메달을 목에 걸던 감격스러운 장면은 사상 처음으로 전 세계에 텔레비전으로 생중계되어 지구촌의 이목을 집중시켰다. 특히 대회가 열린 1960년은 아프리카 국가들이 다투어 독립을 쟁취하던 '아프리카의 해'였기에 검은 대륙의 환호는 더욱 컸다. 그해 아프리카는 에티오피아 말 그대로 '아베베 비킬라(피는 꽃)'였다.

아베베는 1968년 멕시코 올림픽에서 마라톤 3연패의 신화에 도전한다. 그는 여전히 강해 보였고 17킬로미터 지점까지 계속 선두를 유지했으나 대회 직전 입은 다리 골절상으로 중도 포기하지 않을 수 없었다. 하지만 "아베베가 있어 달린다"던 그의 동료 마모 월데에 의해 에티오피아의 올림픽 마라톤 3연패는 달성되었다.

아베베는 1969년 불의의 교통사고로 중상을 입었다. 하반신이 마비되어 뛰기는커녕 걸을 수조차 없는 상태였다. 그러나 금메달의 꿈을 접을 수는 없었다. 국제 무대에서 에티오피아의 국기를 한 번 더 게양하는 것, 그게 마지막 남은 그의 소망이었다.

그리고 9개월에 걸친 피나는 훈련 끝에 1970년 장애인 올림픽에서 마침내 또 하나의 금메달을 목에 걸었으니, 아베베 생애에 가장 값진 금메달은 마라톤이 아닌 양궁 종목에서 나왔던 것이다.

아베베 비킬라, 그는 생의 마지막 순간까지 '피는 꽃'이었다.

| 장 폴 사르트르 · 1905~1980 |

행동하는 지성

"작가는 자기 시대에 속해 있다.
그의 말 하나하나가 반향을 일으킨다. 그의 침묵조차 행동이다."

20세기는 사르트르의 시대였다. "사르트르의 오페라에는 지난 세기의 모든 인물이 들어 있다. 그의 생애와 작품은 20세기 지식인의 모든 공과를 껴안고 있다."(앙리 레비)

그러나 1970년대 말에 이르러 오페라가 종장으로 치닫게 되자 그의 과오 목록이 작성되기 시작했다. 사르트르주의의 테러리즘에 대한 비판이 강력히 제기되면서 이 프랑스 사상계의 군주는 퇴위를 준비해야 했다. 추종자들 사이에서도 탄식이 흘러나왔다.

"그는 철학자로서는 메를로 퐁티보다, 작가로서는 알베르 카뮈보다 못했고 역사를 내다보는 데 있어서는 레몽 아롱에 미치지 못했다."

이념적으로 '퐁티의 오른쪽, 그리고 카뮈의 왼쪽'을 자처했던 장 폴 사르트르. 그는 1950년을 전후해 한 배를 탔던 이념적 동지들과 결별한다. 스탈린의 소비에트 체제에 대한 입장 차이가 그들을 갈랐다. 사르트르는 "(스탈린의 정치 탄압은) 역사의 진보를 위해 불가피한 폭력"이라고 옹호했고 무자비할 정도로 아롱과 카뮈를 공격했다.

그리고 6·25 전쟁이 터지자 미국의 꼭두각시 남한이 북침했다는 설을 주장해 퐁티마저 곁에서 밀쳐 낸다. 그는 오래지 않아 "북한이 미국의 계략에 빠져 남침했다"고 말을 바꾸었으나 사르트르의 지지자들은 슬프게도 아롱의 선견지명을 확인해야만 했다. 냉전 시대 국제 정세의 흐름에 관한 한 그는 까막눈이나 진배없었고 한 시대를 앞서 내다본 아롱에 도저히 미치지 못했다.

그러나 그들은 프랑스인이었다. 나폴레옹에 열광했던 혁명의 아이들이었다. 아롱과 함께 옳기보다는 사르트르와 함께 틀리고자 했다.

사르트르는 20세기에 가장 강력한 철학적 해체와 재구성을 꿈꾸었다. 제2차 세계 대전 중인 1943년, 실존주의 철학의 교범이라고 할 《존재와 무》가 출간된다. 그러나 이 무신론적 실존주의 사상이 프랑스 지성계를 휩쓸고 있을 때에, 그는 돌연 궤도에서 이탈해 마르크스를 다시 읽기 시작한다. 실존주의의 충실한 사도들은 경악했다. 사르트르도 결국 마르크시즘의 품에 안겨 헤겔주의에 굴복하고 만 것인가? 그러나 사르트르는 이에 대해 마르크시즘은 아직 뒤떨어진 게 아니라며 "그것은 거의 시작도 하지 못했다"고 단호하게 자른다.

냉전이 깊어 가던 1952년 사르트르는 소련에 대한 지지를 공식 표명하며 역사의 전면에 나선다. 지식인으로서 시대에 관여하기 시작했다.

"작가는 자기 시대에 속해 있다. 그의 말 하나하나가 반향을 일으킨다. 그의 침묵조차 행동이다."

알제리의 반(反)식민지 전쟁과 1968년 학생 운동, 그리고 베트남 전쟁……. 그 어디에서나 작은 체구에서 찢어지는 듯한 사르트르의 성난 목소리가 들려왔다. 볼테르에서 에밀 졸라, 앙드레 지드로 이어지는 프랑스 지성의 앙가주망(engagement)의 전통은 그 마지막 불꽃을 태우고 있었다. '행동하는 지성'이라는 말은 사르트르에게 헌정된다. 그는 스스로 거친 야인의 길을 가며 마지막 순간까지 실천적 좌파로 남았다.

사르트르의 철학은 '20세기에 대한 장엄한 성찰'(미셸 푸코)이었고 '21세기에 대한 비장한 질문'(레비)이었다.

1980년 4월 사르트르가 죽었을 때 세계가 지켜본 것은 한 철학자의 죽음도, 한 작가의 죽음도 아니었다. 세계는 한 지식인의 죽음, 자라리 '지식인의 죽음'을 송두리째 보아야 했다.

| 체 게바라 · 1928~1967 |

20세기 최후의 전사

"체 게바라는 이 세기의 가장 성숙한 인간이었다."
—— 장 폴 사르트르

"피델에게 전해 주시오. 나의 죽음이 혁명의 종말은 아니라고…….."

20세기 최후의 전사, 체 게바라. 미국 중앙정보국(CIA)과 볼리비아 정부군에 쫓기던 그는 1967년 10월 밀림에서 체포돼 사살된다. 그의 나이 서른 아홉이었다.

장 폴 사르트르가 "20세기의 가장 성숙한 인간"으로 칭송했던 게바라. 피델 카스트로와 함께 쿠바 혁명의 주역이었던 그는 마지막 심문에서 "혁명의 불멸성을 생각하고 있다"는 말을 남기고 20세기의 신화가 되었다.

동지들에게 '체'라고 불렸던 게바라.

그는 '아르헨티나에서 태어나 과테말라에서 혁명가가 되고 쿠바에서 싸웠다.' 1953년에 부에노스아이레스 의과대학을 졸업한 그는 두 달 만에 의사 가운을 벗어던졌다. 라틴아메리카 5개국을 여행하면서 극도로 피폐한 민중들의 삶을 목도하고 혁명가의 길로 들어섰다. 게바라는 세계 최대 구리 생산지인 칠레의 추키카마타 광산에서 추정 1만 명이 묻힌 노동자들의 무덤 앞에서 선언했다. 나는 더 이상 이전의 내가 아니다!

과테말라의 혁명 전선에 뛰어들었던 게바라는 2년 후 멕시코에서 카스트로를 만나 쿠바 혁명에 참여

한다. 1965년 돌연 쿠바에서 자취를 감춘 게바라는 내전에 휩싸인 콩고에서 모습을 나타낸다. 그리고 이듬해 마지막으로 볼리비아 게릴라에 합류했다.

게바라의 일생은 고난과 결단으로 가득한 여행이었다. 그 여정을 이끈 것은 "인간의 사랑과 유대감은 고독하고 절망적인 사람들 사이에서 싹튼다"는 신념이었다.

혁명가로서 게바라는 고독했다. 젊은 게릴라의 가슴에 불타오르던 사회주의 이상과 현실 정치 사이에는 고통스러운 심연이 가로놓여 있었다. 그것은 끝내 메울 수 없는 간극이었다. 그는 공산권의 맹주였던 소련을 향해 비판을 서슴지 않았다. "사회주의 국가들도 제국주의의 착취에 일조를 하고 있다."

그의 자기 고백은 더욱 통렬하다. "사회주의는 성숙되지 않았다. 그 안에는 많은 오류가 담겨 있다!"

그래서일까. 게바라의 죽음 뒤에는 소련의 그림자가 어른거린다. 혹자는 소련이 쿠바에 압력을 넣어 게바라에 대한 지원을 중단시켰고, 그를 사지에 몰아넣은 것은 크렘린과 카스트로라고 주장한다. 소련이 그를 고립시키기 위해 볼리비아 공산당에까지 손을 뻗쳤다고도 한다.

총알이 빗발치는 전장 한 복판에서도 시집을 읽고 틈틈이 일기를 썼던 게바라. '맹세를 배신하고 떠나가는 동지들에게' 쓴 그의 시편에서는, 적들을 향해 총을 쏘았으나 적의 영혼에는 총을 들이대지 않았다는 휴머니스트의 비애와 우수가 느껴진다.

그는 '미래의 착취자가 될지도 모를 동지들에게' 당부했다.

　　누군들 힘겹고 고단하지 않겠는가

누군들 별빛 같은 그리움이 없겠는가
그대들이 한때 신처럼 경배했던 민중들에게
거꾸로 칼끝을 겨누는 일만은 없게 해 다오…….
─「먼 저편」

| 제임스 조이스 · 1882~1941 |

젊은 예술가의 초상

이제 문학도에게 조이스를 읽는 것은 '신성한 의무'가 되었다.
그 난해함 또한 비켜갈 수 없는 형벌이다.

"우리는 아직도 조이스와 동시대인이 되기 위해 애쓰고 있다."(리처드 엘먼)

제임스 조이스가 보인 독창성의 영역은 어느 작가, 어느 계보에서도 찾아볼 수 없는 것이었다. 피카소의 캔버스에서나 비슷한 예를 발견할 수 있을까.

조이스는 매우 실험적인 모더니스트였다. 포스트모던한 아나키스트였다. 신화적 상징, 환상과 무의식의 세계, 내면의 독백, 의식의 흐름, 에피퍼니(Epiphany, 계시)를 넘나들었다. 그는 20세기 문학사와 문학 사전을 바꿔놓은 작가였다. 언어의 마술사이자 연금술사였다.

조이스는 어휘마다 삶의 정수가 배어나오도록 편집광적으로 조탁하고 연마했다. 그는 극작가 사뮈엘 베케트에게 말했다. "나는 언어를 가지고 내가 원하는 무슨 일이든지 할 수 있다는 것을 알게 되었네."

초등학교 임시 교사로 근무하던 조이스가 시골 처녀 로라 바네클과 처음 데이트를 한 1904년 6월 16일은 문학사상 영원히 기억된다. 6월 16일은 현대 문학의 기념비적 작품인 『율리시스』의 배경일이 되어 '블룸의 날(Bloom's day)'로 기려지고 있다. 블룸은 이 작품의 주인공 이름이다. 해마다 이 날이 되면 전 세계의 애독자들이 더블린의 실제 공간에서 가상 인물인 블룸의 행로를 짚으며 조이스를 추모한다. 더블린을 떼놓고는 조이스를 생각할 수 없다.

"내가 언제 더블린을 떠났는가. 더블린은 내가 죽는 순간 내 가슴에 묻힐 것이다."

조이스의 대표작 『율리시스』는 외설 시비에 휘말려 영국과 미국에서 오랫동안 출간이 금지됐다. 작품 일부가 미국 잡지 《리틀 리뷰》에 게재되었을 때 조이스는 풍기문란으로 고소당했다. 그러나 1998년 미국의 저명한 출판사인 랜덤하우스는 '20세기 가장 위대한 영문 소설 100'을 선정하면서 이 작품을 첫머리에 올려놓았다.

스스로 망명의 짐을 쓰고 37년간 국외를 떠돌았던 조이스. 그는 빈곤과 고독 속에서 생을 견뎠다. 낭비벽과 음주벽은 그의 시야를 가린 눈병과 함께 평생의 멍에였으되, 예술의 고결함은 그 불명예를 씻어냈다. 이제 문학도에게 조이스를 읽는 것은 '신성한 의무'가 되었다. 그 난해함 또한 비켜갈 수 없는 형벌이다.

조이스의 실험성은 작품이 이어질수록 더욱 과격해져 60여 가지 외래어가 구사되는 최후의 걸작 『피네건의 경야』는 아직도 그 문맥이 완전히 이해되지 못하고 있다. "나는 너무나 많은 수수께끼를 작품에 도입했기 때문에 앞으로 수세기 동안 대학 교수들이 골머리를 썩일 것"이라던 한 조이스의 공언은 사실이 되었다.

한국어판 번역을 맡은 김종건 전 고려대 교수(영문과)는 처음 한 번 소설을 읽는 데 "꼬박 2년이 걸렸다"고 토로한다.

| 린위탕 · 1895~1976 |

동방 철인의 유머

"모래바람이 얼굴을 때리고 호랑이가 떼를 지어 달려오는 때에
누가 유머를 말할 수 있는가?"
— 루쉰

"유머는 그윽할수록, 은근할수록 더욱 묘미가 있다. 노여워하지 않고 그저 슬며시 미소 짓게 하는 게 유머다. 풍자는 매서움을 추구하는데, 그 신랄함을 제거하고 담백한 심경에 이르러야 유머가 된다."

1930년대 소품문(小品文) 운동을 통해 중국 현대문학을 견인했던 린위탕(林語堂). 마치 오리가 물을 대하듯 영어를 대했던 그는 중국의 전통문화보다 서양문화에 더 정통했다. "두 다리를 동서 문화에 걸치고 마음을 가다듬어 우주의 문장을 평한다"고 자처했다.

그러나 베이징 대학교 교수 시절 루쉰(魯迅)·저우쭤런(周作人) 형제와 교류하면서 린위탕은 중국식 의복과 신발 속에서 비로소 영혼의 안식을 얻는다. 1937년 다시 미국으로 건너간 그는 중국 전통문화로서 세계를 구하려 한 동방철인(東方哲人)의 모습으로 현현(顯現)했다. 『생활의 발견』은 동양철학을 현대화한 교과서로 널리 읽힌다.

삶의 매순간을 향유하는 생활의 예술을 지향했던 린위탕. 그는 중국의 전통 도가 사상에서 자신의 철학적, 문학적, 심미적 원천을 찾았다. 하늘을 지붕 삼고 땅을 베개 삼았던 그 표일, 그 담백, 그 한적의 경지를 추구했다.

이(利)에 집착하지 않고 공명에 급급해하지 않으며 정치적인 시비를 따지지 않는다! 대신에 그는 자연, 가정, 여행, 독서, 차(茶), 골동품, 담배, 술

과 같은 일상의 즐거움을 권한다. 도(道)가 행해지지 않으면 뗏목을 타고 바다를 떠다닌다!

린위탕은 글을 쓸 때는 마치 옛 친구와 정담을 나누듯 '단추를 채우지 않은 심경(unbuttoned moods)'에 도달해야 한다고 주장했다. 유머와 풍자를 구분했다. 늘 아프게 찌르는 풍자에서 가시를 뽑아내고 문장의 화기(火氣)를 누그러뜨렸다.

그러나 "모래바람이 얼굴을 때리고 호랑이가 떼를 지어 달려오는 때에 누가 유머를 말할 수 있는가?"(루쉰) 그 혼란하고 어두운 때에 시대의 비애에서 비껴선 유머는 가벼운 우스개로 전락할 뿐이었다. 유머의 막다른 길이었다.

반도(叛徒)와 은사(隱士)라는 두 개의 상반된 영혼을 지녔던 린위탕. "우주의 광대함에서 파리의 미소(微小)함까지 두루 취할 수 있다"고 자임했음에도 그의 글은 오늘날 가볍고 경박한 인상마저 준다.

그는 근대적 자아의 자유 의식을 한껏 표출했으나 그 예술가의 초상은 그저 고독한 자아에 머물렀던 것일까.

| 피아제 · 1896~1980 |

'앎'의 심리학

사람이나 새, 곤충이 나무를 바라볼 때 그들은 똑같은 나무를 보는 것인가?
아니면 자신만의 고유한 구조와 패턴에 따라
다른 세계를 보고 있는 것인가?

"반바지를 입은 소년이라 응할 수 없습니다."

20세기가 낳은 위대한 아동 심리학자 장 피아제. 그는 고등학교에 다니던 십대 시절에 자연사박물관의 연체동물 연구부 관장을 맡아달라는 요청을 정중히 사양해야 했다.

피아제의 천재성은 일찌감치 나타났다. 이미 열한 살 때 알비노라는 돌연변이 참새의 서식에 관한 글을 학술지에 기고했고, 고교 시절에는 연체동물에 관한 논문을 발표했다. 생물학 박사 학위를 받았을 때 그의 나이는 스물한 살이었다.

피아제는 일생을 인간의 인지발달 과정을 탐구하는 데 몰두했다. '지식이란 무엇인가? 그것은 어떻게 획득되는가?'

갓 태어난 아이의 마음은 아무것도 씌어져 있지 않은 '깨끗한 석판'일 뿐이라고? 학습이란 단지 기성세대가 알고 있는 세계의 표상을 이 석판 위에 그려놓으면 그만이라고? 피아제는 이같은 통념에 반기를 들었다. 당시 풍미하던 경험주의 인식론을 단호히 배격했다. 아이들은 더 이상 어른들이 주입시키는 지식을 먹고 자라는 것이 아니었으니, 그의 '발생론적 인식론'은 어린이들을 '작은 어른'의 족쇄에서 해방시켰다.

"아이들은 성장 단계에 따라 고유한 인지능력을 갖는다. 동일한 문항을 주었을 때 아이들의 오답이 연령대에 따라 비슷한 것은 왜 그런가? 그들의 신체 발달 단계가 앎의 윤곽을 비슷하게 그려 나가기 때문이다."

피아제는 어린이들이 놀이를 통해 배워 간다는 사실에 주목했다. 그가 보기에 아이들에게 놀이는 외부 세계와의 상호 작용이었다. 그것은 자신을 환경에 동화시키거나 스스로를 조절함으로써 존재의 균형을 잡아가는 역동적인 '자기 구성'의 과정이었다.

"아이들은 단지 머리로만 사고하는 것이 아니라 신체의 감각과 활동을 통해 외부세계를 내면화하고 구조화한다. 앎이란 본질적으로 환경에 대한 심신(心身)의 상호작용이다."

피아제의 '구성주의 인지발달론'에 담긴 심오한 함축은 우리 세기의 최첨단 과학 분야인 사이버네틱스에 뿌리가 닿는다. 생명체의 기원을 '앎'에서, 그 인식의 피드백 과정에서 찾는 사이버네틱스는 이런 질문으로부터 걸음마를 떼어놓았다.

사람이나 새, 곤충이 나무를 바라볼 때 그들은 똑같은 나무를 보는 것인가? 생물이 사물을 바라볼 때 그 종에 따라 빛의 스펙트럼이 서로 다르듯, 인식 주체는 자신만의 고유한 구조와 패턴에 따라 외부 세계를 다르게 생성하고 있는 것은 아닌가?

피아제는 오래 전에 칸트가 그러했듯이 안다는 것은 바로 존재 자체를 규정하는 것이요, 새롭게 세계를 창조해가는 것은 아닌지를 진지하게 묻고 있었다.

| 쑨원 · 1866~1925 |

중국의 붉은 별

"조국에 새 세상이 온다면 나무꾼으로 평생을 산다 한들 무슨 여한이 있겠나!"

1895년 광저우에서 거병을 도모했다 실패로 돌아가자 일본 도쿄로 피신했던 쑨원(孫文).

그는 호텔의 숙박부에 자신의 본명 대신 '중산차오(中山樵)'라고 적었다. 일행이 그 이름의 뜻을 묻자 이렇게 답했다.

"중산(中山)은 중국의 산, 차오(樵)는 나무꾼을 뜻한다네. 조국에 새 세상이 온다면 나무꾼으로 평생을 산다 한들 무슨 여한이 있겠나!"

이후 중산은 그의 호가 되었다.

'중국 혁명의 아버지' 쑨원은 실패한 혁명가였다. 1894년 청(淸) 왕조 타도를 위해 흥중회(興中會)를 결성한 것을 시작으로 1912년에 중화민국이 발족한 이후에도 그의 일생은 봉기와 실패, 그리고 망명으로 점철된다. 1925년 베이징에서 객사한 쑨원은 이런 유언을 남겼다. 혁명은 아직 이루어지지 않았다!

쑨원은 영원한 혁명가였다. 1911년의 신해혁명으로 봉건왕조가 무너진 뒤 중화민국 임시정부의 대총통에 취임한 쑨원. 그는 내분과 수구 세력의 저항으로 혁명의 성공이 위협받자 위안스카이(袁世凱)에게 기꺼이 그 자리를 내주었다. 그리고 위안스카이가 제정 복귀 쿠데타를 일으키자 2차 혁명으로 이에 맞섰다.

쑨원의 삼민주의(三民主義)는 중국 근대의 문을 열었다. 1905년 공표된 민권(民權), 민족(民族), 민생(民生)의 삼민주의는 신해혁명의 이념적 기틀이었고 공화정의 지도 원리였다. 삼민주의는 그가 '흩어진 모래[散沙]'로 표현했던 중국 민중을 구국주의의 이념 아래 결집시켰다.

쑨원이 세상을 떠난 뒤 그의 혁명 과업을 이어간 사람은 부인 쑹칭링(宋慶齡)이었다. '쑹(宋)씨 삼자매'의 둘째인 쑹칭링은 장제스(蔣介石)와 결혼한 셋째 쑹메이링(宋美齡)과 함께 20세기 '두 개의 중국'(중국과 대만)을 빛낸 여걸이었다. 쑨원이 가장 견디기 힘들어했던 시기에 그와 결혼해 아내로서, 혁명의 동지로서 곁을 지켰던 쑹칭링. 그녀는 60년 가까운 세월을 중국 혁명의 완성과 현대화에 진력했다.

쑹칭링은 1949년 중국이 공산화된 뒤 국가 부주석을 지냈다. 그녀는 우아함과 온화함, 원칙과 용기, 여성적인 아름다움과 국제적 교양으로 이름을 떨쳤다.

그녀는 중국의 양심이었다. 그리고 마지막 순간까지 중국의 혁명적 애국주의자로 남았던 중국의 '붉은 별'(에드거 스노)이었다.

| 아이젠하워 · 1890~1969 |

전쟁을 증오한 전쟁 영웅

"전쟁을 할 때에는 기도하는 심정으로 해야 합니다……."

제2차 세계 대전 때의 일이다. 연합군 총사령관 아이젠하워 장군이 전쟁터로 떠나는 장교들에게 끈을 하나씩 나눠 주며 당겨 보라고 했다. 장교들은 의아해하면서도 명령을 따랐다. 그런 다음 그는 끈을 밀어 보라고 했다. 장교들의 표정에는 난처한 기색이 역력했다. 당기기는 쉬웠지만 밀기는 쉽지 않았던 것이다. 아이젠하워는 빙긋이 웃으며 장교들에게 당부했다.

"앞에서 끈을 당기면 끈은 여러분이 끌고자 하는 곳으로 따라올 것입니다. 그러나 뒤에서 밀려고 하면 끈은 어디로도 가지 않을 것입니다. 전쟁터에서 부하를 이끌 때도 이와 같습니다."

'전쟁 영웅' 드와이트 아이젠하워. 미국인들은 그를 애칭인 '아이크'로 부른다. "아이 라이크 아이크(I like Ike)!"는 1952년 미국 대통령 선거에서 공화당의 캠페인 구호가 되었다. 자연스럽고 스스럼없는 매너, 그리고 마음씨 좋은 이웃집 할아버지 같은 인상의 아이젠하워는 미국인들에게 가장 친근한 대통령이다. 그 천진난만한 웃음이라니.

그러나 그는 오랫동안 무능한 지도자로 여겨져 왔다. '시골뜨기 노장군'이었고 기껏해야 운이 좋아 대통령이 된 우둔한 군인일 뿐이었다. 오십이 다 되도록 만년 소령이었던 그가 전쟁이 일어나지 않았다면 별 구경이나 할 수 있었을까. 내심 많은 사람들이 그렇게 생각하고 있었다.

최근 그런 아이젠하워의 리더십이 새롭게 조명받고 있다. 미국 대통령학의 권위자인 프레드 그린슈타인은 이렇게 평가한다.

"아이젠하워는 정부 정책에 깊은 식견과 이해를 갖고 있었으나 공개 석상에선 굳게 입을 다물었다. 아랫사람에게 믿고 맡겼으니 관여하지 않겠다는 뜻이었다. 자신의 공을 부하에게 돌리는 것, 그게 그의 일이었다."

아이젠하워는 절제를 아는 대통령이었다. 그는 소련의 팽창주의를 견제하는 데 봉쇄만으로는 부족하다고 여겼으나, 인도차이나 등지의 국제 분쟁에서 핵무기 사용을 고려해야 한다는 강경파의 주장을 단호히 뿌리쳤다. 그는 생태적으로 전쟁을 혐오했다.

"나는 전투에 참가한 군인으로서, 전쟁의 잔인성과 우매성을 직접 경험한 사람만이 아는 증오감으로 전쟁을 본다."

6·25전쟁 직후인 1955년, 중국 정부가 전쟁 포로로 붙잡혀 온 미군 조종사 열세 명에게 무기징역을 선고했을 때 미국에서는 중국과 전쟁을 불사해야 한다는 여론이 들끓었다. 당시 미국의 군사력은 막강했다. 그러나 아이젠하워는 "전쟁을 할 때에는 기도하는 심정으로 해야 한다"며 여론을 진정시켰다.

단 한 번도 전쟁터에 서본 적이 없으면서도 명분 없는 이라크 전쟁의 방아쇠를 당겼던 '아들' 조지 W. 부시 대통령. 그리고 노르망디 상륙작전을 지휘한 백전 노장 아이젠하워. 두 사람은 어찌 그리 다른가.

| 프리드리히 니체 · 1844~1900 |

생각의 다이너마이트

"니체의 예감과 통찰은 힘들게 얻어낸 정신분석학적 연구 결과와
놀라울 정도로 일치했다.
나는 그의 책을 애써 외면해야 했다."
—— 프로이트

신은 죽었다!

니체의 이 한마디는 20세기 철학과 예술의 구호가 되었다.

프리드리히 빌헬름 니체. 이 19세기 '생각의 다이너마이트'는 근대적 담론의 공간 안에서 탈근대적 사유의 씨앗을 뿌렸다. 서양 철학을 그 근본에서 의심하고 해체했다. 서구 근대 철학의 시발점이었던 데카르트의 회의를 회의했다. 대상에 대한 근대적 회의에서 의식 자체에 대한 '현대적 회의'로 옮겨갔다.

니체는 서양 철학의 진리가 기실 어떤 특정한 해석의 의지가 권력화하고 고착화하는 과정의 산물임을 폭로한다. 그대의 지식은 자연을 완성시키기는커녕 그대 자신을 죽였다!

니체는 스스로 '부도덕한 인간'이 되어 악(惡)의 변호인을 자처했다. 신을 죽이고 지상의 의의를 설파했다. 피안이 아닌 차안에서 약동하는 생 그 자체를 긍정했다. 신 대신 초인을, 불멸의 영혼 대신 영원 회귀를, 선(善)과 참 대신 권력에의 의지를, 신의 축복 대신 존재의 심연을 거쳐서 웃는 미래의 인간을 노래했다.

니체는 그의 책에서 "어떤 사람은 죽은 뒤 다시 태어난다"고 썼는데 그것은 바로 그 자신에게 해당되는 말이었다.

야스퍼스, 하이데거, 사르트르, 카뮈……. 20세기의 유행이 된 실존주의

는 니체의 정신 세계에 전적으로 빚지고 있었다. 푸코, 들뢰즈, 데리다, 리오타르……. 1960년대 포스트모더니즘을 이끈 것은 프랑스의 신(新)니체주의자들이었다. 프로이트, 아들러, 융, 라캉……. 정신분석학자들 또한 니체에 경도됐다.

"니체의 예감과 통찰은 힘들게 얻어 낸 정신분석학적 연구 결과와 놀라울 정도로 일치했다. 나는 애써 그의 책을 외면해야 했다."(프로이트)

니체는 민주주의와 평등주의를 경멸했으나 반(反)유대주의와 국수주의에도 강력히 반대했다. 그럼에도 훗날 그의 이름은 그가 혐오했던 파시스트들에게 이용된다.

니체를 나치즘의 옹호자로 조작한 것은 그의 누이 엘리자베트였다. 극단적 반유대주의자와 결혼한 엘리자베트는 그녀의 남편이 자살하자 니체를 그의 이미지로 덧칠했다. 니체의 작품에 무자비한 통제를 가했고, 버려진 원고의 내용을 비틀어 『권력에의 의지』(1901)를 출간했다.

1889년 1월의 어느 날. 니체는 이탈리아의 투린 광장에서 채찍질당하는 말의 목을 잡고 울부짖다 쓰러진다. 정신착란이었다. 그는 십여 년을 광인으로 살다 쓸쓸하게 죽었다.

'생의 철학'의 기수 니체.

그의 생은 지독한 병마와 고독 속에서 저물었다. 그는 생의 결핍이 아니라 생의 과잉을 앓았던 거다.

| 놈 촘스키 · 1928~ |

미국의 '반체제'

"대부분의 사람들은 가난한 잉여 인간으로 살고 있다.
이 극도의 빈부 격차는 결코 우연이 아니다.
그것은 신자유주의라는 정치적 결정에 의해 고안된 것이다."

"그는 20대에 언어학에서 혁명을 일으켰다. 30대에는 사회에 혁명을 일으키기 위해 노력했다. 그리고 40대가 되자 그가 변화시켜야 할 세상은 거의 남아 있지 않았다."

'현존하는 가장 중요한 지식인' 놈 촘스키 《뉴욕 타임스》.

1955년 20대의 촘스키는 미국 언어학계에 변형생성문법이라는 새 연구 방향을 제시해 언어학의 혁신을 일으켰다. 이때 그는 이미 불멸의 업적을 쌓았다. 그가 쓴 책은 베스트셀러가 되었고 그에 대해 쓴 책도 베스트셀러 목록을 오르내렸다.

사회과학 분야에서 촘스키의 인용 빈도는 지그문트 프로이트를 넘어선다. 그의 전기 작가인 로버트 바스키는 "이 세계는 촘스키에 동의하는 사람과 그렇지 않은 사람, 두 부류로 나뉜다"고까지 말한다.

도덕적 분노가 살아 숨쉬는 촘스키의 글은 에두름이 없다. 글의 명료성이야말로 그 자체가 선명한 그의 정치적 입장이기도 하다. 그는 신(新)자유주의에 대해 이렇게 질타했다.

"세계는 지금 극소수만이 번영을 구가하고 나머지는 가난한 잉여 인간으로 살고 있다. 이 극도의 빈부 격차는 결코 우연한 결과가 아니다. 그것은 신자유주의라는 정치적 결정에 의해 고안된 것이다. 그들은 '세계화'라는 단어마저 훔쳤다."

이 무정부적 자유주의자에게 미국은 불량 국가다. 1980년 5·18 민주화 운동 때 미국의 침묵을 비난했던 촘스키는 '아들' 조지 W. 부시 행정부가 북한을 '악의 축'에 포함시킨 것에 대해 지극히 냉소적이다. 이슬람권의 반발을 우려해 북한을 끼워 넣었을 뿐이며, 북한은 단지 미국의 '저렴하고 편리한 적'일 뿐이라는 것.

그의 언어학 연구와 정치적 이상의 기묘한 결합, 그 과도한(?) 현실 참여는 게으름과 남용의 기묘한 혼합이라거나 걱정스러울 정도로 분열된 학자라는 비판을 사기도 했다. 미국의 언론은 그에게 결코 우호적이지 않다.

촘스키는 2004년 미국 대선을 앞두고는 부시의 패퇴가 가능하다는 지식인 네트워크를 만들었다. 그러나 부시가 아니라면 청소기에라도 찍으라는 여망에도 불구하고 부시는 보란 듯이 재선에 성공했다.

촘스키의 나이 이제 77세. 그러나 그는 지칠 줄을 모른다. 이 세계에 더는 희망이 없다고 생각한다면 우리는 정말 희망이 없는 세계에서 살게 될 것이라고 끊임없이 경고한다.

그럼에도 촘스키의 긴 투쟁이 왠지 외로운 울림으로 다가오는 것은 왜일까? 그 자신 이렇게 말했던가.

"세상의 진실을 속속들이 알고 나면 늘 우울해진다……."

| 솔제니친 · 1918~ |

흘러간 노래

"솔제니친은 인종 차별과 전체주의를 신봉하는 '열린 사회의 적'일 뿐이다."
— 블라디미르 보이노비치

1938년 스탈린 치하의 모스크바 지역 당 대회. 당 서기가 스탈린 동지에게 경의를 표했다. 모든 사람들이 일어나 경애하는 스탈린 동지에게 박수를 보낸다. 1분에 걸친 열광적인 박수. 박수는 계속된다. 3분, 4분, 5분……. 시간이 흘러갔다. 사람들은 손바닥이 얼얼할 때까지 박수를 쳤다. 누가 감히 박수를 멈출 것인가. 7분, 8분, 9분……. 박수는 계속된다. 대체 언제까지?

11분이 지나서야 한 공장 책임자가 박수를 멈추고 자리에 앉았다. 그제야 사람들은 그를 따라 자리에 앉았다. 그리고 그날 밤 한 사람이 체포된다. 그 공장 책임자였다.

솔제니친은 소련의 '감옥 산업'을 폭로한『수용소 군도』에서 묻는다. 이 얼마나 우스꽝스러운 일인가? 언제 박수를 멈출 것인가? 그러나 스탈린이 사망할 때까지 소비에트 체제의 박수 소리는 그치지 않았다.

1962년 발표된『이반 데니소비치의 하루』는 시한 폭탄과 같았다. 시베리아의 강제 노동 수용소를 그린 이 작품은 수십 년에 걸쳐 연쇄 폭발을 일으킨다. "이반이 없었더라면 1990년대 페레스트로이카도, 글라스노스트도 없었을 것이며 우리 시대는 진정한 역사를 되찾지 못했을 것이다."(알렉산드르 아르한겔스키)

처음엔 당도 찬사를 보냈다. 당 기관지《프라우다》는『이반 데니소비치의 하루』는 우리의 눈을 똑바로 응시하는 진실이라고 썼다. 그러나 그 진실은 오래가지 못한다.

1964년 흐루시초프가 실각한 뒤 브레즈네프 치하의 빙하기가 찾아왔다. 소련은 다시금 이념의 끈을 조이기 시작했고, 솔제니친은 공공연한 비난에 부닥친다. 1974년 국외에서 출판된『수용소 군도』가 문제가 돼 반역죄로 법정에 서야 했고 그 다음 날로 추방됐다. 그는 소연방이 붕괴된 뒤인 1994년에야 다시 고국 땅을 밟는다. 꼬박 20년 만이었다.

돌아온 솔제니친은 옐친에 대해서는 "러시아의 혼을 타락시켰다"고 비난했으나 푸틴과는 한껏 밀월을 과시하고 있다. 푸틴과 마찬가지로 독실한 러시아 정교회 신자인 솔제니친. 그의 러시아 민족주의는 강한 러시아의 부활을 노래하는 푸틴의 노선과 궤를 같이한다.

더 이상 예전의 솔제니친이 아니라는 이야기도 흘러나온다. 반체제 운동의 옛 동지들은 "체첸 분리주의자들을 다스리기 위해서는 사형 제도를 부활해야 한다"는 그의 극언에 경악했다. 블라디미르 보이노비치는 "솔제니친은 인종 차별과 전체주의를 신봉하는 '열린 사회의 적'"이라고 공개적으로 그를 비난했다.

한 정치 분석가는 솔제니친과 푸틴의 정치적 포옹에 대해 "그들은 더이상 과거에 살지 않는다"라고 정리한다. 그들이 믿고 따르는 이념은 좌도 우도 아닌 '대 러시아 민족주의'라는 것.

그도 그럴 것이 그는 처음부터 서구의 민주주의가 아니라, 그리스도교적 가치를 원천으로 하는 박애적이면서도 권위적인 체제를 원했다.

솔제니친을 통해 러시아를 읽던 시대는 흘러갔다.

| 생텍쥐페리 · 1900~1944 |

영원 속으로 실종되다

"사막이 아름다운 것은 그 어딘가에 우물을 감추고 있기 때문이지……."

앙투안 드 생텍쥐페리.

그는 '행동인'이었다. 자신의 삶이 보증하지 않은 그 어떤 것도 쓰고 싶어 하지 않았다. 그의 언어는 철저하게 체험되었고 소설적 허구나 문학의 논리를 초월하였다. 앙드레 말로와 함께 20세기 초 행동주의 휴머니즘의 선봉에 섰다. 행동하는 양심의 슬로건을 좇았다. 껍질이 없으면 과실도 없다!

열두 살의 나이에 처음 비행기를 탄 이래 그는 자신의 삶을 하늘에서 떼어 놓지 못했다. 다섯 차례나 죽을 고비를 안겨 준 20세기의 교통수단은 새로운 발견과 사색의 도구였다.

그는 고공의 직선 항로로 솟구쳐 올라 비로소 대지의 참모습을 보았다. 사막과 바위, 흰 눈으로 뒤덮인 불모의 땅과 바다, 그리고 광막한 어둠……. 무수한 별들 사이를 떠돌면서 탯줄처럼 이어진 『인간의 대지』(1939)를 보았다. 그 대지 위에 사람들 사이를 촘촘히 엮고 있는 '관계의 그물'을 보았다. 그리고 대지에의 귀의와 사랑에 눈을 뜬다. 그 폭넓은 세계 인식과 명상의 깊이는 우주적 감각과 지구애에 닿는다.

1944년 7월 31일 오전 8시 30분. 제2차 세계 대전 당시 최고령 비행사였던 그는 코르시카 섬 미 공군 기지를 이륙한 뒤 다시는 돌아오지 않았다. 그가 실종되었을 때 프랑스인들은 "생텍쥐페리가 별나라의 어린 왕자를 찾아갔다"고 통곡했다. 그를 아꼈던 앙드레 지드는 "생텍쥐페리는 생명보다 영속적인 그 무엇을 찾아 떠나갔다"고 말했다.

마르세유 앞바다에서 넙치잡이를 하던 어부의 그물에 그의 아내 이름이 새겨진 은팔찌가 걸려 나온 게 1998년.

『어린 왕자』(1943)를 떠나보낸 여우가 그러하듯이, 우리는 이제 밀밭을 그냥 지나치지 못한다. 바람에 일렁이는 황금빛 밀밭은 어린 왕자의 머리칼을 떠올리게 하니.

어린 왕자는 그의 분신이다. 유난히 숫자를 좋아하는 얄궂은 별 지구에서 어린 왕자는 오로지 마음으로만 보이는 소중한 것들을 찾아 나선다. "사막이 아름다운 것은 그 어딘가에 우물을 감추고 있기 때문이지……"

이 어른을 위한 동화는 시적이고도 철학적이다.

"내 장미꽃 한 송이가 내게는 수천 수만의 장미꽃보다 더 소중해. 내가 그에게 물을 주었기 때문이지. 내가 내 장미꽃을 위해 소비한 시간 때문이야……."

그는 작품에서 자신의 운명을 고스란히 예견했으니 승화된 삶으로서 자신의 죽음을 앞당겨 묘사하고 있었다.

『야간비행』(1931)의 주인공 파비안은 폭풍우를 피해 구름 위로 높이 떠오른다. 연료는 바닥을 드러내고 있었으나 그는 머리 위에 빛나는 달과 별 가까이에 오래 머물렀다. 그리고 이내 사라진다.

니체를 찬미하며 초극을 갈구했던 생텍쥐페리. 그는 그렇게 영원 속으로 실종됐다.

| 샤를 드골 · 1890~1970 |

프랑스의 직관

"프랑스에는 위기가 와야 한다.
그것 말고는 265가지 치즈 맛을 뽐내는 이 나라를 단결시킬 수가 없다."

프랑스에 입국하려면 샤를 드골 공항을 거쳐야 하듯, 드골을 통하지 않고는 프랑스 정치를 이해할 수 없다고 했던가.

삶 자체가 프랑스의 정치적 모델이었던 드골. 그의 정치적 신념과 철학은 프랑스의 '국가적 직관'이었다. 그의 생애는 그대로 프랑스의 위대한 현대사를 이룬다. 드골 자신이 회고록에 썼듯 조국 프랑스에 위대한 이상을 심어 주는 것, 그것이야말로 그의 일생일대의 정치 공작이었다.

정치인 이전에 군인이었던 드골. 그는 1953년 정계에서 은퇴했으나 1958년 알제리에서 쿠데타가 일어나자 복귀를 선언한다. 정국이 요동치는 와중에 마치 이 순간을 기다리고 있었던 것처럼 그는 외쳤다. "프랑스에는 위기가 와야 한다. 그것 말고는 265가지 치즈 맛을 뽐내는 이 나라를 단결시킬 수가 없다."

그리고 1958년 11월 마침내 드골 내각이 출범한다. '사랑하는 늙은 조국' 프랑스가 마침내 골리슴을 정치적 현실로 받아들인 것이다. "위대하지 않은 프랑스는 프랑스라고 할 수 없다"는 자신의 호언처럼 드골은 국제 외교 무대에 그 당당한 풍채로 우뚝 섰다.

드골은 미·소 냉전 체제를 무시했다. 미국을 유럽에서 배제하고 대신 소련을 받아들였다. 1964년에는 중국을 승인했다. 독자적으로 핵 개발에 나섰고 미국의 월남전 개입에 반기를 들었다. 미국에게 드골은 눈엣가시였다.

드골의 정치는 흡사 군사 작전을 방불케 했다. 그것은 '불길을 일으키는 무시무시한 쇠 부지깽이와 통탄할 만한 독재자 사이'의 그 무엇이었다. '오만이자 교활함'이라는 비난과 '경륜과 직관'이라는 찬사가 쏟아졌다.

그리고 무엇보다 드골은 과연 프랑스의 대통령다웠다. 골리슴에 저항했던 철학자 사르트르가 연일 데모에 나서자 보다 못한 경찰이 그를 구속하겠다고 보고했다. 드골은 고개를 가로저었다. 프랑스가 볼테르를 잡아 넣을 수야 없지!

케네디와 처칠은 드골을 싫어했다. 두 사람은 "드골이 공산주의에 동조하고 심지어 파시스트적인 성향마저 지녔다"며 강한 불신을 드러냈다. 스스로를 메시아라고 착각하는 그의 '구세주 콤플렉스'에 넌더리를 냈다.

드골 역시 그들을 빈정댔다. 그는 케네디의 대외 정책이 거슬릴 때면 "미국에서 부러운 것은 재클린밖에 없다"고 쏘았다. 일본 총리에겐 "저기 트랜지스터 상인이 간다"고 비아냥댔다던가.

그런 그에게 위기가 닥쳤다. 바로 레몽 아롱이 "마르크스의 망령이 되살아나고 있다"고 말한 1968년 5월의 대규모 학생 소요가 발발한 것이다. 노동자들은 이에 파업으로 가세했다. 이제 권력이 시대에 추월당하고 있음이 명백해졌다.

드골은 신임 투표라는 승부수를 던졌으나 패배하자 깨끗이 물러났다.

드골의 정치적 후계자인 자크 시라크 대통령은 당시를 이렇게 회고한다.

"국민 투표 직전에 드골은 내 의견을 물었다. 그의 표정은 어두웠다. 그는 일이 제대로 풀리지 않으리라는 것을 이미 알고 있었다……."

| 하인리히 뵐 · 1917~1985 |

시민 뵐, 도덕가 뵐

"소설의 허구와 역사적 현실은 서로 모순되는 게 아니라
진실을 추구하는 상이한 두 지평이다.
둘은 멀리 떨어져 동일한 대상을 향해 나아간다."

"복수요? 그렇지요! 작가도 경우에 따라서는 복수를 하고 싶어 하지요!"

전후 독일의 '폐허 문학'을 대변했던 작가 하인리히 뵐. 그가 1974년 발표한 소설 『카타리나 브룸의 잃어버린 명예』는 일종의 문학적 응징이었다. 신문 때문에 그가 겪어야 했던 고통에 대한 반격이었다.

1972년 《슈피겔》에 극좌 단체인 바더 마인호프를 옹호하는 듯한 글을 썼다가 된서리를 맞았던 뵐.

상업주의적 대중지의 상징이었던 《빌트》의 공격은 매서웠다. 《빌트》는 뵐을 무정부주의자들의 폭력에 동조하는 자로 몰았고, 심지어 나치의 선전상 괴벨스에 비유했다. 『카타리나 브룸의 잃어버린 명예』는 선정적 저널리즘의 정보 조작과 허위 보도, 그리고 신문 타이틀의 폭력이 어떻게 '사형(私刑)'에까지 이르는지를 생생하게 그리고 있다.

"언론이 폭력을 행사하는 방법은 단순하다. 그들은 한 가지 사안을 주장한다. 석 줄을 넘어서면 이미 그것은 뒤집을 수 없는 진실이 된다. 그리고 다음에는 그 진실 위에서 또다시 어떤 것이 주장된다."

『카타리나 브룸의 잃어버린 명예』는 뜨거운 논쟁 속에 일약 베스트셀러로 떠오른다. 이때 계열 주간지인 《벨트 암 존탁》에 압력을 넣어 베스트셀러 목록을 발표하지 못하도록 한 것은 《빌트》의 경영진이었다. 뵐은 쓴웃

음을 지었다. 참으로 회개를 모르는 인간의 오만이 아닌가.

그는 '시민 뵐' '도덕가 뵐'로 불린다. 보수주의자와 '테러의 대부' 사이를 오가며 진정한 시민으로서 언제나 도처에 간섭했다. 바로 그 때문에 '탁월한 작가 뵐'이 '탁월한 시민 뵐'의 뒷전에서 사라질 뻔했다고 비평가들은 말한다.

제2차 세계 대전 당시 독일군에 징병돼 '자기 편이 패전할지도 모른다는 희망을 품어야만 했던 무서운 운명'에 처해졌던 뵐. 그에게 문학은 진실이고, 진실은 문학이었다.

"소설의 허구와 역사적 현실은 모순되는 게 아니라 진실을 추구하는 상이한 두 지평이다. 둘은 멀리 떨어져 동일한 대상을 향해 나아간다."

언어에 대한 그의 외경심은 깊다. 그는 줄곧 비옥한 토양에 좋은 언어를 심고 가꾸는 데 애써 왔다. '나치 언어'는 마치 그들이 남긴 폐허와 같았으니 거기에서는 양심도, 인간의 존엄성도 자랄 수 없었다.

어느 작가든 자신을 배신하는 자는 그의 언어 역시 배신하게 된다며 뵐은 경고한다.

"우리는 인쇄된 행간 사이에 세상을 공중 폭파하기에 충분한 다이너마이트를 쌓아 둘 수 있습니다……."

| 라마크리슈나 · 1836~1886 |

영혼의 근원에 이르다

그는 신을 배우기보다 체험하기를 원했다.
누구의 가르침도 받지 않고 신의 본질을 깨달았다.
모든 것에서, 모든 사람에게서 신을 보았다.

"그는 누구도 갈 수 없었던 내면의 바다로 가는 길을, 존재의 고향으로 가는 길을 발견했다. 영혼의 근원으로 거슬러 올라가 신과 대면했다."(로맹 롤랑)

붓다, 샹카라차리야와 더불어 인도의 3대 성자로 꼽히는 라마크리슈나. 그는 벵골 지방의 가난한 농부였다. 학교 교육도 받지 못했다. 자기 이름조차 쓸 줄 몰랐다. 평생 벵골어의 거친 방언으로 말했으며 영어도 산스크리트어도 몰랐다.

신을 배우기보다 체험하기를 원했던 라마크리슈나. 그는 누구의 가르침도 받지 않고 신의 본질을 깨달았다. 모든 것에서, 모든 사람에게서 신을 보았다.

20세기 들어 그의 사상이 전 세계에 알려졌을 때 서구의 지성들은 요동한다. 롤랑은 그의 전기를 썼고 올더스 헉슬리는 그의 성언집에 서문을 썼다. 막스 뮐러는 서구 사회에 그를 알리는 데 진력했다.

수행 중에 힌두교의 제신을 보았으며 알라와 예수를 경험하였던 라마크리슈나. 그의 가르침은 어느 특정 종교를 전도하는 게 아니다. 그는 모든 종교를 인정하고, 그 종교들이 궁극적으로 동일한 것이라고 말했다.

"교리에 신경 쓰지 마라! 교의와 종파, 교회와 사원에 신경 쓰지 마라! 사람들은 다양한 방식으로 신을 알고 있으니 그것은 모두 맞는 것이다."

라마크리슈나는 19세기 영국 식민지 치하의 인도에서 힌두교의 르네상스를 열었다. "그는 인도의 정신이 가장 저조할 때에 태어나 인도의 모든 정신 유산을 구현했다."(타고르)

그러나 라마크리슈나는 행동의 실천가는 아니었다. 그의 내면 생활은 격렬했으나 삶은 평범했다. 시대의 외각에서 소리 없이 살다 갔다. 그는 어떤 조직도 세우지 않았다. 체계적인 교의나 신조도 만들지 않았다. 저서도 남기지 않았다.

명상의 지식이 아니라 절실한 침묵을 통해 궁극의 지혜에 이르렀다.

그는 신만이 진실이며 다른 모든 것은 환(幻)에 지나지 않는다고 가르친다. 물질주의에 찌든 서구는 자신이 가진 인형에 온통 눈을 빼앗긴 갓난아이로 비쳤다. 문명이란 소유 이외에 아무것도 아니다!

라마크리슈나의 가르침, 그 깨달음의 요체는 '포기'에 있다. 포기 없이는 영성이 찾아오지 않는다. 포기에 의해서만 불사에 도달할 수 있다.

    그리하여
    어느 날
    그대 영혼의 창호지 문살에
    새벽 기운이
    소리 없이 가득히
    물들어 오는 것을 느낄 터이니…….

| 앙드레 말로 · 1901~1976 |

행동하는 사도

그는 니체와 도스토예프스키에 경도됐다.
마지막까지 죽음이라는 비극적인 인간 조건에 천착했으나
인간의 근원적인 고통과 부조리에 '행동'으로 맞서고자 했다.

"인생이란 마치 시장(市場)과 같다. 거기서 사람들은 돈이 아닌 행동으로 가치를 산다."

'행동하는 사도' 앙드레 말로. 그의 삶은 그의 어떤 소설보다 더 소설적이다. 그는 모험가이자 혁명가였고 작가이자 정치인이었다.

앙드레 말로의 시대였던 20세기에 서구 문명은 위기에 처했다. 종교의 쇠퇴는 뚜렷했고 이를 대체하리라던 과학 문명은 '공허한 약속'으로 기울었다. 인간은 너무나 작고 가벼웠다.

니체와 도스토예프스키의 회의주의에 경도됐던 말로. 그는 마지막까지 죽음이라는 비극적인 인간 조건에 천착했으나 인간의 근원적인 고독과 부조리에 '행동의 집념'으로 맞서고자 했다.

동서양을 넘나드는 그의 정신적 편력은 그 깊이와 넓이를 이루 헤아릴 수가 없었다. 그는 이십대에 벌써 소련 최고의 이론가였던 트로츠키와 치열한 이데올로기 논쟁을 벌였다. 도저히 흉내 낼 수 없을 만큼 '날쌘' 그의 두뇌 회전은 앙드레 지드와 폴 발레리를 질리게 했다.

자신의 전기적(傳記的) 사실에 지독히 인색한 말로이기에 그의 어린 시절에 관해서는 거의 알려진 게 없다. 다만 『반회고록』에서 그는 이렇게 고백했다.

"내가 아는 모든 작가들은 자신의 어린 시절을 사랑한다. 그러나 나는 내 어린 시절을 증오한다."

젊은 시절의 말로는 돈도 졸업장도 없는 소부르주아에 지나지 않았다. 1920년대 그가 인도차이나로 떠난 것은 주식 투자로 아내 클라라의 재산을 모두 날린 뒤끝이었다. 그는 거기서 캄보디아 밀림 속 앙코르 와트 사원의 부조를 떼내 프놈펜에 들어왔다가 체포된다. '도굴범' 말로는 이때 아시아를 약탈하는 정복자의 오만에 치를 떨어야 했고 식민지 당국에 아첨하는 언론의 행태에 환멸을 느꼈다.

이후 말로는 중국으로 건너가 공산혁명을 겪으면서 반(反)식민주의의 선봉에 선다. 그의 탐험은 『왕도』, 『정복자』, 『인간의 조건』으로 다시 태어났다. 그의 삶은 곧 그의 소설이 되었고, 그의 소설은 역사의 예언이 되었다.

제2차 세계 대전을 전후해 항독 레지스탕스로 활동하던 그는 1944년 알자스 전선에서 샤를 드골을 만났다. 이때 드골은 "마침내 인간을 만났다"고 감격해 했다. 이후 그의 운명에서 드골을 떼어놓을 수 없었으니 드골의 말대로 그의 오른편에는 "언제나 말로가 있었다."

1958년 드골이 재집권하자 그는 10년간 초대 문화부 장관으로 재직했다. 이즈음 말로는 마르크스주의를 향한 열정을 접고 현실의 그림 속에서 서구 문명이 제시하는 가능성과 의미를 되새김질하고 있었다. 1996년 말로의 유해는 프랑스 위인들의 유택인 팡테옹으로 이장된다. 이때 '20세기의 청년'《르몽드》)을 추앙하는 언론의 반응은 뜨거웠다.

프랑스인들이 더 이상 프랑스를 믿지 않게 된 시대, 그들은 그에게서 '20세기의 열정'을 보았던 것일까.

| 맬컴 엑스 · 1925~1965 |

미국에서 가장 성난 흑인

그의 투쟁은 격렬했다.
그는 매일 아침 일어날 때마다 목을 쓰다듬었다.
'또 하루를 벌었구나…….'

흑인의 등에 10센티미터 깊이로 칼을 박아 놓고 조금씩 빼면서, 칼은 여전히 8센티미터 깊이로 꽂혀 있는데 이를 두고 개선이라고? 타협이라고?

맬컴 엑스, 그는 미국에서 가장 성난 흑인이었다. 그에게 양키들은 '파란 눈을 가진 악마'였다. 그는 마틴 루터 킹을 두고 백인에게 영혼을 팔았다고 비난했고, 케네디의 죽음은 자업자득이라며 코웃음 쳤다.

그는 백인들 못지않게 흑인 부르주아를 증오했다. 그들은 '들판 노예'들이 뙤약볕 아래서 비지땀을 흘리는 동안 백인의 부유한 식탁에서 떨어지는 빵 부스러기를 주워 먹는 '집안 노예'와 다르지 않았다.

맬컴의 아버지는 인종 차별 테러 단체인 KKK단에게 살해당했다. 산 채로 철도 선로 위에 놓여져 시신을 수습조차 할 수 없었다. 어머니는 그 충격으로 정신병원에 입원했다. 맬컴은 소년원을 제 집 드나들 듯하며 뉴욕 할렘에서 잔뼈가 굵는다. 건달이자 마약 중독자요, 뚜쟁이이자 절도범이었다. 무장 강도 혐의로 체포되어 10년형을 선고받은 전과자였다.

맬컴은 감옥에서 이슬람에 귀의한다. 출감한 뒤 이슬람 민족 운동에 뛰어든 그는 이때 성(姓)을 리틀(Little)에서 엑스(X)로 바꾸었다. 담배를 끊고(ex-smoker), 술을 끊고(ex-drinker), 기독교를 끊고

(ex-Christian), 노예의 사슬을 끊었다(ex-slave).

맬컴의 투쟁은 극렬했다. 더 이상 자유를 미룰 수 없다.(Our Freedom Can't Wait!) 그는 매일 아침 일어날 때마다 목을 쓰다듬어야 했다. '또 하루를 벌었구나……'

미국 흑인 인권 운동사에서 맬컴과 킹은 각각 과격한 흑인 분리주의와 온건 통합주의를 대표한다. 백인들이 보기에 킹 목사는 '착한 흑인'이었고 맬컴은 '못된 니거(Nigger)'였다. 그러나 두 사람은 생애 마지막에 협력을 모색하고자 했으니, 자신들의 투쟁 방식에 한계를 느끼고 상대를 인정했다.

킹은 원수를 사랑하라는 가르침의 위험을 깨달았고, 맬컴은 투표권이 아니면 총알을 달라며 킹의 합법 투쟁을 사실상 지지했다. 맬컴은 1964년 아프리카 여행을 다녀온 뒤 "백인들이 사악하게 태어났다는 생각을 버린다"고 선언한다. 세계가 형제애를 나눌 수 있다며 정통 이슬람교로 개종했다.

맬컴은 그 이듬해 암살당한다.

백인들은 맬컴의 변신을 원치 않았던 것이다! 맬컴의 폭력성은 흑인을 배척할 수 있는 빌미였다. 그들은 맬컴과 킹이 끝까지 물과 기름으로 남아있기를 원했다.

맬컴이 죽기 전 실시된 여론 조사에 따르면 뉴욕의 흑인들 가운데 단 6퍼센트만이 그를 지지하는 것으로 나타났다. 그러나 흑백 차별이 현저히 완화된 지금, 미국 흑인들 중 84퍼센트가 그를 영웅으로 떠받든다. 이 다분히 시대착오적인 여론 조사의 진실은 무엇일까? 맬컴이 죽은지 꼬박 40년이 흘렀건만 백인 사회에서 자수성가한 몇몇 흑인들만이 '왕(King)'처럼 살고 있고, 빈민의 대부분을 이루는 흑인들은 여전히 현실을 '부정(X)'하고 있다는 것일까.

　미국인이면서 동시에 흑인인 블랙 아메리칸. 킹과 맬컴은 여전히 충돌하고 있는 이 두 개의 정체성을 상징한다.

| 헤르만 헤세 · 1877~1962 |

수레바퀴 밑에서

현실로는 충분치 않았다. 마법이 필요했다…….

"운명과 심성은 이름이 다를 뿐 같은 길을 간다"(노발리스)고 했던가.

『황야의 이리』(1927) 헤르만 헤세. 그의 마음속에는 늘 야릇한 충동이 맴돌았다. 발은 언제나 얼음처럼 차가웠으나 머릿속은 불타는 것 같았다.

헤세는 선교사인 아버지와 목사의 딸인 어머니에게서 기독교적 경건함을 혈통으로 물려받았다. 그러나 열네 살 되던 해 12월 폭설이 쏟아지던 어느 날 밤 그는 수도원을 도망치고 말았다.『수레바퀴 밑에서』(1906) 영원으로 탈출했다. 현실로는 충분치 않았다. 마법이 필요했다.

전생이 히말라야 산중의 은둔자였다는 헤세. 그에게는 하나의 뚜렷한 징조가 싹을 내밀고 있었다. 그의 정신은 오직 자기 자신의 내면으로, 마음의 근원으로 향했다. 자아와 신(神)이 만나는 마술적 체험을 갈구했다. 서구 기독교문화의 신비주의와 동양의 '양극적 단일사상'의 수풀을 헤쳤다.

신학생으로, 방랑자로, 탑시계 공장 견습공으로, 서점 점원으로 젊은 날을 헤매었던 헤세.

그는 나이 스물일곱이 되어서야 작가의 명함을 내밀었다. 그가 익명으로 발표한『데미안』(1919년)은 전후 젊은이들의 바이블이 되었다.

헤세는 히피들의 성자(聖者)였다. 젊은 날의 방황은 통과의례처럼 헤세의 정신적 세례를 거쳐야 했다. 사랑과 슬픔, 이별과 재회, 방랑과 우울, 그리움과 상실……. 표현주의적 시대상황 속에서 서정적인 언어로 건져 올린 영혼의 메시지에 젊은이들은 매료됐다.

헤세 스스로 '마술의 외투'라 칭한 수채화를 통해 마음의 평화를 얻은 것은 만년에 이르러서였다. 그가 마침내 캔버스 위에서 '포도덩굴과 밤나무 숲으로 우거진 잠자는 듯한 작은 마을'에 깃들기까지 생의 시련은 잠들지 않았다.

9살 연상이었던 첫 번째 부인과 20세 연하였던 두 번째 부인과의 결혼생활은 고단했다. 제1차 세계 대전의 소용돌이에 휘말리면서 그의 심적인 고통은 깊어간다. 독일의 지식인들이 애국주의의 광기에 젖어 있을 때 작가는 고독했다.

전쟁을 전후해 헤세는 아버지와 자식의 죽음, 아내의 정신질환을 지켜보았고 헤세 자신도 정신과 치료를 받아야 했다. 전쟁이 끝난 뒤에는 독일에서 환영받지 못하는 시민이요, 조국을 배반한 작가였다. 1923년 끝내 박해를 견디지 못하고 영원한 스위스 국민으로 돌아간다.

헤세는 전쟁으로 흐트러진 세상과 문명의 난폭성을 절망 속에서 지켜보았다. 그러나 그 야만과 무질서는 이 세계에 속하는 것이 아니라 인간 내부에 존재하는 것이었다.

"그는(바로 그 점에서) 시대의 핵심을 꿰뚫어 보았다."(토마스 만)

젊은 날의 부처인 『싯다르타』(1922)는 영원한 변화와 통일의 상징인 물을 통해 우주만물의 전일성(全一性)을 투시하고 있었다. 『나르치스와 골드문트』(1930)라는 극단의 두 인간형은 대립성 너머에 존재하는 궁극의 조화를 찾고 있었다. 모든 대립은 적대적으로 보이지만 그것은 또한 하나의 본질에 속하는 불가분의 양면이었다.
  헤세는 대자연의 초안(草案)인 인간을 다시 그리고자 했다.
  그는 시도이며, 변화였고, 자연과 정신 사이에 놓인 '좁고도 위험한 다리'였다.

| 아인슈타인 · 1879~1955 |

시간의 각성

그는 끝내 양자이론의 '확률 게임'을 받아들일 수 없었다.
"신은 주사위 놀음을 하지 않는다!"

"나는 꿈속에서 빛을 빠르게 뒤쫓아 갔다. 아주 빠르게 빛을 쫓아가면, 그래서 빛의 속도를 따라잡게 된다면?"

그러면 빛은 멈추게 될까. 우리는 멈춰 있는 빛의 세계에 머물게 될까. 그러나 16세의 청년 아인슈타인은 꿈속에서 끝내 빛을 따라잡을 수 없었다. 아무리 빨리 쫓아가도 빛과의 속도는 좁혀지지 않았다. 빛의 속도는 관측자의 속도와 관계없이 항상 일정하다는 것, 어떤 물질도 빛의 속도보다 빠를 수는 없다는 것, 그 사실을 그는 10년 후에야 깨달았다.

아인슈타인의 천재성이 비길 데 없이 눈부시게 타오르던 1905년, 26세의 젊은 과학자 아인슈타인은 특수상대성이론을 발표했다. 맞물려 들어가는 시간과 공간의 관계가 밝혀지면서 인류는 마침내 4차원의 시공간에 눈을 떴다. 특수상대성이론의 수학적 표현인 '$E=mc^2$' 공식은 자연에서 원자력 에너지를 끄집어내 20세기의 운명을 바꾸어 놓았다.

1905년은 '아인슈타인의 놀라운 해'였다. 아인슈타인은 이 해에 특수상대성이론뿐 아니라 광양자 가설 및 브라운운동 원리에 관한 논문을 잇달아 내놓았다. 양자역학의 창시자 중 한사람인 막스 보른은 그 학문적 업적을 이렇게 기렸다.

"아인슈타인이 상대성이론에 대해 단 한 줄도 쓰지 않았더라도 그는 여전히 모든 시대를 통틀어 가장 위대한 이론물리학자로 남았을 것이다."

아인슈타인은 이어 제1차 세계 대전이 한창이던 1917년 일반상대성이론을 발표한다. 일반상대성이론은 시간과 공간에 대한 우리의 직관과 상식을 뿌리 채 흔들었다. 과학은 물론 철학과 종교의 영역에 이르기까지 심오한 진전을 가져다주었다. 그리고 이태 뒤 런던 왕립학회가 촬영한 개기일식 장면을 통해 '별빛이 태양을 가까이 지날 때 휘어질 것'이라는 그의 예언이 사실로 입증된다.

아인슈타인의 연구가 항상 결실을 거두었던 건 아니다. 만년에 그는 통일장 이론을 모색했으나 그것은 성과 없는 질문으로 끝나고 말았다.

그는 우주의 궁극적인 실재(實在)를 완전히 파악할 수 있다는 믿음을 갖고 있었다. 존재하는 것의 조화 안에서 스스로를 드러내 보이는 스피노자의 하느님을 굳게 믿었다. 그러나 양자 이론은 그것이 불가능하다는 철학적 함축을 담고 있었다. 그는 끝까지 양자 이론의 '확률 게임'을 받아들일 수 없었다. "신(神)은 주사위 놀음을 하지 않는다!"

20세기 물리학의 원천이었던 아인슈타인. 그는 파시즘은 물론 공산주의와 자본주의에 모두 반대했던 좌파 서클의 일원이었다. 그는 제1차 세계 대전의 와중에 결렬한 반전 운동가였고, 제2차 세계 대전을 전후해서는 순종적인(?) 과학자 사회에서 독일 군국주의를 공공연히 비판했다. 그는 전쟁을 참을 수 없었다. 대체 얼마를 기다려야 인류는 평화를 원하게 될 것인가?

1950년대 냉전시대에는 매카시즘에 정면으로 맞서 시민 불복종 운동을 전개하기도 했다.

아인슈타인은 물리학계의 볼셰비키였고 아나키스트였다. 나치의 '처단 명단(Hit List)'에 올라 미국으로 피신한 그였으나 미 연방수사국(FBI)은 그를 1급 감시 대상으로 분류했다. FBI는 그가 공산주의자라는 의혹을 떨쳐버리지 못했다. 요주의 인물이었던 그는 원자폭탄 개발을 위해 수립된 맨해튼 프로젝트에서 제외된다.

마지막 순간까지 인류의 양심에 헌신했던 아인슈타인. 우리가 익히 아는 아인슈타인은 미국의 우익 세력에 의해 '무균 처리'된 과학자의 모습이다. 그는 오래도록 정치적으로 탈색되었다.

그래설까. 그는 일찍이 이런 말을 남겼다.

"정치는 순간을 위한 것이다. 그러나 방정식은 영원을 위한 것이다."

| 기욤 아폴리네르 · 1880~1918 |

20세기의 에스프리

"무게 없는 인생을 나는 얼마나 자주 손으로 달아 보았던가……."

미라보 다리 아래 센 강은 흐르고
우리의 사랑도 흘러간다
인생은 얼마나 느리고
또 얼마나 희망은 강렬한가…….

프랑스의 시인 기욤 아폴리네르.

미라보 다리 아래 비련의 노래를 흘려보냈던 시인은 20세기의 에스프리였다. 새로운 예술과 정신의 고취자요 실행자였다. 입체파, 미래파, 야수파, 다다이즘……. 새로운 유파가 나올 때마다 언제나 그 선구자였다. 쉬르레알리슴(초현실주의)은 그의 조어(造語)다.

비평가 마르셀 레몽의 말대로 20세기 초입 프랑스 예술이 열어 놓은 모든 길에 그림자를 드리운 시인이었고, '이 세상 최후의 시인'(앙드레 브르통)이었다.

아폴리네르는 로마에서 사생아로 태어났다. 칸, 니스, 모나코 등지를 떠돌다 19세 때인 1899년 파리에 정착했고, 5년 뒤에는 파리 북부 몽마르트르 언덕에 군락을 이루었던 무정부주의자들의 대열에 합류한다.

아폴리네르는 여기서 피카소의 소개로 운명의 여인 마리 로랑생을 만난다. 첫눈에 반한 그는 신음을 토했다. 더는 사랑할 수가 없다! 그러나 그는 루브르 박물관에 소장돼 있던 「모나리자」 도난 사건에 연루돼 일주일간 투옥되면서 로랑생과 헤어지고 만다.

아폴리네르의 생애에 결코 지워지지 않는 사랑의 실루엣! 그것은 그의 시의 내재율이 되었고, 시는 모두 것을 잃어버리고 빈 뒤 그 상처를 핥아 주었다.

그의 예술은 반란의 충동에 이끌렸다. 첫 시집 『알코올』에서는 모든 구두점을 빼 버렸다. 그리고 마지막 시집 『칼리그람』에서는 활자나 시구의 배치를 통해 이미지를 만들어 내는 초유의 시각시를 선보인다.

그러나 그 어떤 파격과 실험에도 이 진정한 초현실주의자가 깃들 현실 공간은 없었다.

"무게 없는 인생을 나는 얼마나 자주 손으로 달아 보았던가……."

에로티시즘은 초현실주의의 강력한 무기라고 했던가. 시인은 틈틈이 에로 소설을 써서 생계를 연명한다. 사드에 경도됐던 그는 성도착에 집착했다. 항문 숭배자였다. 그의 소설 『1만 1000번의 채찍질』은 사드가 침을 뱉고 돌아설 정도다.

    사람들이 결코 건드리지 못한 것
    난 그걸 건드렸고 그걸 말했네
    아무도 그것에서 상상하지 못하는 것
    난 그 모든 걸 캐냈네…….

1918년 스페인 독감에 걸려 숨졌으니 그의 나이 서른여덟, 결혼한 지 6개월 만이었다.

오! 가을, 가을이 여름을 죽였다
안개 속을 지나간다 잿빛 실루엣이 둘…….

— 「가을」

| 어니스트 헤밍웨이 · 1899~1961 |

킬리만자로의 표범

'술도 물보다 독하지 않은 유일한 곳.'
그는 동틀 무렵 진실이었던 것이 한낮에는 거짓이 되는
아프리카의 내면에 스미고자 했다.

어니스트 헤밍웨이, 누가 그만큼 자신의 예술을 살아냈던가.

그는 행동의 작가였다. 그리고 미국의 작가였다. 윌리엄 포크너와 함께 20세기 미국 문단을 대표했던 그 스스로가 미국 남성의 이상적인 표상이었다.

헤밍웨이는 "세계의 시민이었으나 그의 예술을 끌어냈던 미국의 심장부에서 생(生)을 시작했고, 거기서 그 생을 끝맺었다."(존 F. 케네디)

헤밍웨이의 생은 모험으로 가득했고 '삶과 승부를 겨루는 폭력'은 그의 작품에 정착했다. '공개된 삶'을 살았던 그는 평생 전쟁에 몰두했다. 이탈리아, 터키, 스페인, 중국, 프랑스……. 전쟁이 있는 곳에 그가 있었다. 전쟁의 허무(『무기여 잘 있거라』)와 동지애(『누구를 위하여 종은 울리나』)는 전쟁문학의 걸작을 낳았다. 제1차 세계 대전 때 박격포탄의 파편이 200여 군데에 박히는 깊은 상처를 입었는데, 파편의 상당수는 죽는 날까지 그의 몸속에 남았다.

제2차 세계 대전 중에는 쿠바에서 '크룩 팩토리(crook factory)'라는 대(對)독일 사설 첩보망을 조직했다. 여러 차례 영국 공군과 비행 임무를 수행했고 노르망디 상륙작전에도 참여했다.

대서양에서 거대한 녹새치를 낚았고(『노인과 바다』), 아프리카에서 수렵여행 중 비행기 추락사고로 죽을 고비를 넘겼다(『여명의 진실』). 헤밍웨이에게 사냥의 법도는 세상의 법도였고, 숲의 윤리는 삶의 윤리였다.

헤밍웨이는 특히나 투우의 비극적인 의식에 매료됐다. 일주일에 다섯 번씩 투우와 맞서기도 했다. 한번은 쇠뿔에 6분간이나 매달려 있다 내동댕이쳐지는 바람에 병원 신세를 졌다.

스물일곱이 되던 해인 1926년 발표한 『해는 또다시 떠오른다』로 문단에서 헤밍웨이의 위치는 확고해졌다. 소설은 그 때문에 유명해졌으나 그 자신 경멸했던 표현인 '잃어버린 세대(Lost Generation)'의 기록이다. 1950년대 초반 그의 명성이 소진되어 갈 무렵, 『노인과 바다』는 그에게 퓰리처상과 노벨 문학상을 안겨 주었다.

헤밍웨이는 작가 이전에 뛰어난 기자였다. 비정하리만치 간결하고 건조한 '헤밍웨이 문체'는 현장을 뒹구는 먼지 속에서 단련됐다.

헤밍웨이는 1960년 카스트로의 등장으로 쿠바에서 쫓겨난 뒤 극심한 우울증에 시달렸다. 전기쇼크 치료를 받던 그는 예순두 살 생일을 며칠 앞둔 어느 날, 아끼던 엽총으로 자살하고 만다. 할아버지와 아버지에 이어 그 자신과 동생에 이르는 자살의 대물림이었다.

"무엇보다도 우선 견뎌 내야 한다"고 역설했던 헤밍웨이. 『노인과 바다』에서 늙은 어부는 독백하지 않았던가. "인간은 패배하기 위해 태어나지 않았어!"

그러나 헤밍웨이 자신은 무자비하게 자신을 끝냈다. 끝내 문학으로 성취할 수 없었던 생의 간극을 보완하고자 했음인가. 그의 생과 죽음마저도 전쟁과 폭력을 앓았던 20세기의 징후였던가.

죽기 전 헤밍웨이는 아프리카에서 대자연과 하나가 되고자 했다. 동틀 무렵 진실이었던 것이 한낮에는 거짓이 되는 아프리카의 내면에 스미고자 했다. '술도 물보다 독하지 않은 유일한 곳', 그곳에서 그는 한 마리 킬리만자로의 표범이었다.

"킬리만자로의 정상에는 얼어 죽은 한 마리 표범의 시체가 있다. 표범이 이처럼 높은 곳에 무엇을 찾으러 올라왔는지는 아무도 설명해 주지 않는다……."(「킬리만자로의 눈」)

| 베르톨트 브레히트 · 1898~1956 |

시에 불리한 시대

그는 연극보다 연극 바깥의 세계를 바꾸고자 했다.
시보다 시를 쓸 수 없게 하는 현실을 비판하고자 했다.
문학이 바탕이 되어야 하는 것은 바로 현실이었다.

마당의 뒤틀린 나무는
토양이 좋지 않음을 말해 준다. 그러나
지나가는 사람들은 그 나무가 불구(不具)라고 욕한다.
―「시(詩)에 불리한 시대」

이십대에 이미 독일 문학의 얼굴을 바꾸어 놓은 베르톨트 브레히트. 그 브레히트의 관문을 통과하지 않고는 현대 연극을 논할 수 없다고 한다. 그럼에도 그는 한국에서 오랫동안 금기였다.

브레히트는 서사극의 창시자다. 그는 관객들과 무대 사이에 심리적 공간을 두었다. 무대와 관객을 격리시켰다. 해설자가 연극의 내용을 설명한다든지 클라이맥스 직전에 극이 중단된다든지 하는 식이다. 이른바 '소격(疏隔) 효과'를 통해 그는 이렇게 묻고자 했다. 현실에서 어떻게 살아남을 것인가?

스물여덟에 처음 마르크스를 읽었다는 브레히트. 마르크스와의 만남은 그의 리얼리즘을 전기적 성격에서 시대적 성격으로 이끌었다. 현실과의 대결은 더욱 치열해졌다.

1928년 무대에 올린 「서푼짜리 오페라」는 30세의

브레히트에게 국제적 명성을 안겨주었다. 그러나 이 풍자극은 이내 표절 시비에 휘말린다. '정신적 소유의 문제'에 있어서 원칙적으로 느슨했던 브레히트는 협력자(?)들을 좋아했다. 그는 많은 사람들을 만났고 끈질기게 대화를 경청하면서 그들의 생각을 무자비하게 착취했다.

"이제 개인이 홀로 지을 수 있는 큰 건물을 알지 못한다!"

히틀러가 전쟁을 의미한다는 것을 일찍이 꿰뚫어보았던 브레히트. 그는 자신이 '야만의 분출'이라고 명명했던 나치가 집권하자 망명길에 오른다. 신발보다 더 자주 나라를 바꿔 가며 15년간을 떠돌았다. 「갈릴레이의 생애」, 「억척어멈과 그 자식들」 같은 대작은 이때 나왔다. 다작의 시인이기도 한 브레히트는 1,200여 편의 시를 남겼다.

연극 자체보다는 연극 바깥의 세계를 바꾸기를 원했던 것처럼 시인으로서 브레히트의 본령은 시를 쓸 수 없게 하는 현실을 비판하는 데 있었다. 문학적 형식을 통해 물어야 하는 것은 현실이다! 그게 브레히트의 심미적 모토였다.

> 그녀가 죽었을 때, 사람들은 그녀를 땅에 묻었다
> 꽃이 자라고, 나비가 그 위로 날아간다
> 체중이 가벼운 그녀는 땅을 거의 누르지도 않았다
> 그녀가 이처럼 가볍게 되기까지, 얼마나 많은 고통을 겪었을까…….
> ─「나의 어머니」

브레히트는 끝까지 마르크시스트로 남았다. 기회 있을 때마다 '동료의 시체를 넘어서까지' 자신의 몫을 챙기려드는 부르주아 계층을 신랄하게 비판했다. 있는 것은 그것을 위해 좋은 자에게 속해야 한다!

브레히트는 임종의 자리에서 자신의 운명을 예감했다.
"나는 편안한 작가가 아니었다. 내가 죽은 뒤에도 그렇게 남기를 바란다……."

| 레온 트로츠키 · 1879~1940 |

비운의 혁명가

그는 1인자가 되기에는 덕이 부족했고, 2인자로 남기에는 열정이 넘쳤다.
고통은 함께 나눌 줄 알았으나 열매를 함께 나눌 줄은 몰랐다.

스탈린이 아니라 트로츠키가 레닌을 승계했다면?

이 역사의 가정은 1922년 5월 레닌이 뇌출혈로 쓰러졌을 때만 해도 지극히 당연해 보였다. 트로츠키의 우세는 분명했다. 그의 경력과 카리스마는 동갑내기인 스탈린을 압도하고 있었다.

레온 트로츠키는 러시아 혁명사에서 독보적인 존재였다. 그의 지성과 통찰은 인민의 신화였고, 그는 레닌에게조차 우상이었다.

그러나 그는 실패한 지도자였다. 더할 수 없이 오만했고 빛나는 재능은 동료들을 하나둘 적으로 돌려세웠다. 이 비운의 혁명가는 1인자가 되기에는 덕이 부족했고, 2인자로 남기에는 열정이 넘쳤다. 고통은 함께 나눌 줄 알았으나 투쟁의 열매를 함께 나눌 줄은 몰랐다.

반면 스탈린은 현실주의자였다. 냉혈한이었다. 이 '철의 사나이'는 공포와 회유가 사람을 끌어당기는 힘이라는 사실을 익히 알고 있었다.

트로츠키는 실권을 거머쥔 스탈린의 숙청 리스트 1호였다. 트로츠키는 1927년 공산당에서 제명되고 이태 뒤 해외로 추방된다. 그러나 터키와 프랑스, 노르웨이를 전전하면서도 그의 고개는 변함없이 꼿꼿했다. 날카로운 펜 끝은 언제나 스탈린을 겨냥하고 있었다.

스탈린이 제3인터내셔널(코민테른)을 장악하자 트로츠키는 제4인터내셔널을 창설했고, 스탈린의 1국 사회주의에 맞서 영구(永久) 혁명론을 주창했다. 그는 공산당의 '철의 규율'에 맞서 당내 민주주의를 내세웠다. 스탈린의 1인 독재와 소비에트 관료주의를 '보나파르트적'이라고 몰아세웠다. "소비에트는 타락해 가는 노동자들의 국가다"라고 목소리를 높였다.

트로츠키는 스탈린의 공개 재판을 격렬히 비난한다. 그가 보기에 스탈린은 '혁명의 무덤을 파는 자'였다. "피의 강물이 볼셰비즘과 스탈린주의를 갈라 놓았다"고 통탄해 마지않았다.

유태인 지주의 아들로 태어났으나 자신의 출신에 반역했던 트로츠키. 그의 삶은 체포와 유배, 탈출로 점철되었다. 그의 대작 『러시아 혁명사』는 망명지에서, 순전히 허기를 달래기 위한 생활의 방편으로 씌어졌다. 첫 번째 부인은 시베리아 유배지에서 사망했고, 네 자녀를 두었으나 둘은 살해되고 한 명은 자살했다.

1940년 8월 그 자신도 마지막 망명지였던 멕시코에서 비참하게 쓰러진다. 스탈린의 사주를 받은 비밀 요원은 등산용 피켈로 사정없이 그의 머리를 내리쩍었다.

모든 게 트로츠키의 말 그대로였다. "혁명도 전쟁과 마찬가지로 유죄를 선고받아 마땅하다!"

트로츠키의 가혹한 운명은 사후에도 이어진다. 스탈린은 교과서와 역사 논문에서 그에 관한 부분을 송두리째 도려냈다. 러시아 혁명기에 찍힌 사진들에서도 그의 모습은 찾아볼 수가 없다. 필름 조작이었다. 트로츠키라는 이름은 숙청을 예고하는 불길한 장송곡이 되었다.

'인민의 적'은 그렇게 사회주의의 역사에서 영원히 지워졌다.

| 엘비스 프레슬리 · 1935~1977 |

로큰롤의 황제

대중은 엘비스를 숭배했으나 그는 고독했다.
부와 명성도 내면의 공허를 어쩌지 못했다.
그 빈자리는 무시무시한 폭식과 약물로 채워졌다.

"엘비스 이전에는 아무것도 없었다!"(존 레넌)

로큰롤의 황제 엘비스 프레슬리. 사람들이 록을 알게 된 것은 "내 노래는 누구와도 비슷하지 않다"던 그를 통해서였다. 그는 프랭크 시내트러의 스탠더드 팝에 젖어 있던 미국인들에게 록의 열정을 선사했다.

엘비스는 록에 음악적 정체성을 부여했다. 록은 엘비스에게서 '몸'을 얻었고, 비로소 거리의 소음이라는 어두운 터널을 빠져나왔다. 로큰롤은 더 이상 '성행위'를 뜻하는 흑인들의 은어가 아니었다.

방 두 칸짜리 판잣집에서 막노동꾼의 아들로 태어난 엘비스. 열두 번째 생일 날 어머니가 선물한 기타는 그의 인생을 바꾸어 놓았다. 극장 매표원, 트럭 운전사를 전전하던 엘비스가 어머니의 생일선물로 취입한 노래 「마이 해피니스(My Happiness)」는 아메리칸 드림의 서곡이 되었다.

전쟁을 모르고 자란 베이비 붐 세대는 '엘비스 록'의 강하고 격렬한 비트에 매료됐다. 그의 독특한 스테이지 매너는 팬들을 사로잡았다. 유연한 허리의 율동과 엉덩이춤은 충격이자 도발이었다. 그는 통기타를 들고 야수처럼 무대를 누볐다. 여기에 폭풍처럼 몰아치다 솜사탕처럼 녹아드는 그 감미로운 보컬이라니.

당시 미국은 지구촌을 '독수리 날개' 아래 품기 위해 자신의 이미지를 누그러뜨릴 대중문화의 상징을 필요로 했다. 그의 로맨틱한 노래는 '팍스 아메리카나'의 당의정이기도 했던 것이다. 메릴린 먼로의 순진무구한 눈웃음이 그러했듯이 말이다.

그러나 1960년대 중반 비틀스가 미국에 상륙하면서 엘비스의 시대는 저물어가기 시작했다. 영국의 '딱정벌레들'이 미 전역을 훑는 동안 그의 음악은 부드러운 팝 발라드 쪽으로 뒷걸음질쳤고, 그는 하릴없이 할리우드의 영화판을 기웃거렸다.

대중은 엘비스를 숭배했으나 엘비스는 고독했다. 부와 명성도 내면의 공허를 어찌지 못했다. 그 빈자리는 육체적 비만과 약물로 채워진다. 그의 폭식은 무시무시했다. 아침에 일어나자마자 아이스크림 5개를 한꺼번에 먹어치웠고, 입맛에 맞는 샌드위치를 찾아 자가용 비행기를 탔다. 하루 24시간을 약물에 의존했다. 잠을 자기 위해 수면제를 먹고 잠에서 깨어나기 위해 각성제를 먹었다.

무대 밖에서는 지독하게 수줍음을 탔던 엘비스. 그는 마지막까지 혼자였다. 1977년 갑작스런 죽음을 맞을 때까지 그는 자기만의 성이자 은둔처였던 멤피스의 별장에서 비밀스런 생을 살았다.

엘비스가 죽자 언론은 다투어 이렇게 헤드라인을 뽑았다.

"왕은 죽었다!(The King Is Dead)"

|에두아르 마네, 1832~1883|

인상주의의 빛

"나는 그것을 보았고, 내가 본 것을 그렸다.
나는 내가 본 것들을 가능한 한 단순하게 그린다."

"마네가 죽자 기다렸다는 듯이 예찬의 종소리가 울려 퍼졌다. 관(棺) 속에 들어가기 무섭게 그의 조상(彫像)이 새겨지고 있었던 것이다. 이 때늦은 승리는 뼈아프다. 대중의 어리석음이라니……."(에밀 졸라)

에두아르 마네. 서양 미술사에서 그만큼 발표되는 작품마다 비난을 받았던 작가는 찾기 힘들다. 평단의 야유와 조롱은 그의 생애와 줄곧 함께했다. 그러나 또 그만큼 당대의 거장들에게서 환호와 지지를 받은 예술가도 드물었다. 시대의 예술 정신이었던 보들레르, 졸라, 말라르메는 그의 그림에서 현대성의 분출을 느꼈고 청년 화가 모네, 피사로, 시슬레는 인상주의를 비추는 한줄기 빛을 보았다.

"스스로가 시대의 인간이어야 한다!"

그게 마네의 신조였고, 그는 이를 캔버스에서 실행했다.

마네의 대표작 「풀밭 위의 식사」는 1863년 낙선작들을 모은 전시회에 처음 선보인다. 이 그림은 그해 프랑스 왕립 아카데미 살롱전에 출품됐으나 보기 좋게 미끄러졌던 것이다.

훤한 대낮에 벌거벗은 매춘부를 등장시킨 이 작품은 파리의 일대 스캔들이 되었다. 사람들은 질겁했다.

근엄한 두 신사 사이에서 감상자의 눈을 빤히 바라보고 있는 창녀. 사람들은 그 거침없는 시선에서 무언가 들킨 듯한 무안함과 수치심을 느꼈다.

벗겨진 창녀의 몸뚱이는 당시 부르주아 사회의 위선을 벗기고 있었다.

그리고 그 이태 뒤 다시 살롱전에서 낙선한 「올랭피아」는 화단을 또 한 번 들쑤셔 놓았다. 올림피아 여신을 가리키는 올랭피아는 당시 창녀들이 즐겨 쓰던 예명(?)이다. 마네는 천연덕스럽게 한 손으로 음부를 가리고 있는 매춘부의 나신을 전면에 내세웠다. 서양 미술사에서 여성의 누드는 '신화나 성경의 옷'을 걸치지 않으면 안 되었으니 그것은 분명 이단이었다.

"나는 그것을 보았고, 내가 본 것을 그렸다. 나는 내가 본 것들을 가능한 한 단순하게 그린다."

때는 바야흐로 매춘부들이 대도시 파리의 번화가를 활보하기 시작하던 시기였다. 자본주의의 성(性)이 부글부글 끓고 있었다. 그러나 그에게 쏠린 비판이 얼마나 가혹했던지 그는 끝내 견디지 못하고 스페인으로 피신해야 했다.

파리의 중산층 가정에서 전형적인 부르주아로 자란 마네. 그에게 파리는 예술의 젖줄이었다. 파리에서 나서 파리에서 죽은 그는 파리의 도회적인 감각 속에서 일생을 보냈다.

마네는 예술의 자유와 세속적인 출세의 욕망 사이에서 줄곧 고민했다. 정작 인상주의의 길을 열었지만 그들과 섞이는 것을 꺼렸고 오로지 제도권 화단의 평가에 집착했다.

근대 회화는 마네에 이르러 비로소 원근과 양감의 억압에서 해방되었다. 극단적인 색채 대비와 평면적인 조형을 통해 대상보다는 회화 자체의 구성을 중시하는 '형식 논리'를 성취해 냈다.

"마네는 반사되는 빛을 좇아 그림을 그린 최초의 화가였다. 이때부터 사물은 전혀 새롭게, 비로소 현대적으로 보이기 시작했다."(마티스)

제2부 세계 인물편

빛 바래지 않은 현대사의 사진첩

| 에드워드 8세와 심슨 부인 결혼 · 1937년 6월 3일 |

세기의 로맨스?

"적들은 나보다 강하오. 나는 단지 항해하는 사람일 뿐이오. 바람의 방향이 바뀌면 바다는 움직이고 내 배는 떠밀려 갈 수밖에 없소……."
— 에드워드 8세

사랑을 위해 왕관을 버렸다는 영국 왕 에드워드 8세. 스스로를 낮추어 공(公)이 되었던 '짐(朕)'과 이혼녀 월리스 심슨 부인의 얘기는 두고두고 사람들의 심금을 울린다. 허나 이 세기의 로맨스에는 두 가지 버전이 있었으니, 하나는 아름다운 전설이 되었고 다른 하나는 씁쓸한 비화(秘話)가 되었다.

매혹적인 가을의 전설은 1930년 9월에 시작된다.

두 사람이 처음 만났을 때 심슨 부인의 눈은 열정으로 타올랐다. 일찍이 그런 눈으로 '전하'를 빤히 쳐다본 사람은 아무도 없었다. 그리고 이렇게 말한 사람도 없었다. "전하의 바지는 신발과 어울리지 않는군요."

첫눈에 반한 에드워드 8세는 1933년 6월 심슨 부인과 함께 스키 여행을 다녀온 뒤 그녀에게 청혼한다. 세기의 로맨스가 무르익어 가던 1936년 1월, 아버지 조지 5세가 사망하자 그는 속삭이듯 말했다. "이제 우리를 막을 수 있는 건 아무것도 없소!"

심슨 부인은 세 번째 결혼을 위해 법원으로부터 두 번째 남편과의 예비 이혼 판결을 받았다. 그러나 에드

워드 8세가 수장으로 있는 영국 국교회와 정부는 두 사람의 결혼을 완강히 반대했다. 당시 스탠리 볼드윈 총리는 경고했다. "이혼녀와의 결혼은 군주제의 고결함을 위험에 빠뜨릴 수 있습니다."

에드워드 8세는 상심에 젖었다.

"적들은 나보다 강하오. 나는 단지 항해하는 사람일 뿐이오. 바람의 방향이 바뀌면 바다는 움직이고 내 배는 떠밀려 갈 수밖에 없소……."

그의 유일한 지지자는 윈스턴 처칠이었다. "폐하, 제 생각에 인생에서 가장 중요한 것은 아마도 자유가 아닐까 합니다!"

이듬해 에드워드 8세는 퇴위를 발표하고 도망치듯 영국을 떴다. 두 사람이 프랑스에서 결혼식을 올렸을 때 영국 왕실에서는 아무도 얼굴을 비치지 않았다.

두 번째 흥흥한(?) 비화의 출처는 미 연방수사국 비밀 문서. 구술자는 영국 신문 《가디언》이었다. 에드워드 8세가 왕위를 포기할 당시 심슨 부인은 주영 독일 대사와 뜨거운 관계였다. 나치 독일을 열렬히 지지한 그녀는 애인에게 영국의 비밀 정보를 흘렸다. 독일 대사는 그녀에게 매일 열일곱 송이 카네이션을 보냈는데 '17'은 그들이 동침한 횟수를 가리켰다고 한다.

볼드윈 총리는 그런 그녀와 국왕의 결혼을 도저히 용납할 수 없었다. 에드워드 8세에게 양위 외에 선택의 여지는 없었다. 그러나 그는 왕위에 집착했다. 라디오 연설로 국민을 상대로 직접 호소하고자 했으나 볼드윈의 반대로 무산되고 만다. 두 사람은 결혼한 뒤 프랑스와 바하마에 머물러야 했고, 이는 사실상 유배였다. 둘은 죽을 때까지 영국으로 돌아오지 못했다.

1941년 두 사람이 미국에 들렀을 때 FBI는 프랭클린 루스벨트 대통령의 지시에 따라 그들을 계속 미행했다. 심슨 부인의 두 번째 남편 어니스트 심슨은 FBI 요원에게 이렇게 말했다. "나는 그녀를 잘 안다. 에드워드 8세는 그녀에게 푹 빠져 있지만 그녀는 그를 그만큼 사랑하지 않는다."

에드워드 8세는 '윈저 공'이 되어 사랑을 얻었으나 상심했다. 그는 제2차 세계 대전 내내 대부분 시간을 취한 상태에서 보냈다. 그러나 심슨 부인은 보석을 사랑했고 활기에 넘쳤다. "사람은 부유할수록 좋고, 몸매는 날씬할수록 좋다!" 그녀는 파리에 사는 동안 하인 열여덟 명에게 시중을 받으며 사교계의 꽃으로 군림했다.

다만 이따금씩 이렇게 푸념했다고 한다.

"세기의 로맨스? 그게 얼마나 죽을 맛인데……."

| 히로시마 원폭 투하 · 1945년 8월 6일 |

노 모어 히로시마!

기장인 폴 티비츠 대령은 순간 입속에 확 끼치는 납 냄새를 맡았다.
핵분열이 빚어내는 '빛의 맛'이었다.
"오, 주여! 우리가 무슨 짓을 저질렀나이까?"

1945년 8월 6일. 그 가혹한 운명의 날은 무더웠다.

서태평양 티니언 섬을 떠난 B29 폭격기가 일본 히로시마 하늘에 모습을 나타내자 요란하게 공습 경보가 울렸다. 오전 8시15분. 마침내 9600미터 상공에서 원자 폭탄이 투하된다. 길이 3미터, 지름 71센티미터, 무게 4톤짜리 '리틀 보이'는 TNT 1,5000톤과 맞먹는 위력을 지니고 있었다. 섬광이 비치면서 거대한 연기 기둥이 솟구쳐 올랐다. 거센 불길에 휩싸인 천지는 광란했다.

기장인 폴 티비츠 대령은 순간 입속에 확 끼치는 납 냄새를 맡았다. 핵분열이 내는 '빛의 맛'이었다. "오, 주여! 우리가 무슨 짓을 저질렀나이까?"

비명을 지를 겨를도 없었다. 번쩍이는 오렌지색 섬광 속에 수많은 유리 조각이 사람들의 몸속을 뚫고 지나갔다. 모든 것이 순식간에 잿더미에 묻혔다. 원폭은 야수처럼 대지를 핥았다. 도시는 그저 폐허였다.

얼마나 시간이 흘렀을까. 시체는 숯처럼 새까맸다. '구워진' 사람의 형체는 아주 자그마했다. 뼈와 살이 녹아 너덜거리는 팔을 해초처럼 축 늘어뜨린 사람들이 유령처럼 삶과 죽음 사이를 헤맸다.

살아남은 피폭자를 뜻하는 '히바쿠샤'의 고통은 컸다. 그들에게 죽음은 아주 가까이 있었다. 이유 없이 코피가 터졌고 머리카락이 빠졌다. 시야는 뿌옇게 흐려졌다. 여기저기 홍반이 생겨났다. 죽음의 반점이었다. 피는 더 이상 응고되지 않았고 걷기도, 말하기도, 보기도 힘들었다.

그러나 일본은 즉각 항복하지 않았다. 육군은 본토에서 최후의 '자살 백병전'을 주장하며 원폭 투하 사실조차 인정하려 들지 않았다. 방송을 통해 단지 "신형 폭탄이 투하되었다"라고만 알렸다.

정작 히로시마의 참상에 충격을 받은 것은 워싱턴이었다. 누군가는 "마침내 암흑의 시대가 오고야 말았다"고 비명을 질렀지만, 트루먼 대통령은 단호했다. "곧 두 번째 원폭이 투하될 것이고 항복하지 않으면 제3, 제4의 원자 폭탄을 퍼부을 것이다!"

소련은 한술 더 떴다. 원폭이 투하되자 기다렸다는 듯이 일본에 선전포고를 했다. 붉은 군대 160만 명이 만주 국경을 뚫고 물밀듯이 쏟아졌다. 소련에 정전 협상 중재를 요청해 놓은 일본은 보기 좋게 뒤통수를 얻어맞은 꼴이었다. 일본에게 소련의 참전은 원폭보다 더 큰 충격이었다.

히로시마 원폭 폭발로 숨진 이들은 전쟁의 희생자인가? 아니면 가해자에게 주어진 업보인가? 7만 명이 즉사했고, 그해가 가기 전에 7만 명이 사망했다. 35만 명이 극심한 후유증에 시달렸다.

전쟁을 끝내기 위해 전쟁보다 더 끔찍한 비극을 만들어 낸다?

히로시마의 체험은 인류에 '핵 딜레마'를 던져 주었다. 인류와 핵무기는 공존할 수 없다는 뼈아픈 교훈을 남겼다. 비극의 땅 히로시마. 그 이름은 우리 세기에 평화와 반전의 화두를 깨우친다.

'노 모어 히로시마(No More Hirosimas)!'

| 비키니 수영복 발표 · 1946년 7월 5일 |

패션과 노출의 핵폭발

한번 여성의 수영복이 짧아지기 시작하자 짧아지는 속도는 놀라웠다.
마지막 한계라 할 '제로키니'를 향해 거침없이 줄달음쳤다.

1946년 7월. 세계는 나흘 간격으로 터진 두 차례의 강력한 폭발에 넋을 잃었다.

그해 7월 1일에 태평양의 마셜 군도에 속한 산호섬 비키니(bikini)에서 미국은 공개 핵실험을 실시했다. 일본 나가사키에 떨어졌던 것과 같은 급의 원폭이 투하돼 산호섬은 불바다로 화했다.

그리고 나흘 뒤, 프랑스 파리의 포리토르 수영복 대회에 모인 1만여 관객들은 벌어진 입을 다물지 못했다. 한 여성 모델이 손바닥만 한 천으로 젖가슴과 아랫부분만 가린 채 나타났다. 배꼽과 하반신을 온통 드러낸 투피스 수영복은 패션의 충격이었다. 노출의 혁명이었다.

엔지니어 출신 디자이너 루이 레아는 이 해괴한 수영복에 비키니라는 이름을 붙였다. 이름은 다분히 수영복 패션의 핵폭발을 암시했다. 비키니 수영복은 말 그대로 젖가슴과 아래를 가린 '작은 비키니 섬'이었고, '두개로 나뉜(bi-)' 섬이었다.

바티칸은 즉각 부도덕하다며 비난 성명을 냈다. 이탈리아와 스페인, 포르투갈에서는 비키니 착용이 법으로 금지됐다. 그때만 해도 여성의 수영복은 발목까지 내려오는 긴 치마였다. 아니, 여성이 다리를 드러내는 것조차 외설이었다. 점잖은 영국 신사들은 피아노 다리가 보기 민망해 양말을 신겼고, 숙녀 앞에 닭다리를 내놓는 일조차 결례였다.

그러나 배꼽을 드러낸 여성의 투피스는 기원전 1400년으로 거슬러 올라간다. 기원전 350년 그리스에서는 지금의 비키니와 놀랄 만큼 흡사한 수영복을 즐겨 입었다. 시칠리아에서 발견된 벽화는 어깨 끈이 없는 리본형 브라와 팬티를 입은 소녀 십여 명이 유희를 즐기는 모습을 정교하게 그리고 있다.

아담과 이브에게 '죄의식의 옷'을 입힌 것은 중세 기독교였다. 그 아담과 이브의 후예들이 다시 배꼽을 드러내기까지는 참으로 오랜 시간이 걸렸다.

그러나 한번 여성의 수영복이 짧아지기 시작하자 짧아지는 속도는 놀라웠다. 마지막 한계라 할 제로키니(zero-kini)를 향해 거침없이 줄달음쳤다. 1964년에는 가슴 가리개 부분이 없는 더욱 과격한 모노키니(monokini)가 등장했다. 토플리스 수영복이었다. 모노키니는 비키니의 한쪽(흔히 그 아래쪽)을 가리키는데, 모노키니 마니아들은 모노키니와 선글라스를 합쳐 비키니라고 부르기도 한다.

1990년대 들어 모노키니의 더욱 진화된 형태인 지 스트링(G-string)이 선보였다. 엉덩이를 가리는 천 조각은 점점 가늘어져 어느새 끈 모양이 되었고, 급기야 엉덩이 사이로 꼬리를 감추었다.

20세기 들어서야 코르셋에서 해방됐던 여성들. 비키니는 이들에게 원하는 만큼 노출의 자유를 선사했다.

비키니, 그것은 여성 해방의 상징일까? 아니면 '노출'이라는 또 다른 성적 코드의 예속일까?

| 제2차 동서독 정상회담 · 1970년 3월 29일 |

브란트, 무릎을 꿇다

브란트는 서둘지 않았다. 환상도 갖지 않았다.
'거짓된 희망'을 거듭 경고했다. '작은 발걸음'의 철학을 역설했다.
"조금씩 가까워짐으로써 변화를 촉발한다!"

그가 무릎을 꿇었다! 무릎을 꿇어야 할 이유가 없는 그가 무릎을 꿇었다! 1970년 12월, 폴란드 바르샤바의 유대인 묘역. 서독의 빌리 브란트 총리는 내리는 비를 아랑곳하지 않고 허물어지듯 풀썩 꿇어앉았다. 그리고 나치 독일의 씻을 수 없는 죄과에 대해 용서를 빌었다.

동서 냉전의 긴장 속에서 동방 정책을 통해 동유럽 공산권의 빗장을 연 브란트. 브란트는 동유럽 사회주의 국가들과의 진정한 화해 없이는 동서독 간 데탕트가 어렵다고 판단했다. 엉거주춤한 동독의 배후에는 소련의 그림자가 어른거리고 있었다. 소련이 버티는 한 동독은 변할 수 없다!

나치스와 정면으로 투쟁했던 독일인이, 그 나치스를 대신해 무릎을 꿇은 감동적인 장면은 동방 정책의 절정이었다. 유럽 현대사의 한 장이 넘어가는 상징적인 삽화였다.

동방 정책은 순탄하지 않았다. 독일 통일의 길은 멀고도 험했다. 그러나 브란트는 서둘지 않았다. 환상도 갖지 않았다. 그는 '거짓된 희망'을 거듭 경고했다. "조금씩 가까워짐으로써 변화를 촉발한다!"

서독의 든든한 경제력을 바탕으로 동독에 대한 경제 지원을 계속하는 한편 인적

물적 교류를 꾸준히 확대했다. 동독 사회를 질적으로 변화시키기 위한 노력이 끊임없이 이어졌다. 그리고 마침내 1970년 3월, 동독의 에르푸르트에서 분단 사반세기 만에 동서독 정상이 처음 머리를 맞댄다. 이렇다 할 성과는 없었다. 그러나 브란트는 스스로를 달랬다. "에르푸르트는 시작일 뿐이다. 2차 회담을 갖는 것 이상의 목표를 세우지 않았다."

두 달 뒤 서독 카젤에서 제2차 정상회담이 열렸을 때도 진전은 없었다. 야당은 보란 듯이 비웃었다. 정상회담 이후 동독의 개혁은 지체됐고 동서독 관계가 오히려 후퇴했다는 비난이 쏟아졌다. 여론은 악화됐고 브란트가 이끌던 사민당 연립정부는 엄청난 시련에 부닥친다.

1971년 브란트는 동방 정책으로 노벨 평화상을 수상했으나 야당은 기다렸다는 듯이 불신임안을 제출했다. 단 두 표 차로 아슬아슬하게 해임을 면한 브란트는 이듬해 의회 해산이라는 승부수를 던진다. 11월 치러진 재선거는 사민당 역사상 최대의 승리를 안겨 주었으니, 정쟁의 소용돌이 속에서 동방 정책은 기사회생했다. 독일의 유권자들은 "동방 정책은 반(反) 통일 정책이요, 분단을 고착화시키는 매국 행위"라는 흑색선전에 현혹되지 않았다. 국익의 핵심을 꿰뚫어보았던 거다.

브란트에겐 든든한 우군이 있었다. 유럽 최고 권위의 시사 주간지《슈피겔》이다.《슈피겔》은 그 이름 그대로 시대의 거울이었다. 게르하르트 슈뢰더의 말이 아니더라도 "《슈피겔》이 브란트를 지지하지 않았다면 동방 정책은 불가능했을 것이다."

그리고 마침내 1972년 12월, 동서독 상호간에 합법성을 인정하는 기본 조약이 체결된다. 이듬해 유엔 동시 가입, 그 다음해 상호대표부 개설. 브란트의 '작은 발걸음의 철학'이 결실을 맺는 순간이었다.

브란트는 그 얼마 뒤 '비서 간첩 사건'으로 불명예 퇴진했으나, 1990년 독일이 통일되었을 때 국민들은 만신창이가 되어 총리 직에서 쫓겨난 브란트를 다시 찾았다. 그의 이름을 연호하며 뜨거운 박수를 보냈다.
  통일의 역사적 과업을 완수한 헬무트 콜 총리는 회고록에 이렇게 적었다.
"내가 통일의 선봉장이라고? 내가 달려온 것이 아니었다. 그 누군가에 의해 등을 떼밀렸을 뿐이지……."

| 트루먼 독트린 발표 · 1947년 3월 12일 |

사슴이 머무는 곳

"대통령 직은 호랑이 등에 올라탄 것과 같다. 계속 달리지 않으면 잡아먹히고 만다."
— 트루먼

사슴이 머무는 곳(Where the Buck Stops)!

원폭 투하라는, 인류 역사상 가장 고독한 결정을 내려야 했던 미국의 해리 트루먼 대통령. 그는 백악관을 이렇게 지칭했다. 모든 책임은 백악관의 주인이 진다는 뜻이다. 이 말은 서부 개척시대 도박장에서 딜러 앞에 자루가 사슴뿔로 된 칼을 놓아두던 관습에서 유래됐다. 내가 딜러다! 책임은 내가 진다!

트루먼은 또 이렇게 말하곤 했다. "사슴은 여기 머문다.(The buck stops here.)"

1945년 4월, 부통령에 취임한 지 채 석 달도 되지 않아 대통령 직을 승계했던 트루먼.

프랭클린 루스벨트가 급서하자 미 전역은 충격과 슬픔에 휩싸였다. 그리고 이내 두려움과 공포가 번져 갔다. 루스벨트 없이도 과연 전쟁에서 승리할 수 있을까? 대공황의 고비는 넘겼다지만 16년째 계속되는 경제 침체를 극복할 수 있을까? 트루먼 자신도 "달과 별과 모든 유성이 갑자기 나를 향해 떨어지는 기분이었다"고 당시를 회고했다.

국민들은 그를 의심에 가득 찬 눈으로 바라보았다. 고졸 출신에 미주리 주 읍내의 시골뜨기라니. 국민의 절반이 그의 이름을 몰랐다. 그러나 그는 놀랄 만큼 침착하게 차례차례 결단을 내렸다. 독일을 궤멸시켰고 일본의 히로시마와 나가사키에 원폭을 투하했다. 유엔이 출범하고 '트루먼 독트린'이 선포되었다. 그리고 마셜 플랜 추진, 나토 창설, 한국전 파병……. 숨가쁜 결단의 순간이었다. "대통령 직은 호랑이 등에 올라탄 것과 같다. 계속 달리지 않으면 잡아먹히고 만다!" 서민적인 대통령 트루먼. 그는 보통 사람이 위대해질 수 있다는 것을 보여 주었다.

1947년 3월. 트루먼은 의회에 그리스와 터키의 반공 정권에 대한 군사 지원을 요청하면서 먼로주의와 결별을 선언한다. 포성 없는 전쟁, 냉전의 선전포고였다. 전후 어렵게 찾아온 평화의 온기는 어느덧 싸늘하게 식어 있었고, 트루먼 독트린으로 차갑게 얼어붙었다. 외교관 조지 케넌의 제안에 따라 소련에 대한 봉쇄 정책이 미국의 대외 전략으로 굳어졌다.

미국의 냉전 체제 구축은 다분히 공격적이었다. 훗날 고르바초프가 술회한 대로 소련은 미국을 공격할 힘도, 그럴 의지도 없었다. 스탈린은 전쟁을 하기에는 너무 지쳐 있었던 것이다. 트루먼 독트린은 미국 패권주의의 기점으로 산정된다. 그것은 전후 대대적인 군비 팽창의 명분이 되었다.

냉전의 소용돌이에 휘말린 한반도의 운명 역시 그의 손에서 두 차례 아찔한 순간을 경험해야 했다.

6·25 전쟁이 일어났을 때 미국의 즉각적인 파병을 결정한 이는 트루먼이었고, 전쟁 중 만주에 원자탄을 투하할 것을 주장한 더글러스 맥아더를 전격 해임한 이도 그였다. 한반도의 전쟁과 평화는 저 멀리 '사슴이 머무는 곳'에서 결정되고 있었다.

| 킨제이 연구소 설립 · 1947년 4월 8일 |

배꼽 아래의 진실

"1온스의 정액 낭비는 40온스 이상의 혈액 손실과 맞먹는다?"
—— 사무엘 티소

· "다윈의 진화론 이래 이보다 더 충격적인 과학서는 없었다."《뉴스위크》)

킨제이 보고서가 발표되자 미국 사회는 발칵 뒤집혔다. 1948년 출간된 '남성 편'이 논란의 불길(flame)을 지폈다면 그 5년 뒤 '여성 편'은 지옥의 불바다(inferno)를 이루었다.

보고서는 미국 남성의 92퍼센트, 여자의 62퍼센트가 자위행위를 즐기며 동성애를 한 번 이상 경험한 남성이 37퍼센트, 여성이 19퍼센트에 이른다고 폭로(?)했다. 여성의 혼전 관계(50퍼센트)와 혼외정사(26퍼센트)도 통계로 들춰냈다. 미국 전역에 걸쳐 1만 8,000명을 인터뷰한 결과였다.

귀엣말로나 속닥이던 은밀한 성이 까발려졌을 때, 배꼽 아래 일상이 낱낱이 그 모습을 드러냈을 때, 그것은 일대 문화적 사건이 되었다.

미국의 여성 운동가 글로리아 스타이넘은 "실험용 쥐도 암놈은 기피한다"며 킨제이 보고서는 여성의 성 해방을 위한 권리장전이라고 치켜세웠다. 반면 문화인류학자인 마거릿 미드는 "무지와 지식의 경계를 무너뜨려 사회 불안을 초래했다"라는 말로 비난했다.

1950년대 미국 사회는 보수적이었다. 성에 대해 완고했다. 여성의 오르가슴을 경멸하고 순결을 강조했다. 자위행위와 동성애를 죄악시했다. 매카시즘의 선풍이 거셀 때였다. 우파는 킨제이 보고서를 매우 불온하게 여겼다. 종교 단체와 언론도 가세했다. 견디다 못한 록펠러 재단은 킨제이 성 연구소에 대한 기금 지원을 끊고 말았다. 1947년 설립된 이 연구소는 킨제이 보고서의 산실이었다.

킨제이는 원래 나방을 연구하던 동물학자였다. 정치를 몰랐다. 성의 터부를 깨부수는 일이 정치적으로 그토록 민감한 이슈가 되리라고는 상상도 할 수 없었다. 사회적 냉대와 무관심 속에 연구비를 타내기 위해 동분서주하던 그는 끝내 과로로 숨지고 만다.

그가 숨진 지 사반세기도 더 지난 1980년에 이르러서야 세계의학학회는 동성애를 정신질환 목록에서 제외했다. "동성애는 단지 성적 기호의 차이일 뿐"이며 "왼손잡이가 그러하듯 동성애자도 통계학상의 소수에 불과하다"고 입장을 정리했다.

중세 유럽에서 참회의 벌로 다스렸던 수음도 햇빛 속으로 걸어 나온다. "1온스(약 28그램)의 정액 낭비는 40온스(약 1.1킬로그램) 이상의 혈액 손실과 맞먹는다."(사무엘 티소)던 자위행위는 여성의 불감증 치료를 위해 버젓이 시술되고 있다. 구강은 물론 항문 섹스도 도착과 변태의 굴레에서 벗어났다. "상호 동의 아래 이뤄지는 성행위는 다른 사람에게 피해를 주지 않는 한 최대한 관용해야 한다!"라는 것이 현대 성의학의 기본 입장이다.

바야흐로 정상위가 앤티크(antique)가 되어 가고 있는 세상이 아닌가.

| 콩코드 여객기 추락 · 2000년 7월 25일 |

콩코드의 오류

"최고 경영자가 안팎의 부정적인 피드백에도 불구하고
이미 회수가 불가능한 '매몰 비용'에 집착할 때
'몰입 상승'이 일어난다."
— 배리 스타우

1969년 10월 1일. 콩코드 여객기가 수평 비행에서 사상 최초로 음속을 돌파해 민간 항공사에 빛나는 깃을 세웠다. 그것은 '20세기 익룡'의 출현이었다. 당시 일곱 시간 이상 걸리던 파리-뉴욕 간 비행 시간을 세 시간대로 앞당겼다.

영국과 프랑스 정부가 공동 개발한 여객기는 비슷한 시기에 출항한 미국의 B747 점보 제트기에 비해 두 배 이상 빨랐다. 그것은 구대륙의 자존심이었고 프랑스어로 조화와 화합을 뜻하는 영-불 '콩코드'의 개가였다. 콩코드는 해발 1만 8,000미터의 성층권을 마하 2.2로 날며 한동안 '여객기의 귀족'으로 군림하는 듯했다.

그러나 항공기의 역사를 다시 쓰게 한 이 기념비적인 날은 잘못된 의사결정을 뜻하는 '콩코드의 오류(Concorde Fallacy)'라는 신조어를 잉태하고 있었다. 콩코드가 음속을 돌파할 때 발생하는 굉음은 그 불길한 전조였다.

컴퓨터의 2000년 인식 오류를 뜻하는 'Y2K'에 대한 세기말의 불안이 잦아들 무렵인 2000년 7월 25일. 콩코드 여객기 한 대가 샤를 드골 공항을 이륙하자마자 공중에서 폭발했다. 비행기는 파리 근교에 추락했

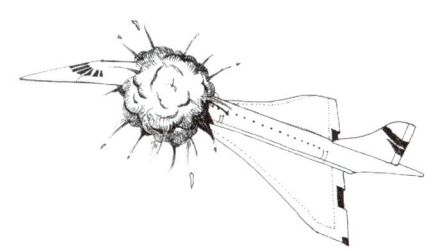

고 승객과 승무원 109명 전원이 사망했다. 언론은 주저 없이 선언했다. 콩코드는 사망했다!

아니나 다를까, 사고 후 승객은 급격히 줄어들었고 잦은 고장으로 발이 묶이기 일쑤였다. 2003년 4월, 항공사는 더 견디지 못하고 콩코드 운항 중단을 발표하기에 이른다. 20세기를 화려하게 비상했던 콩코드는 21세기에 안착하지 못하고 끝내 날개를 접었다.

콩코드는 개발 초기부터 과도한 투자 비용과 불투명한 수익성, 기체 결함으로 논란이 많았다. 그럼에도 개발을 강행하는 '콩코드의 오류'의 늪에서 빠져나오지 못했다. 미국의 베트남 전쟁 개입이 그러했듯이, 그것은 오늘날 경제학에서 잘못된 결정에 더욱 집착하는 '몰입 상승(Escalating Commitment)'의 대표적 사례로 인용된다. "최고경영자가 안팎의 부정적인 피드백에도 불구하고 이미 회수가 불가능한 '매몰 비용(Sunk Cost)'에 집착할 때 몰입 상승이 일어난다."(배리 스타우)

콩코드의 극적인 퇴출, 그것은 어쩌면 기술 문명의 무한 질주에 대한 엄중한 경고인지도 모른다. 시간의 말발굽 아래 숨을 헐떡이며 줄달음치는 현대인들. 그들은 시간을 벌기 위해 정작 더 많은 시간을 놓치고 있는 것은 아닐까.

헨리 데이비드 소로는 일찍이 이렇게 갈파했다.

"사람이 걷는 대신 차를 이용함으로써 버는 시간의 총량은 차를 굴리는 데 드는 돈을 벌기 위해 공장에서 보내는 시간의 총량과 일치한다."

| 캐나다 동성애 처벌 규정 삭제 · 1969년 5월 15일 |

'커밍아웃'의 세기

"남자와 한자리에 드는 남자가 있으면 그들은 피를 흘리고 죽어야 마땅하다!"
— 구약성서 「레위기」

20세기의 위대한 신학자 폴 틸리히. 마르셀 프루스트, 앙드레 지드, 장 콕토, 랭보. 그리고 경건한 독일의 작가 토마스 만. 이들의 공통점은?

여기에 소크라테스와 카이사르, 가수 엘튼 존과 영화배우 제임스 딘, 록 허드슨을 덧붙이면? 그 답은 '동성애자'다.

인류 역사에서 동성애는 경멸과 혐오의 대상이었다. "남자와 한자리에 드는 남자가 있으면 그들은 피를 흘리고 죽어야 마땅하다!"(구약성서 「레위기」) 남색을 의미하는 영어의 소도미(sodomy)는 창세기에 나오는 타락의 도시 '소돔'에서 유래한다. 소도미는 수간(獸姦)을 뜻하기도 한다. 16세기 초 영국의 헨리8세는 남색을 사형의 중죄로 다스렸다. 한때 영국에서는 살인보다 남색으로 처형된 사람이 더 많았다.

19세기 말에는 동성애를 일종의 정신질환으로 보는 과학적 접근이 이루어졌다. 프로이트는 동성애를 유아기의 성적 환상에서 비롯된 병리학적 현상으로 규정했다. 그 덕분에 동성애자들은 '치료'를 위해 거세, 고환 이식, 전기 충격, 뇌 수술의 고문을 받아야 했다.

20세기 들어서도 동성애자들의 수난은 그치지 않았다. 나치 독일은 유대인과 공산주의자, 그리고 동성애자를 3대 악으로 꼽았다. 동성애자 수만 명이 집단 학살을 당했다. 매카시즘의 선풍이 휘몰아치던 1950년대 미국에서 동성애자는 공산주의자와 다르지 않았다. 스탈린 치하의 소련도 동성애를 '파시스트의 성도착증'으로 단죄했다. 히틀러와 스탈린 그리고 매카시에게 동성애는 체제의 적이었다. 성의 자유, 성의 해방은 정치적 방종에 다름 아니었으니 동성애자는 용서 못할 정치범이었던 것이다.

그러나 1950년대「킨제이 보고서」가 발표되면서 동성애 인권 운동은 급물살을 탄다. 1969년 5월 캐나다는 동성애를 형사 처벌 대상에서 제외하는 법안을 통과시켰다. 그때까지 동성애자들은 최고 5년형에 처해졌다. 그 직후 미국 정신병 학회는 동성애를 정신질환 항목에서 삭제했다. 이들 조치는 동성애 해방 운동에 불을 댕겼다. 그것은 동성애자들이 스스로의 굴레에서 벗어나는 것을 의미했고, 동성애에 대한 사회적 논의의 장을 활짝 열었다.

그리고 해일처럼 커밍아웃(coming out)이 밀려왔다. 그것은 가히 혁명이었다. 동성애자들이 당당히 자신의 성 주체성을 밝힘으로써 동성애에 대한 공포(homophobia)가 가시었다. 이제 형제자매와 친지 동료들, 그리고 주변의 의사 변호사 회계사들이 동성애자임을 알게 되었으니. 딕 체니 미국 부통령의 둘째 딸 메리가 레즈비언이라는 사실은 미국인에게 더 이상 새삼스러운 것이 아니다.

동성애자들은 당당히 햇빛 속으로 걸어 들어왔다.

"우리도 당신들과 다르지 않다!"

| 에베레스트 최초 등정 · 1953년 5월 29일 |

궁극의 목표

"에베레스트 산은 이미 자랄 대로 자랐지만 내 꿈은 아직도 계속 자라고 있다."
— 힐러리

'에베레스트가 처음 허락한 사나이' 텐징 노르가이.

1953년 5월 29일 오전 11시 30분, 텐징은 마침내 어머니가 어떤 새도 넘을 수 없다고 말하던 그 에베레스트의 정상에 섰다. 해발 8,848미터 제3의 극지에 이른 것이다. 자신이 셰르파로 이끌었던 영국 원정대 에드먼드 힐러리와 함께였다. 두 사람은 서로를 연결한 로프도 풀지 않은 채 힘차게 껴안았다.

에베레스트가 세계 최고봉으로 확인된 것은 1852년의 일. 꼬박 한 세기가 지나서야 인간의 발길을 받아들였다. "산이 거기 있기 때문에 오른다."라는 말을 남기고 에베레스트 정상의 구름 속으로 사라져 버린 조지 맬러리가 첫 등정에 나선 지 32년 만이었다.

힐러리는 산소통을 확인했다. 정상에 머물 수 있는 시간은 단 15분. 그는 텐징의 모습을 숨가쁘게 필름에 담았다. 산소 호흡기를 둘러쓴 텐징은 강풍에 부서지는 깃발을 든 채 얼어붙어 있었다. 그러나 정작 힐러리 자신은 피사체가 되기를 거부했다. 에베레스트 정상에 오르기 전 30분이나 자신을 기다려 준 텐징에게 초등(初登)의 영예를 양보했다. 그는 '인간의 마을'을 떠나올 때 자신

의 욕망조차 놓아두고 온 것일까.

힐러리는 기회 있을 때마다 텐징을 앞세웠다. "나는 나 자신을 한 번도 영웅으로 생각해 본 적이 없다. 그러나 텐징은 예외였다. 그는 진정한 영웅이었다. 그는 미천하게 출발했으나 세계의 정상에 우뚝 섰다." 텐징은 힐러리의 에베레스트 등정을 도왔고, 힐러리는 텐징이 삶의 정상을 정복하도록 도왔다.

그러나 산 아래 사람들은 묻는다. 텐징이냐, 힐러리냐? 텐징은 이렇게 답한다. "많은 것들이 정치와 국적의 이름으로 행해지지만 산에서는 그렇지 않다. 그곳에서 생명은 현실이고, 죽음은 너무 가깝다. 산에서 인간은 인간일 뿐이다." 그들은 함께 정상을 밟았고, 마지막까지 영광을 서로에게 돌렸다.

어머니의 무릎에 오르는 아이의 마음으로 산에 올랐다는 텐징. 그는 그 후 다시는 에베레스트를 오르지 않았다. 1986년 뇌출혈로 쓰러졌는데, 장례식에는 보기 드문 히말라야의 비가 내려 그의 마지막을 적셨다고 한다.

그러나 '힐러리 스텝'은 더욱 격렬해졌다. 정상을 눈앞에 두고 숨을 헐떡이며 자신의 몸을 던지듯 내딛는 마지막 걸음을 '힐러리 스텝'이라 일컫는다. 힐러리는 1958년 견인차를 끌고 남극에 도달했고, 1977년에는 제트 보트를 이용해 갠지스 강을 거슬러 올라 히말라야의 원류를 확인했다. 모험 없이는 아무것도 얻을 수 없다!

1951년 처음 에베레스트 등정에 나섰다 실패했을 때 그는 이렇게 말했다. "에베레스트 산은 이미 자랄 대로 자랐지만 내 꿈은 아직도 계속 자라고 있다."

그런데 대체 왜 에베레스트인가.

"궁극의 목표가 거기에 있기 때문이다!"(릭 리지웨이)

| 로스앤젤레스 폭동 · 1992년 4월 30일 |

인종의 용광로?

미국의 주류 사회는 '유리 천장'에 비유된다.
밑에서 위를 바라볼 수는 있지만 결코 올라갈 수는 없는,
용해되지 않고 섞여 있는 샐러드 볼, 그것이 미국 사회의 주류이다.

"왜 흑인은 가난한가?"

1992년 4월, 로스앤젤레스 폭동은 미국 사회의 오래된 뇌관을 건드렸다. 그 본질은 흑백 갈등이었다. 백인 사회의 인종 차별과 빈부 격차, 그 극단의 소외감과 분노의 표출이었다. 로드니 킹 구타 사건과 백인 경관들에 대한 무죄 평결이 그 심지에 불을 붙였다.

그러나 불똥은 엉뚱하게, 아니 '교묘하게도' 한인 사회로 튀었다. 흑인 폭도들과 이에 가세한 히스패닉들은 사흘 동안 한인 타운을 유린했다. 세 집에 한 집 꼴로 불이 나 상점 2,800곳이 파괴됐다. 전체 7억 달러 재산 피해 중 4억 달러가 이곳에서 발생했다.

그런데도 경찰은 얼씬도 하지 않았다. 백인 주택가에는 밤새 헬기를 띄우고 무장 경관을 배치해 놓았는데도 말이다. 흑백 벨트 사이에 끼인 한인 타운은 폭동의 완충지대였고, 방화벽이었고, 총알받이였.

현지 언론은 노골적으로 한-흑 갈등을 부추겼다. 그 얼마 전 정당방위로 흑인 소녀를 사살했던 '두순자 씨 사건'을 되풀이 보도했다. 흑인 밀집 지역의 상권을 장악한 한인들은 잔뜩 미운털이 박혀 있었으니 인종 갈등의 표적으로 맞춤이었다. 소

수민족 간의 대결구도! 그것은 흑백 충돌에서 비껴가고자 하는 백인 사회의 오래된 전략이었다. 1965년 이민법 개정 이래 흑인들의 범죄 대상은 점차 백인에서 유대인, 아시아계로 바뀌어 가고 있었다.

LA 폭동은 언젠가 터질 시한폭탄이었다. 폭동의 진원지인 사우스 센트럴 LA는 풍요의 도시 한복판에 폭격을 맞은 잔해처럼 가라앉은 흑인 빈민가다. 배우지 못하고 일자리를 갖지 못한 흑인들은 주변의 삶을 떠돌며 가난을 대물림해 왔다. 무력감과 절망감은 깊어만 갔고, 1965년 와츠 폭동 이래 흑인 소요가 그치지 않았다.

'사회적 허리케인'이라고 불리는 흑백 갈등. 그것은 어찌 보면 미국의 원죄다. 아메리카 원주민을 무력으로 정복했던 미국의 업보다. 손에 피를 적시었던 출생의 비밀이자 아킬레스건이다. 인류의 치부다.

인종의 용광로라는 미국에서도 소수 인종이 백인들의 내부 사회에 진입하기란 쉽지 않다. '용해되지 않고 섞여 있는 샐러드 볼', 그게 미국 사회의 주류인 와스프(WASP)다. 오죽하면 미국의 주류 사회를 '유리 천장'에 비유할까. 밑에서 위를 바라볼 수는 있지만 결코 올라갈 수는 없는.

LA 폭동은 한인들에게 '내 안의 한국인다움(Koreaness)'이 무엇인지 되돌아보는 계기가 되기도 했다. 한국인 1.5세와 2세들은 코리안 아메리칸으로서 스스로의 정체성에 새롭게 눈을 떴다고 한다.

"민들레는 화단을 고집하지 않는다."(영국 속담)라고 했던가. 한인들은 강했다. 참으로 억척스러웠다. 일벌레들은 쓰러진 바로 그곳에서 일어섰고, 다시금 둥지를 틀었다.

| 최초 인공위성 발사 · 1957년 10월 4일 |

스푸트니크의 연인

"우리는 멋진 여행의 동반자지만 결국 과자의 궤도를
그리는 고독한 덩어리에 지나지 않는 거예요."

1957년 10월 4일 금요일 밤. 국제 지구 물리의 해(IGY)를 맞아 세계 각국에서 모인 과학자들이 미국 워싱턴의 소련 대사관저에서 만찬을 벌이고 있었다. 냉전 시대에 동서 진영의 과학자들이 자리를 함께하는 것은 매우 드문 일이었다.

과학자들의 관심은 당시 철저히 베일에 가려 있던 소련의 로켓 기술에 쏠렸다. 소련의 한 과학자가 술에 취해 "우리는 1주일 아니면 한 달 안에 인공위성을 발사할 것"이라고 너스레를 떨었다. 좌중에서는 웃음이 터졌다. 1주일이라고? 도무지 믿기지 않았던 것이다.

그때 자리에 있던《뉴욕 타임스》기자가 회사에서 긴급 연락을 받고 큰 소리로 외쳤다. "그게 정말로 올라갔어!"

이때는 이미 소련이 세계 최초로 발사한 인공위성 스푸트니크 1호가 "지프, 지프" 하는 발신음을 내며 그들의 머리 위를 두 번이나 지나간 뒤였다. 1945년 제2차 세계 대전 직후 시작된 미·소의 로켓 개발 경쟁이 12년 만에 소련의 완승으로 막을 내리는 순간이었다.

이날 백악관은 굳게 입을 닫았다. 육안으로도 인공위성을 볼 수 있다는 과학자들의 말에

세계의 시선이 일제히 하늘로 향하는 동안 미국의 자존심은 여지없이 무너졌다.

미국이 소련의 인공위성 발사를 제2의 진주만 폭격에 비유한 것은 의미심장하다. 원폭 개발에서 한 발 뒤졌던 소련이 우주 공간의 군비 경쟁에서 마침내 미국을 추월했음을 의미하기 때문이다.

1, 2차 세계 대전의 승리로 '20세기의 자만심'을 키워 오던 미국인들은 처음으로 패배감을 느꼈다. 미국은 교육 제도를 통째로 바꾸기에 이르렀고, 향후 10년간 국가 예산을 과학 교육과 우주 개발 분야에 집중 투입한다. 당시 케네디 대통령의 호언장담은 미 국민들의 위기의식과 불안감을 그대로 반영하고 있었다. "1960년대가 끝나기 전에 인간을 달에 보내겠다."

스푸트니크 발사 이후 미소 양국은 무려 2,000개에 가까운 우주 비행체를 쏘아 올렸다. 이는 본격적인 우주 시대의 개막이 아니라 냉전 시대의 군비 경쟁이 우주 공간으로 확장되고 있음을 뜻했다. 인공위성을 발사하는 데 쓰인 로켓은 대부분 대륙간탄도미사일(ICBM)을 변조한 것이었다.

러시아 어로 '길동무'를 뜻하는 스푸트니크. 그 스푸트니크의 지구 여행이 핵무기와 미사일 개발을 촉발시킨 냉전 논리의 산물이라는 사실은 씁쓸한 뒷맛을 남긴다.

일본의 작가 무라카미 하루키는 지구와 인공위성의 관계를 '어긋난 연인'에 비유하며 그 상실감을 이렇게 읊조린다. "우리는 멋진 여행의 동반자이지만 결국 각자의 궤도를 그리는 고독한 덩어리에 지나지 않는 거예요……."(『스푸트니크의 연인』)

| 《뉴욕 타임스》 창간 · 1951년 9월 18일 |

중후한 숙녀의 변신

"권위는 누리지만 권력을 남용하지는 않는다!"

인쇄에 알맞은 모든 뉴스를 편견과 두려움 없이 보도한다!

1951년 9월 18일. 세계에서 가장 권위 있고 영향력 있는 신문으로 평가받는 《뉴욕 타임스》가 첫선을 보였다. 창간 제호는 《뉴욕 데일리 타임스》.

1896년 독일계 유대인 아돌프 옥스가 《뉴욕 데일리 타임스》를 인수할 당시 이 신문은 망해 가고 있었다. 싸구려 소설이나 당파적 의견으로 도배하다시피 하며 근근이 연명하는 처지였다. 옥스는 신문을 인수하자마자 가격을 1센트로 내렸다. 그리고 삼 년 만에 발행 부수를 25,000부에서 10만 부로 끌어올렸다.

사실상 《뉴욕 타임스》를 재창간한 옥스가 고등 교육을 받지 못한 신문사 사환 출신이라는 이력은 흥미롭다. 그가 신문 배달을 했다는 얘기도 전한다.

《뉴욕 타임스》는 《워싱턴 포스트》와 마찬가지로 철저히 가족 소유 신문이다. '족벌 신문'이다. 한 세기가 넘게 한 가문에서 삼대에 걸쳐 발행인 네 명을 배출하며 비약적인 성장을 거듭해 왔는데, 이는 미국 언론사에서도 희귀한 사례에 속한다.

1992년 아서 옥스 설즈버거 2세가 발행인을 맡으면서 《뉴욕 타임스》는 일대 변신을 단행한다. 중후한 숙녀(Gray Lady)의 이미지에서 공격적이고 진취적인 색깔로 탈바꿈했다. 여섯 개 섹션에 4색 컬러 체제로 지면을 쇄신하고 신문사 가운데 최초로 인터넷 회사인 뉴욕 타임스 디지털을 출범시켰다. AP 기자를 지내기도 했던 설즈버거에게 찬사가 쏟아졌다. "아서는 미래를 이해하고 있다. 그는 위대한 신문을 더욱 위대하게 만들었다!"

《뉴욕 타임스》는 2001년 9·11 테러 탐사 보도를 통해 뉴스의 질과 양에서 다시 한번 세계 최고임을 입증했다. 장장 3개월에 걸쳐 광고 한 컷 싣지 않고 연재한 탐사 보도「슬픔의 초상」은 기획의 참신함과 진지함에서 미 저널리즘 사상 기념비적 사건으로 꼽힌다. 신문은 이듬해 퓰리처상 열네 부문 가운데 일곱 부문을 휩쓸었다.

그리고 같은 해, 《워싱턴 포스트》와 공동으로 발행해 온《인터내셔널 헤럴드 트리뷴》을 강탈하다시피 인수함으로써 마침내《뉴욕 타임스》독주 시대가 열리게 된다. 신문의 유료 구독 부수는 113만 부(평일판 기준)로 뛰었고《워싱턴 포스트》는 74만 9,000부로 내려앉았다.

그러나 하늘을 찌르는 듯했던《뉴욕 타임스》의 기세는 2003년 제이슨 블레어 기자의 오보 및 표절 사건으로 한풀 꺾였다. 이 사건은 권위는 누리지만 권력을 남용하지는 않는다는《뉴욕 타임스》의 전통에 먹칠을 한 창사 이래 최대 스캔들이었다.

《뉴욕 타임스》는 위기를 정면 돌파했다. 유례없이 네 면에 걸쳐 대대적인 정정 보도 및 사과 기사를 내고, 편집진을 전면 개편했다. 입장을 바꾸어 옴부즈맨 제도를 도입한 것도 이 즈음이다. 편집국장에 새로 임명된 질 에이브럼슨의 당부는 소박했으나 의미심장했다.

"우리에게 부여된 가장 중요한 임무는 편집국의 모든 부서와 기자들에게 공손함을 다시 불어넣는 것입니다……."

| 워터게이트 청문회 · 1973년 5월 17일 |

진실 게임? 파워 게임?

워터게이트 사건은 이후 워싱턴의 강박 관념이 되었다.
권력과 언론의 전쟁, 그 어둡고 긴 터널 끝에 기다리고 있는 것은
극도의 불신과 냉소였다. 그것은 닉슨이 남긴 더러운 유산이었다.

"잉크를 배럴(약 159리터) 단위로 사는 사람들과는 싸우지 마라!"

잉크를 많이 쓰는 자, 말하자면 신문사하고는 싸우지 말라는 미국의 속담이다. 그러나 워터게이트 사건으로 중도하차한 닉슨 대통령은 그러지 못했다. 그는 언론을 혐오했다. 사갈시했다. "언론을 걷어차는 것은 예술이다!"라고까지 말했다.

백악관 참모들이 만든 '적들의 명단(enemies list)'에는 언론인들의 이름이 빼곡했다. 《워싱턴 포스트》가 워터게이트 사건을 집요하게 파헤치자 닉슨의 최측근이었던 존 미첼 법무장관은 극언을 서슴지 않는다. "(사주인) 캐서린 그레이엄의 젖꼭지를 탈수기에 집어넣겠다!"

워터게이트 사건은 1972년 대통령 선거를 5개월 앞두고 워싱턴 정가를 발칵 뒤집어 놓았다. 국내 정치 공작에 백악관과 CIA, 국세청(IRS)까지 동원됐으니. 그러나 사건은 선거에 별다른 영향을 미치지 못했다. 닉슨은 60퍼센트가 넘는 압도적 지지로 재선된다.

닉슨은 이때부터 《워싱턴 포스트》에 대한 대대적인 보복에 나섰다. 이 회사의 지방 방송사 면허를 취소하기 위해 압력을 넣었고 세무 조사 압박을 가했다. 보브 우드워드와 칼 번스타인 기자는 직

접적인 생명의 위협을 느껴야 했다.

　그러나 이듬해 5월 미 의회의 청문회가 시작되면서부터 상황은 급변한다. 백악관의 대화록이 공개됐고, "나는 아무것도 몰랐다"던 닉슨의 뻔뻔스러운 거짓말이 백일하에 드러난다. 그는 의회의 탄핵 소추 직전에 사임을 발표하지 않을 수 없었다. 그럼에도 마지막 순간까지 자신의 과오를 인정하지 않았다. "내 판단은 잘못된 것이었으나 국가를 위해 무엇이 가장 옳은가를 생각한 끝에 이루어진 것이었다."

　워터게이트 사건은 흔히 미국 민주주의의 승리로 칭송된다. 그 주역은 분명 자유 언론과 비판 정신이었다. 그러나 미국의 저명한 언어학자이자 사회운동가인 놈 촘스키는 워터게이트 사건은 단지 미국 지배계급 내부의 파워게임이었다며 색안경을 쓰고 본다. "닉슨은 언론과 그 광고주로 대표되는 대자본가들, 미 지배 계급의 핵심 세력을 적(敵)으로 돌림으로써 몰락했다. 그뿐이었다."

　《워싱턴 포스트》에 결정적인 제보를 했던 '딥 스로트(Deep Throat)'는 누구였을까? 한동안 반공주의자 패트 뷰캐넌이 그 주인공이라는 설이 유력하게 떠돌기도 했는데, 뷰캐넌이 닉슨의 대중국 국교 정상화 추진에 강한 불만을 품고 있었다는 것이다.

　그로부터 30년도 더 지난 2005년 5월, 《워싱턴 포스트》는 '딥 스로트'의 주인공이 당시 FBI 부국장이었던 마크 펠트로 밝혀졌다고 보도했다. 흥미로운 것은 펠트의 내부 밀고가 상당 부분 백악관과 FBI, 그리고 FBI 내부의 알력에서 비롯되었다는 사실이다. 에드버 후버 전임 국장이 사망한 뒤 그 자리를 강력히 희망했으나 닉슨의 견제로 뜻을 이루지 못했던 펠트. 백악관은 그를 "야심이 있기 때문에 협조가 가능한 인물"로 분류하고 있었다. 촘스키의 지적은 가히 어긋나지 않았다.

어쨌거나 워터게이트 사건은 이후 워싱턴의 '강박관념'이 되었다. 대통령의 어떤 사소한 실수와 거짓말도 용납되지 않았다. 대중은 두 눈을 부릅떴고 언론은 신경을 곤두세웠다. 크고 작은 비리에 'ㅇㅇ게이트'라는 이름이 붙었고 음모와 공작의 악취를 물씬 풍겼다. 클린턴을 탄핵 일보직전까지 몰고 간 '지퍼 게이트'는 그 절정이다.

워터게이트 사건으로 닉슨은 몰락하고, 자유 언론은 승리했다. 그러나 오랜 기간 워싱턴을 지배해 온 대화와 타협의 문화는 사라졌고 모든 것은 정쟁(政爭)의 대상이 되었다.

권력과 언론의 전쟁, 그 어둡고 긴 터널 끝에 기다리고 있는 것은 극도의 불신과 냉소주의였다. 그것은 닉슨이 남긴 '더러운 유산'이었다.

| O. J. 심슨 무죄 평결 · 1995년 10월 3일 |

'가장 흰 색깔을 가진' 흑인

"미국인들은 피부색에 따라 세상을 다르게 보고 있다……."
— 빌 클린턴

낫 길티(Not Guilty)!

전설적인 미식축구 영웅인 O. J. 심슨. 자신의 백인 아내와 그녀의 정부를 살해한 혐의로 법정에 섰던 그는 무죄 평결이 내려지자 오른손을 번쩍 쳐들고 배심원들을 향해 득의의 미소를 지어 보였다.

심슨은 미국에서 '가장 흰 색깔을 가진' 흑인이었다. 레스토랑 웨이트리스 출신의 금발 미녀와 결혼하기 위해 세 자녀를 둔 흑인 조강지처를 버렸다. 보란 듯이 백인 거주지에 살며 백인 실업가들과 어울렸고 백인 여성들과 데이트를 즐겼다.

그러나 정작 심슨을 살린 것은 그의 검은 피부색이었다. 재판 과정에서 그의 무죄를 결정적으로 입증한 것은 아이러니컬하게도 인종주의의 편견에 절어 있던 '로스앤젤레스의 형사'였다. 로스앤젤레스 경찰은 그의 집에서 피 묻은 장갑을 찾아냈으나 이 움직일 수 없는 물증을 스스로 무력화시켰다.

사건 발생 닷새 뒤인 1994년 6월 17일. 도주하던 심슨이 고속도로 상에서 체포됐을 때만 해도 그의 유죄는 확실해 보였다. 그러나 피 묻은 장갑을 찾아낸 마크 퍼먼 형사의 흑인 비하 발언을

담은 비디오가 공개되면서 상황은 급전된다. 퍼먼은 흑인을 경멸하는 '니거(nigger)'라는 표현을 서른 번이나 내뱉었다.

심슨의 변호인단은 살인 사건을 시종 인종 문제로 몰고 갔다. "백인 형사가 흑인인 심슨을 매장하기 위해 증거를 심어 놓았다!" 변호인단은 하루 일당 1만 5000달러를 받는 세기의 드림팀이었다.

로드니 킹 사건의 진원지인 로스앤젤레스 경찰의 업보랄까. 다른 유력한 물증들도 빛을 잃었다. 심슨의 알리바이는 거짓으로 드러났고, 무수히 발견된 혈흔들은 DNA 감정 결과 그와 피살자의 것으로 확인됐는데도 말이다. 살인현장에서 발견된 혈흔이 심슨의 것이 아닐 확률은 1억 7000만 분의 1이었고, 심슨 집에서 발견된 혈흔이 피살된 아내의 것이 아닐 확률은 97억 분의 1이었다. 게다가 그는 경찰에 자진 출두하겠다는 약속을 어기고 갱영화를 방불케 하는 백주의 도주극을 벌이지 않았던가.

그러나 배심원단은 심슨 편이었다. 배심원 열두 명 가운데 아홉 명이 흑인이었다. 9개월을 끌어 온 재판은 무죄 평결이 내려지기까지 불과 네 시간밖에 걸리지 않았다. 흑인들은 길거리로 뛰쳐나와 환호했으나 백인들은 씁쓸해했다.

《뉴욕 타임스》는 이례적으로 '미국 사법 재판사에 오점을 남겼다'라는 사설을 실었다. 재판에서 변호인단이 호소한 '인종 카드'는 또 다른 편견이었다는 게 이 신문이 내린 결론이다.

텔레비전을 지켜보던 빌 클린턴 대통령은 의미심장한 한 마디를 던졌다. "미국인들은 피부색에 따라 세상을 다르게 보고 있다……."

| 스텔스기 시험 비행 · 1989년 7월 17일 |
은밀하고 조용하게!

스텔스, 그것은 슈퍼 파워 '미국의 힘'이었다.
미국의 대 이라크 전쟁에서는 존재하지도 않는 대량 살상무기를
파괴했다고 하니 말 그대로 '귀신 잡는' 스텔스기였다.

길이 21.03미터, 폭 52.42미터, 높이 5.18미터.

이만한 제원의 비행기를 순금으로 만들려면 비용이 얼마나 들까? 그러나 순금 비행기도 크기가 똑같은 미국의 스텔스 폭격기 B2 스피릿(Spirit)의 제작 단가에는 못 미친다는 것이 미 의회의 조사 결과다. 미국의 노스롭그루먼 사가 제작한 B2 스텔스 기의 대당 개발 가격은 무려 22억 달러(약 2조 2506억원).

1989년 7월에 시험 비행을 마친 '꿈의 폭격기'는 십 년이 지난 1999년에야 나토군의 유고 공습 때 처음 실전에 투입된다. 직전 제1차 걸프전 당시 출격이 검토됐으나 전격 취소됐다. 섣불리 내보내기에는 너무 고가였고, 격추나 추락에 따른 정치적 비난이 버거웠던 거다.

'보이지 않는' B2 폭격기는 핵이 무력화된 냉전 시대의 비밀 병기다. 재급유 없이 미국에서 이라크의 바그다드까지 논스톱으로 날아간다. 고도 1만 2200미터 상공에서 초음속을 유지하면서 크루즈급 미사일 16기를 각기 다른 목표물에 동시에 발사할 수 있다. 야간이나 악천후에 상관없이 목표물에 정확히 폭탄을 꽂는다. 지상 200미터의 저공 비행도 가능하다. 2003년 미국의 대이라크

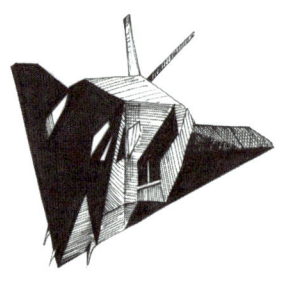

전쟁에서는 존재하지도 않는 대량살상무기를 파괴하기 위해 지하 벙커를 집중 폭격했다고 하니 말 그대로 '귀신 잡는' 스텔스 기였다.

은밀하고 조용하게! 스텔스(stealth)란 군사적으로 적의 탐지 기능, 특히 레이더망에 노출되지 않는 은폐 기술을 가리킨다. 스텔스는 레이더를 산란시키는 기체설계와 레이더를 흡수하는 도장(塗裝) 기술이 그 핵심이다. 미국은 지난 이십 년 동안 스텔스의 원천 기술을 독점해 왔다. 이를 바탕으로 하늘을 장악했고, 제2차 세계 대전 이후 현대전에서 일찍이 볼 수 없었던 우월적인 지위를 누리고 있다. 스텔스, 그것은 슈퍼 파워 '미국의 힘'이었다.

스텔스 기의 동체는 곡면이 아닌 평면으로 이루어져 있다. 왜 그럴까? 평면거울이 그렇듯 편평 형상은 정면으로 전파를 쏘면 강한 반사를 일으키지만, 그 밖의 각도에서는 접근 방향으로 거의 빛이 반사하지 않기 때문이다. 또한 현대 군용기의 가장 큰 위협인 열추적 미사일을 피하기 위해 엔진과 무기를 동체 깊숙이 내장하고 제트는 기체 상단에서 분출한다.

그러나 스텔스 기는 전능이 아니다. 스텔스의 실용화 시대를 열었던 F117 나이트호크(Night hawk)는 1999년 유고 공습 당시 격추돼 위신을 구겼다. 무차별 '소나기 방공포망'에 걸려들었다. 레이더망에 잡히지 않는 스텔스도 정작 망원경으로는 잘 보였던 것이다!

| 도쿄 지하철 독가스 살포 · 1995년 3월 20일 |

존사尊師 아사하라

"옴 진리교는 우리 내면에 존재하는 근원적인 공포를 상징한다. 그들은 가공의 괴물 '야미쿠로'를 도쿄 지하철의 깊은 어둠 속에 풀어 놓았다."
—— 무라카미 하루키

"여느 때와 다름없는 아침이었다. 딱히 다른 날들과 구분이 되지 않는, 우리 인생 속의 그저 그런 하루였다. 수상한 다섯 명의 남자가 뾰족한 우산 끝으로 묘한 액체가 든 비닐봉지를 '꼭' 쑤시기 전까지는……."

일본의 인기작가 무라카미 하루키. 지극히 사적(私的)이며 국적 불명인 '이방인 소설'을 써 온 작가. 하지만 그런 그도 도쿄 지하철 독가스 사건만은 도저히 그냥 지나칠 수 없었다. 피해자 60명을 직접 인터뷰해 1997년 르포 『언더그라운드』를 펴냈다.

하루키는 뉴스에서 이 사건을 처음 접하고 도쿄의 땅 밑에 사는 가공의 괴물 '야미쿠로'를 떠올렸다고 한다. 야미쿠로는 10년 전 그가 쓴 소설에 등장하는 두 눈이 없고, 죽은 짐승의 고기를 먹고 사는 사악한 동물이다. 옴진리교의 교주 아사하라 쇼코도 한 눈이 실명 상태다.

"옴진리교는 우리 내면에 존재하는 근원적인 공포를 상징한다. 그들은 야미쿠로를 도쿄 지하철의 깊은 어둠 속에 풀어놓았다."

1995년, 이 해에 범죄 없는 나라 일본의 안전 신화는 무너졌다. 1월 한신 대지진으로 6,000여 명이 목숨을 잃었고, 두 달 뒤에는 도쿄지하철에 사린 가스가 살포돼 12명이 숨지고 5,000여 명이 중독됐다.

파괴와 생식을 관장하는 힌두교의 시바 신을 섬긴다는 옴 진리교. 교주 아사하라는 도쿄의 그리스도를 자처하며 "미국에서 날아오는 가스 구름

(핵)으로 아마겟돈이 시작된다"는 말로 종말론을 퍼뜨렸다.

신도들은 그를 존사(尊師)라 부르며 숭배한다. 이들은 아사하라가 목욕한 물인 '기적의 못'에서 떠 온 물 한 잔으로 신심(信心)을 보상받았다. 그의 피를 마시기도 했다. 아사하라 자신도 스스로 공중 부양을 할 수 있다고 진심으로 믿었다. 그는 "2003년 어느 날 핵폭격으로 불타 버린 히로시마의 초원으로 날아갈 것"이라고 예언하기도 했다. 진실을 밝히고 싶으면 법정에서 공중 부양을 해 보라는 변호인의 말을 듣고 구치소 내에서 수행을 계속했으나 결국 실패했다고.

옴 진리교의 추종자들은 대부분 고등 교육을 받은 부유한 집안 출신이다. 독가스 사건의 핵심 세력은 도쿄 대와 와세다 대 등 명문대를 나온 의사, 과학자, 기술자였다. 일본 최고의 엘리트였다. 1990년에는 진리당을 만들어 신도 스물다섯 명이 중의원 선거에 출마하기도 했으나 모두 낙선했다.

그들은 화학 약품뿐 아니라 러시아제 항공기와 중고 무기도 구입했다. 헬기를 이용해 도쿄 상공에 사린 가스를 살포할 계획도 꾸미고 있었다.

지금도 일본에는 2,000명이 넘는 옴 진리교 신도들이 암약하며 세를 불리고 있다. 대학 내에 위장 서클을 만들어 침투하기도 하고 인터넷을 통해 유혹의 손길을 뻗기도 한다.

컴퓨터 산업을 바탕으로 한 교단의 경제력은 탄탄하다. 13개 방계 회사가 연간 수십억 엔의 수입을 올리고 있다. 광신도 400여 명은 아사하라가 수감돼 있는 도쿄 구치소 주변에 모여 산다. 그들에게 법정에 선 존사를 뵙는 것은 '지극한 종교 체험'일지니.

아사하라는 사건 발생 9년 만인 2004년 2월 도쿄

지법에서 사형을 선고받았으나 언제 형이 집행될지는 아무도 모른다. 변호인단의 지연 작전으로 무려 공판이 257회나 열렸다.

  무슨 영문인지 1997년부터 입을 굳게 다물고 있는 아사하라. 그는 아직 살아 있다!

| 스타 워즈 계획 발표 · 1983년 3월 23일 |

스타 워즈 에피소드 I

"멜빵도 하고 허리띠도 두르면 좋을 것이다.
여러 겹의 방어막을 나무랄 수는 없다.
그러나 멜빵을 한 상태에서 제대로 착용할 수 있을지조차
불확실한 허리띠를 위해 수천억 달러를 퍼부어야 하는가?"

별들의 전쟁, 스타 워즈(Star Wars). 20세기말 스타 워즈의 전개 양상은 그 이름만큼이나 휘황찬란하고 변화무쌍하다.

1983년 3월 로널드 레이건은 전국에 중계된 텔레비전 연설에서 소련을 악의 제국으로 지칭하며 핵미사일 무력화와 폐기를 위한 전략 방위 구상(SDI)을 내놓았다. 스타 워즈의 총성이 울린 것이다. 1990년대 들어 냉전이 종식되면서 SDI는 한때 이론적 근거를 잃은 듯했다. 그러나 이것은 '아버지' 조지 W. 부시에 의해 제한적 탄도 미사일 방위 전략(GPALS)이라는 다소 애매하고 위축된 모습으로 다시 얼굴을 내민다. 이제 타깃은 소련이 아니라 이라크를 위시한 '불량 국가'였다.

뒤를 이은 빌 클린턴 행정부는 국가 미사일 방어(NMD) 시스템을 통해 마지못해 그 골간을 유지했다. 클린턴은 스타 워즈에 부정적이었으나, 공화당이 지배한 의회에 북핵 해결을 위한 '페리 구상'을 통과시켜야 했기에 의회의 NMD 예산 편성 요구를 받아들였다. 이른바 '평화와 무기의 맞교환'이었다.

'아들' 조지 W. 부시의 행정부는 NMD 보다도 포괄적인 미사일 방어(MD) 계획을 발표했다. '아들' 부시는 NMD에서

'National(국가)'이라는 단어를 뺌으로써 전 지구적 차원의 미사일 방어망을 구축하려는 야심을 내비쳤다.

미국 공화당 정부는 레이건 아래 20년 동안 집요하게 스타워즈를 추진해왔다. 핵미사일 우주 방패 전략, 그게 가능하기는 한 것일까?

미 국민의 60퍼센트 이상이 이에 반대하고 있었다. 돈줄을 쥔 의회도 부정적이다. 《뉴욕 타임스》의 칼럼니스트 토머스 프리드먼은 스타워즈를 아예 '미친 짓'으로 단정했다. "멜빵도 하고 허리띠도 두르면 좋을 것이다. 여러 겹의 방어망을 나무랄 수는 없다. 그러나 멜빵을 한 상태에서 제대로 착용할 수 있을지조차 불확실한 허리띠를 위해 수천억 달러를 퍼부어야 하는가?"

과학자들은 유도탄의 센서가 지표면보다 훨씬 차가운 목표물을 5,000킬로미터 떨어진 거리에서 감지해야 한다는 점에서 MD 구축의 실효성과 기술적 가능성에 의문을 제기했다.

스타 워즈는 정부의 사기극이자 백악관의 정치 공작이라는 음모론마저 흘러나왔다. 미군 전략 방어 사령부의 수석 과학자 올드릭 소시에는 스타 워즈의 결함을 지적하는 보고서 수천 건이 묵살되었음을 폭로했다.

분명한 것은 스타 워즈의 기본 개념이 방어가 아니라 공격이라는 사실이다. 그것은 우주의 방패가 아니라 우주의 창이다.

냉전 시절 평화를 유지한 것은 핵 공포가 이룬 균형이었다. 전쟁이 일어나면 모두가 치명상을 입는다는 상호 확증 파괴(MAD)였다. 스타 워즈는 바로 그 MAD를 겨냥한다. 미국의 유일 패권을 지향하는 아이디어인 것이다. 크렘린이 레이건의 스타 워즈 구상에 놀라 나자빠진 것은 이 때문이었다. 결과적으로 스타 워즈는 경제난으로 비틀거리던 '병든 북극곰'의 사망을 앞당겼다.

미국은 왜 그토록 스타 워즈에 집착하는가? 비판론자들은 공화당 정부가 레이건 시절부터 '건 벨트(gun belt)'의 강력한 후원을 받아 왔다며 군산 복합체를 스타 워즈의 배후로 지목한다. 건 벨트란 방산 업체들이 빼곡히 들어찬 캘리포니아 일대 태평양 연안을 가리키는 말이다. 총 2400억 달러의 예산이 투입될 이 사업의 유일한 승자는 미국의 군산 복합체가 아닐까. 지금까지 들어간 돈만도 600억 달러다.

20년 동안 연기를 풍겨 온 스타 워즈. 그것은 아주 오래된, 국제 사회의 '스모킹 건(smoking gun)'이다.

| 록 허드슨 에이즈로 사망 · 1985년 10월 2일 |

질병의 은유

질병은 어느 사회에서나 타락의 징후이자 비유였다.
질병은 어느 시대에나 증오의 바이러스를 옮긴다.

영화 「자이언트」의 명배우 록 허드슨. 부드러운 카리스마와 섹스 어필한 용모로 뭇 여성의 가슴을 설레게 했던 할리우드의 별. 1985년 10월 2일 그가 에이즈로 숨졌다. 초췌한 모습으로 감염 사실을 고백한 지 석 달 만이었다. 1948년 스크린 데뷔 이래 40년 가까이 자신의 성 정체성을 숨긴 채 마초의 대명사로 살아 온 비운의 삶이 마침내 막을 내린 것이다.

허드슨이 에이즈 감염 사실을 털어놓았을 때 미국 사회는 경악했다. 죽음을 눈앞에 두고 그는 이런 말을 하고 싶었을지 모른다. "에이즈는 재앙이 아니다. 천벌도 아니다. 더더구나 이즘(ism)은 아니다. 그것은 단지 치료의 대상일 뿐이다."

에이즈라는 질병이 알려지기 시작한 1980년대 초반, 미국에서 에이즈는 저주받은 천형이었다. 감염자는 의학적 사형 선고보다도 먼저 사회적 죽음을 맞아야 했다. 환자들은 강제로 격리되거나 스스로 잠적했다.

21세기의 흑사병, 동성애, 매춘, 혼외 정사, 도착적 성행위……. 에이즈를 둘러싼 숱한 오명들은 타락한 공동체를 심판하는 질병이라는 중세 기독교의 퀴퀴한 도그마를 부활시키고 있었다. 에이즈 환자는 마땅히 방종과 범죄의 대가를 치러야 한다는 일부일처제의 완고한 성 관념은 에이즈의 시대인 1980년대와 맞물린다. '외부에서 유입된 역병'이라는 이미지는 에이즈 담론의 정치적 보수성을 한층 강화시켰다. 종말론적 환상과 체제 전복에 대한 공포를 키웠다. 에이즈는 미국에서는 아프리카의 질병이었고, 유럽에서는 미국의 질병이었다.

어찌 에이즈뿐이랴. 질병은 어느 사회에서나 타락의 징후이자 비유였다. 질병은 어느 시대에나 증오의 바이러스를 옮겼다. 암적 존재! 편집증적 사회! 질병은 일상 속의 추악한 고발자였다. "염병할!" "문둥이 같은!"

그러나 이제 에이즈는 더 이상 괴질이 아니다. 1990년대 중반 일명 '칵테일 요법'으로 알려진 삼중 투약법이 개발되면서 불치병은 난치병으로 바뀌었다. 다스릴 수 있는 병이 된 것이다.

자타가 공인하는 미국 최고의 에세이스트이자 뛰어난 작가인 수전 손택. 그 자신 암으로 오랜 투병생활을 했던 손택은 병으로 고통받는 환자들이 마음속 깊이 가장 두려워하는 것은 고통 그 자체가 아니라 사람들이 자신의 고통을 비하하는 데서 오는 고통이라고 말한다.

"인간을 파괴하는 것은 질병이 아니라 질병의 낙인, 질병이 가진 이미지, 질병에 선험적으로 주입된 공포다. 우리 사회는 아직 그 '질병의 은유'에 감염되어 있다."

| 유에프오 최초 목격 보고 · 1947년 6월 24일 |

유에프오의 사회학

유에프오는 전통 신앙이 약해지면서 나타난 대체재일 뿐이다!
—— 칼 세이건

"지구 밖에도 생명은 있다! 외계인의 방문은 우리 모두가 알 수 있는 더욱 분명한 형태로 이뤄질 것이다."(스티븐 호킹)

1947년 6월 24일 미국 워싱턴 주 레이니 산 상공. 자가용 비행기를 직접 운항하던 케네스 아널드는 두 눈이 휘둥그레졌다. 왼편에서 금속성 비행물체 아홉 개가 시속 1,500킬로미터가 넘는 초고속으로 날고 있었다. "바다 위에서 심하게 흔들리는 보트 같기도 하고, 무슨 연 꼬리 같은 것이 마치 접시를 물 위에 던진 것처럼 빠르게 움직였다."

비행접시(flying saucers)라는 말은 여기서 생겨났다.

1952년 미 공군은 '비행접시'가 다분히 외계 생명체의 존재를 암시한다고 해서 명칭을 유에프오(UFO)로 격하(?)시켰다. '미확인 비행물체(Unidentified Flying Objects)'에 불과하다는 것이다. 한술 더 떠 '이례적인 자연현상'으로 부르자는 주장도 나왔다. 그럼에도 여전히 유에프오는 이티(ET)가 조종하는 비행접시로 통용된다.

최초의 비행접시가 출현한지 열흘도 지나지 않아 뉴멕시코 주의 로스웰에서 비행접시의 잔해와 외계인의 시신이 발견(?)된다. 시신을 직접 운구했다는 증인도 나타났다. 군 당국은 처음에 "비행접시가 나타났다"라고 공식 발표했다가 나중에 이를 부인하는 바람에 미국 정부가 유에프오의 진실을 숨기고 있다는 음모론을 확산시켰다. 이때부터 로스웰은 유에프오 신화의 본산이 되었고 신봉자들은 로스웰 사건을 예수 탄생만큼이나 중요하게 여긴다.

같은 해 아마추어 천문학자인 애덤스키는 애리조나 사막에서 우주선을 탄 금성인과 텔레파시로 대화를 나누었다고 고백하기도 했다. 이후 유에프오 목격담은 '신비주의로의 초대'가 되었다.

아마도 유에프오 목격담 가운데 가장 흥미진진한 사례는 1983년 뉴욕 주 웨스트체스터 시에 출몰한 V 자형 비행접시일 것이다. 매주 목, 금, 토요일 정기 방문했고, 때맞춰 주민들은 마중을 나갔다고 한다. 눈부신 유에프오 쇼를 관람하려고 말이다.

'유폴로지(UFOlogy)'는 과학인가, 신학인가? 사람들은 곧잘 유에프오에 흥분하지만 정작 천체물리학자들은 시큰둥하기만 하다. 심리학자들은 유에프오를 목격자의 뇌리에 있는 어떤 심령 현상, 또는 집단 무의식의 투영으로 해석한다. 네스 호의 공룡이나 히말라야의 설인과 크게 다르지 않다는 얘기다.

외계 생명체에 유난히 집착했던 천문학자 칼 세이건도 "유에프오는 전통신앙이 약해지면서 나타난 대체재"라고 잘라 말했다. 아이작 아시모프나 E.F. 러셀 같은 저명한 과학소설 작가들마저 유에프오의 존재에 대해서는 고개를 젓는다. 미 정부의 공식 입장은 분명하다. 유에프오가 외계에서 왔다는 그 어떤 증거도 없다!

그러나 1980년 영국 동부 입스위치에 나타난 유에프오를 조사했던 영국 국방부의 '랜들섬 파일'은 적잖은 여운을 남긴다.

"확고한 증거가 없는 상태에서 정부는 (유에프오의 존재 가능성에 대해) 열린 마음을 지니고 있다."

| 소련의 미 정찰기 격추 사건 · 1960년 5월 1일 |

냉전의 눈

U2 정찰기는 어떻게든 철의 장막을 들여다보고자 했던 냉전의 산물이다.
주한미군에도 비 대가 배치돼 휴전선을 따라 교대비행하고 있다.
냉전의 고도 한반도를 24시간 떠돌고 있다.

1960년 5월 1일. 메이데이(노동절).

'드래건 레이디(Dragon Lady)' 한 마리가 우랄산맥 2만 2000미터 상공을 유유히 날고 있었다. '냉전의 눈'이라 불리는 U2기였다. 파키스탄에서 발진한 이 미국 첩보기는 옛 소련의 영공을 동서로 가로지르며 고고도(高高度) 정찰 비행을 하고 있었다.

보고를 받은 흐루시초프 서기장은 격노했다. 그는 즉시 격추를 명했다. 소련군은 최신예 전투기인 미그 19기와 수호이 9기를 출격시켰다. 그러나 요격에 실패하자 지대공 미사일인 샘 2를 발사했다. 제1발은 빗나가 미그 19기를 맞추었으나 제2발이 U2기에 명중했다.

조종사인 프랜시스 파워스는 낙하산으로 탈출했다. 피격 시 기체를 폭파하고 독침으로 자살해야 했으나 복무 지침을  따르지 않았다. 소련군에 체포된 그는 하루 12시간에 걸친 심문을 견디지 못하고 미 중앙정보국(CIA)를 위해 일한다고 자백하고 만다. 그는 10년형을 선고받고 2년을 복역한 뒤에야 소련 간첩과 교환 석방됐다.

소련은 도발 행위라며 격렬히 항의했다. 미국의 아이젠하워 대통령은 처음에는 '기상 관측용'이었다고 둘러댔으나, 결국 "임기 내에 U2기의 비행을 중지하겠다"고 약속했다. 그러나 끝내 사과는 거부했다. "첩보 활동은 혐오스럽기는 하지만 대단히 필요한 것"이라고 얼버무렸다. 이에 흐루시초프 서기장은 유엔에서 구두를 벗어 단상을 두드리며 미국을 비난한 세기의 해프닝을 연출했다.

U2기 격추 사건으로 냉전의 골은 더욱 깊어졌다. 1959년 제1차 미·소 정상회담으로 움트던 동서 해빙 무드는 차갑게 가라앉았다. 소련 내 강경파가 득세하면서 흐루시초프 서기장은 대미 유화 정책을 접어야 했다.

1955년 록히드 항공사가 극비리에 개발한 U2기는 어떻게든 철의 장막을 들여다보고자 했던 냉전의 산물이다. 주간이든 야간이든 악천후에 관계없이 적진 깊숙이 고공 침투한다. 목적지 상공에서는 엔진을 끄고 상당한 거리를 활공하며 정찰활동을 할 수 있다. 대당 가격이 5300만 달러로 지금까지 100대가 생산됐다. 속도는 마하 0.7, 최고 고도가 2만 7000미터에 이른다. 1962년 쿠바에 소련제 미사일이 있다는 증거 사진을 찍었고, 1968년에는 동해에서 미 함정 푸에블로 호의 나포 사실을 맨 처음 탐지했다.

주한 미군에도 세 대가 배치돼 휴전선을 따라 24시간 교대 비행하고 있다. 북한 영공 바깥에서 '전자적 침입'을 통해 평양을 환히 들여다보고 있는 것이다.

한번 출격에 100만 달러(약 11억 원)가 소요된다는 U2기. 그것은 지금 이 순간도 냉전의 고도(孤島) 한반도를 떠돌고 있다.

| 4국 평화 협정 · 1952년 5월 26일 |

대서양주의자의 선택

"독일 국기 앞에서는 한 번 절하지만
프랑스 국기 앞에서는 세 번 절해야 한다."

아데나워는 서유럽의 마음을 샀고, 브란트는 동유럽의 마음을 열었다. 그리고 신뢰의 과일이 무르익자 콜은 단 한 번에 행운의 순간을 낚아챘다!

통일을 이뤄낸 독일의 세 총리 가운데 맨 앞자리에 놓이는 콘라트 아데나워. 그러나 정작 본인은 총리로 재임한 14년간 통일에 관한 한 아무것도 하고 싶지 않았다.

전쟁의 폐허 위에 연방공화국을 건설한 '서독의 국보'는 소련을 혐오했다. 공산 세력과 평화의 공존을 믿지 않았다. 공산당을 불법화했다.

아데나워는 "독일을 갖는 자가 유럽을 손에 넣는다."고 한 레닌의 말을 결코 잊지 않았다. '서방 정책'을 철저하게 밀고 나갔다. 서독은 동독을 승인하는 나라와 외교 관계를 맺지 않는다는 할슈타인 원칙을 고수했다. 서방과 공산권 사이에 비동맹을 견지해야 한다는 주장을 물리쳤고, 스탈린이 중립을 미끼로 제시한 독일 통일의 유혹도 뿌리쳤다.

대서양주의자 아데나워에게 미국의 신뢰를 잃는 것은 끔찍한 일이었다. 오죽하면 당시 사민당 총재였던 쿠르트 슈마허가 "아데나워는 연합국의 총리"라고 비난했을까. 그러나 이 흔들림 없는 보수주의자에게 "사회주의자들은 조국이 없는 놈들일 뿐"이었다. 그는 서독이 믿음직스럽게, 그리고 되돌릴 수 없게 굳건히 서유럽의 일원으로 자리 잡는 데 매진했다. 1952년 미국·영국·프랑스·서독 사이에 체결된 평화 협정은 그 1차적 결실이었다. 이어 독일은 나토에 가입했고 아데나워는 총리 재임 내내 서유럽 공동체 구축에 전력투구했다.

아데나워는 샤를 드골 프랑스 대통령과 양국의 역사적 화해를 일궈냈다. "독일 국기 앞에서는 한 번 절하지만 프랑스 국기 앞에서는 세 번 절해야 한다!" 아데나워의 서방 정책은 은둔과 반성의 시대였던 '본 공화국'의 불가피한 선택이었다고 역사는 쓰고 있다. 소련과 연합국의 힘겨루기에서 서독에게 달리 선택의 여지는 없었던 것이다.

일흔세 살이 되어서야 권좌에 오른 노회한 여우, 아데나워. 그는 현실주의자였다. 현실 권력의 운동법칙만을 냉정하게 추수하는 레알폴리티크(Realpolitik)의 충실한 계승자였다. 이 때문에 독일 분단은 한 세대가 넘게 지속되는 고통스러운 현실이 되고 말았지만 그는 단호했다. "독일의 통일은 서독 스스로의 입장이 아니라 분단을 가져온 강대국들이 결자해지의 차원에서 처리해야 한다!"

동유럽의 문을 활짝 열어젖힌 브란트의 동방 정책은 아데나워의 서방 정책의 토대 위에서 전개됐다. 서방 정책의 부정이 아니라 연장이었다. 그 확산이었다. 아데나워의 서방 정책과 브란트의 동방 정책은 '등을 맞댄 동지'였으니, 시차를 두고 독일 통일을 견인했다.

그렇다면 한반도의 통일 시계, 줄곧 미국과 북한 사이를 저울질하고 있는 그 통일 시계는 지금 몇 시를 가리키고 있는가. 아데나워의 '동맹'인가? 브란트의 '동족'인가?

| 비아그라 시판 · 1998년 5월 ?일 |

20세기의 복음

보브 돌 전 상원의원은 비아그라의 임상실험에 참여했다.
미 적십자사 총재인 부인 엘리자베스는
그 효능을 묻는 기자들의 짓궂은 질문에 쿡쿡거리며 웃었다.
"남편은 참 점잖은 사람이었는데……. 비아그라는 정말 뛰어난 약이에요!"

한 남자가 방에서 팔굽혀펴기를 하고 있다. 그러다 한 손을 허리 뒤로 올리고 한 손으로만 팔굽혀펴기를 시작한다. 그리고 다음 순간, 놀랍게도 짚고 있던 손마저도 허리 뒤로 올리고 팔굽혀펴기를 계속한다. 어찌 이럴 수가?

남자 옆에는 푸른색의 작은 알약, 비아그라가 떨어져 있다!

1998년 5월 미국의 화이자 사가 비아그라를 시판하면서 내보낸 텔레비전 광고다. 인류 최초의 먹는 발기부전(임포텐츠) 치료제 비아그라. 그것은 복음이었다.

'고개 숙인' 남성들은 환호했다. 주사바늘로 굳이 음경을 찌르거나 이물질을 삽입하지 않고도 거뜬히 사내 구실을 하게 된 것이다. 신이 내린 20세기의 축복이었다.

그해 미 대선에 출마했던 보브 돌 전 상원의원은 CNN과 인터뷰에서 비아그라의 임상실험에 참여했다고 털어놓았다. 그는 비아그라를 위대한 약이라고 지칭했다. 그리고 그 다음날. 미 적십자사 총재인 부인 엘리자베스는 그 효능을 묻는 기자들의 짓궂은 질문을 받았다. 그녀는 쿡쿡거리며 웃었다. "남편은 참 점잖은 사람이었는데……. 비아그라는 정말 뛰어난 약이에요!"

비아그라는 발매 5년 만에 전 세계 2000만 명이 넘는 남성들에게 1억

3000만 건 이상이 처방됐다. 환자들의 반응은 한결같다. 심봤다!

'20세기의 성'을 회춘시키고자 하는 후발주자들의 추격은 맹렬하다. 36시간 발기가 지속되는 시알리스의 광고 문안은 "시간의 제한이 없다!" 15분 만에 발기되는 레비트라는 "더는 못 기다린다!" 국내에서는 '숫총각' 누에나방의 번데기에서 추출한 '누에그라'가 선보였다.

남성은 성기로, 여성은 뇌로 섹스를 한다고 했던가. 그러나 여성을 위한 '핑크 비아그라'도 개발 중이다. 여성의 클리토리스가 남근에서 분화했다고 하니 어련할까.

임포텐츠가 치료를 요하는 병인 것은 성욕과 정력의 괴리 때문이다. 참을 수 없는 그 불균형 때문이다. 마음은 굴뚝 같은데 몸이 말을 듣지 않는 것이다. 왜?

현대 사회는 성이 넘쳐난다. 과잉 생산되고 있다. 세상을 도배하다시피 하고 있다. 관음은 일상이 되었다. 이 주체할 수 없는 잉여의 성이라니. 대체 그걸 다 어디다 쏟아 부어야 하는가. 그 유일한 출구가 일부일처제라는 데에 우리 시대의 비극이 있다. '점잖은 성'의 고독이 있다. 부풀어 오른 성의 우수(憂愁)가 있다.

그래서 사내들은 스스로 거세했던 것은 아닐까. 임포텐츠가 되었던 것은 아닐까. 발기부전, 그것은 우리 사회의 타락한 성에 대한 방어기제는 아니었을까. 그런데도 굳이 비아그라를 먹겠다고? 성난 야수를 풀어놓겠다고?

비아그라, 그것은 마치 바닷물과도 같다. 마시면 마실수록 갈증이 가시기는커녕 목구멍은 뜨겁게 타들어 간다. 비아그라, 그것은 생명의 유혹이 아니다. 죽음의 유혹이다.

| 러시아 우주정거장 미르 폐기 · 2001년 3월 23일 |

우주의 '하얀 잠자리'

미르는 옛소련의 자존심을 세워 준 상징이었다.
그리고 역설적이게도 빈번한 고장과 누더기가 되어버린 미르의 말년은
오늘날 갈가리 찢긴 옛소련의 뒷모습과 겹쳐진다.

    푸른 지구를 배경으로 우주의 바다에 떠 있는 미르(MIR)의 모습은 아름다웠다. 망망대해를 나는 한 마리 하얀 잠자리와도 같았다. 날개 모양의 태양전지판과 여러 개의 모듈(소형 우주선)이 어우러져 빛나는 십자가 모양을 그렸다. 마치 신의 가호를 비는 지구인들의 성호인 듯.
    러시아의 제3세대 우주정거장 미르. 그것은 냉전의 산물이었다. 옛 소련 시절 우주 개발은 원폭과 수폭 개발에 이은 또 다른 군비 경쟁이었고, 우주로 뻗친 이념 대결이었다. 우주정거장 건설은 미국이 달을 선점한 데 대한 소련의 반격이었다. 암스트롱이 발을 디딘 '고요의 바다'는 지구 반쪽에 폭풍을 몰고 왔던 것이다.
    미·소 간 과잉 경쟁으로 소련은 초기 우주정거장인 살류트 1호의 우주비행사 세 명을 잃었다. 질식사였다. 1986년 미르의 본체를 쏘아 올리기 직전 미국의 우주왕복선 챌린저 호는 공중에서 폭발했다. 그야말로 총성 없는 스타 워즈였다.

    그런데도 이 우주 기지는 러시아어로 '화해'와 '평화'를 뜻하는 미르로 명명되었다. 볼셰비키가 양키의 안방까지 쳐들어 왔다며 미 전역을 들끓게 했던 인류 최초의 인공위성 스푸트니크. 그 이름도 러시아어로

'동반자'가 아니었던가. 냉전 시대의 그 반어적 레토릭이라니!

미르는 수명이 다할 때까지 지구를 8만여 회 돌았다. 총연장 36억 킬로미터. 세계 12개국에서 100명이 넘는 우주인들이 미르에서 16,500건에 달하는 무중력 과학 실험을 행했다. 이곳에서 도룡뇽과 메추라기의 생태 변화를 지켜봤고 사상 처음으로 우주에서 밀의 싹을 틔웠다. 우주 공간에서 수확한 '2세 씨앗'을 다시 싹틔우는 개가를 올려 우주 식물에 대한 연구가 본격화되기도 했다.

그러나 연간 2억 5000만 달러에 달하는 운영 비용은 러시아에 벅찼다. 2000년 11월, 논란 끝에 미르 폐기 결정이 내려진다.

미르는 옛 소련의 자존심을 세워 준 상징이었다. 그리고 또 역설적이게도, 빈번한 고장과 사고로 누더기가 되어 버린 미르의 만년은 오늘날 갈가리 찢긴 옛 소련의 뒷모습과 겹쳐진다.

2001년 3월, 미르는 마침내 태평양에 수장된다. 불붙은 미르의 파편들이 긴 오렌지색 꼬리를 달고 피지 섬의 하늘을 수놓았다. "믿을 수 없을 만큼 환상적인 장면이 연출됐다"고 외신은 전했다.

불타는 미르의 마지막 눈동자를 지켜보던 러시아 우주국 책임자 코프테프는 신음을 토했다.

"그 어느 것도 영원할 수 없구나……."

| 미국 레이건 대통령 피격 · 1981년 3월 30일 |

대통령이 잠든 사이에

가장 심각한 상황은 백악관에서 일어났다.
지하 상황실에서 열린 비상 각료회의에서 헤이그 국무장관과
와인버거 국방장관이 거칠게 맞붙었다.
"부통령이 도착할 때까지 통치권은 본인에게 있다!"

"우리가 살아남은 것은 서로 힘을 합치라는 신의 섭리지요······."

1982년 6월 바티칸 도서관에서 처음 대면한 로널드 레이건 미국 대통령과 교황 요한 바오로 2세는 서로 묘한 동질감을 느꼈다. 레이건은 1년여 전 정신병 환자인 존 힝클리의 저격을 받았으나 살아났고, 교황 역시 바로 그 6주 후 총격을 당했던 것이다.

1981년 3월 30일. 백악관에서 그리 멀지 않은 워싱턴 힐튼 호텔 앞에서 총성이 울려 퍼졌다. 힝클리가 레이건에게 겨누었던 탄환 여섯 발은 모두 빗나갔으나 그중 한 발이 대통령 전용 차량에 맞고 튀어나와 그의 가슴에 관통한다.

유탄의 불똥은 요란했다.

가장 사소하기로는 이날 예정되었던 아카데미 시상식 행사가 연기된 일. 레이건은 우연찮게도 그 5년 뒤 아카데미 시상식이 있던 날을 택일(?)해 리비아 공습을 단행하는 바람에 또 시상식이 연기된다. 리비아 공습에 부정적이었던 여론은 이때 아카데미 시상식 근처에도 가 보지 못한 B급 배우 출신인 레이건이 아카데미에 앙심을 품고 있었던 것 아니냐며 비꼬

았다.

　레이건 저격 사건은 '죽음을 부르는 스토커'에 대한 경각심을 불러일으켰다. 힝클리의 호텔 방에서 "조디, 내 사랑을 보여 주겠소."라고 쓴 편지가 발견된 것이다. 그는 배우 조디 포스터의 광적인 팬이었다. 힝클리는 영화「택시 드라이버」에서 십대 창녀 역을 맡은 조디 포스터에게 매료돼 이 영화를 열다섯 번이나 보았다. 그때 포스터의 나이 열네 살이었으니 전형적인 '롤리타 콤플렉스'였다.

　레이건 저격 사건은 한국에서 때 아닌 대통령 경호원의 자질 논쟁을 불러오기도 했다.

　백악관 경호원들은 총격이 계속되는 상황에서도 대통령을 보호하기 위해 몸을 날렸고, 대통령을 차 안으로 집어던졌다. 그리고 정확히 피격 2분 30초 만에 조지워싱턴 대학 병원 응급실에 대통령을 내려놓았다. 이 모든 일이 워낙 순식간에 이루어져 그때까지도 레이건은 자신이 총을 맞았다는 사실을 모르고 있었다. 텔레비전을 통해 이를 지켜본 우리 국민들은 1974년 문세광 사건 당시 청와대 경호원들이 커튼 뒤로 숨었던 치욕의 장면을 떠올리지 않을 수 없었다. 청와대 경호원들은 현장에서 문세광이 완전히 제압될 때까지 쓰러진 영부인을 후송하지 않고 있었으니.

　그러나 가장 심각한 상황은 바로 백악관에서 일어났다.

　실화를 그린 올리버 스톤 감독의 영화「레이건이 저격당하던 날」의 한 장면. 이날 백악관 지하 상황실에서 열린 비상 각료 회의에서 알렉산더 헤이그 국무장관과 캐스퍼 와인버거 국방장관은 거칠게 맞붙었다. 당시 '아버지' 조지 W. 부시 부통령은 출장 중이었다.

　헤이그는 "부통령이 도착할 때까지 통치권은 본인에게 있다"고 선언했다. 그러자 와인버거가 "그때까지 군 통수권은 내게 있다"고 맞받아쳤다.

그리고 독자적인 판단으로 비상 등급을 올린다. 발끈한 헤이그는 "소련의 오판을 부른다"고 그를 공개적으로 비판하고 나섰다. 난맥상이었다.

　레이건 정권의 실세들은 권력의 공백을 틈타 참으로 위험천만한 파워 게임을 벌이고 있었다. 그것도 '대통령 유고'라는 국가 비상사태에.

| 독일 녹색당 연방의회 진출 · 1983년 3월 ?일 |

원자력 시대의 잔다르크

"우리는 좌익도 우익도 아니다! 단지 최전선에 있을 뿐이다!"

1983년 3월, 청바지와 티셔츠 차림의 삼십대 여성이 화단에 물을 뿌리며 독일 연방의회 의사당으로 들어서고 있었다. 역시 청바지 차림의 젊은이 삼십여 명이 뒤를 따랐다. 헬무트 콜 총리는 얼굴을 찌푸렸으나 어쩔 수 없었다. 그들도 당당한 연방의회 의원이었으니. 독일 녹색당이 현실 정치에 발을 들여놓는 순간은 남달랐다.

생태주의, 여성주의, 비폭력의 기치를 내건 녹색당. "불편이 최선의 정책"이라며 성장의 한계를 그었던 녹색당의 주축은 68 학생운동의 멤버들이다.

그 핵심에는 '원자력 시대의 잔다르크' 페트라 켈리가 있다. 1980년 녹색당 창당의 주역이었고, 3년 뒤 총선에서 연방의회의 교두보를 마련한 일등공신이었다. 켈리는 녹색의 여신이었다. 녹색 영성이 깃들인 평화주의자였다.

마하트마 간디와 마틴 루서 킹 목사를 추종했던 인도주의자 켈리는 오스트레일리아와 아메리카 원주민의 권리를 그 어떤 정치적 이념보다 소중히 여겼다. 그들은 켈리를 '샨테 와시데(착한 마음의 여자)'라고 부른다. "(켈리는) 쓰러진 나무의 말을 듣고 말을 거는 숲 속의 외로운 영혼입니다."

켈리의 녹색당은 '녹색 정치'를 지향했다. 그들은 메마른 독일 정치에 녹색 숲을 일구고자 했다. 부패-폭력-불평등 지수인 '사회학적 산소요구량(SOD)'을 낮춰 지구 살림을 구하고자 했다. "우리는 좌익도 우익도 아니다! 단지 최전선에 있을 뿐이다!"

그러나 불황과 실업에 대한 두려움은 핵무기의 위협보다 더 두렵다고 했던가. 유권자들은 녹색당에 의혹의 눈초리를 보내고 있었다. 녹색당은 토마토인가? 시간이 갈수록 붉어지는가? 그들은 녹색 외투를 입은 마르크시스트인가?

녹색당 내에서도 좌파에 속했던 켈리. 그녀는 당이 우경화 경향을 보이자 동지들과 자주 충돌했다. "개인적인 것이 바로 정치적인 것"이라며 당 지도부에 말과 행동의 일치를 요구했다. 그녀는 협상과 거래를 거부했다. 생명의 권리인 환경 문제를 놓고 타협할 수는 없었다. 켈리의 이상주의와 근본주의는 당내에서도 '다이애나 왕세자비 콤플렉스'라는 조롱을 샀다. 스스로 입지를 좁혔다. 대중의 관심에서도 멀어져 갔다.

1992년 마흔다섯의 나이로 의문의 죽음을 당할 당시 그는 당내에서 완전히 소외되고 있었다. 은둔 생활을 하다시피 했고 시신은 3주가 지나서야 발견됐다. 오랜 연인이자 정치적 동반자였던 전 나토군 사령관 게르트 바스티안만이 그의 곁을 지켰다. 켈리는 침대 위에서, 바스티안은 계단 위에서 총에 맞은 채 숨져 있었다. 경찰은 동반 자살로 추정했으나 의문은 남았다.

독일 뷔르츠부르크에 있는 켈리의 묘비는 스산하기만 하다.

"내 무덤가에서 가던 길 멈추고 울지 말기를, 나는 이곳에 있지 않으며 잠들어 있지도 않으니……"

| 세스나기 모스크바 착륙 1987년 5월 28일 |

크렘린의 불청객

"소련의 대기 및 대외협력 차관이 쾰른 부포너 비행을 행할까,
소련 최고회의 대의원직 취임하겠다. 독 서 관리와 관심이 많아라.
"핵력 해소를 위해 민간 상징적인 행동이 필요하다!"

"붉은 광장에는 사람이 너무 많았다. 아예 크렘린 궁 안으로 들어갈까
생각했지만 여의치 않았다. 그러나 어떻게든 공개적인 장소에 비행기를
내려야 했다. KGB가 두려웠다……."

구소련이 아직 '악의 제국'이던 1987년 5월 28일. 미하일 고르바초프의
페레스트로이카(개혁)와 신사고(新思考) 외교가 막 시동을 걸고 있던 때
에 불청객이 날아들었다.

독일의 열아홉 살 청년 마티아스 루스트가 세스나 경비행기를 몰고 '철
의 장막'을 넘어 모스크바 심장부에 꽂힌 것이다. 그는 보란 듯이 붉은 광
장을 세 번이나 선회한 다음 크렘린 궁 담장 밖에 사뿐히 내려앉았다. 세
계 언론은 "소련의 방공망이 아마추어 비행사의 저공비행
에 뚫렸다"고 대서특필했다. 더욱이 그날은 마
침 소련 국경 수비대 창립 기념일이었으
니. 이 사건으로 국방 장관과 방공 사령
관이 파면되었다.

그러나 소련 방공 사령부가 루스트를
놓친 것은 아니었다. 소련 영공에 진입하
기 훨씬 전 비행기는 레이더에 포착됐고
소련 전투기가 두 차례나 출격했다.

그런데 왜 요격하지 않았을까? 4년 전 악몽 때문이었다. 1983년 9월 소련은 항로를 이탈한 대한항공 007 여객기를 격추시키는 바람에 거센 국제적 비난에 휘말렸던 것이다. 이때 중국까지 나서 "비무장 민간 항공기에 대한 미사일 공격은 용서할 수 없는 만행"이라고 규탄했다.

루스트는 체포돼 4년형을 선고받고 독방 생활 432일 만에 풀려났다. 《프라우다》는 루스트의 배후에 누군가 있다며 "소련과 서독의 관계를 파국으로 몰아넣기 위해 '자살 공격'을 시도했을 가능성이 있다."라고 썼다.

서독 정부의 공식 발표를 그대로 옮기자면, 루스트는 대체 왜 이처럼 "어처구니없고 무모한 비행"을 감행했을까?

그는 정치적으로 예민한 젊은이였다. 동서 관계에 관심이 많았다. 1986년 10월 아이슬란드의 레이캬비크에서 열린 미·소 정상회담은 그를 흥분시켰다. 냉전 해소를 위해 뭔가 상징적인 행동이 필요하다!

레이캬비크 정상회담은 고르비가 훗날 그 회담이 있었기에 오늘날 세계의 평화가 있다고 말했던 역사적 회담이다. 루스트는 2002년 영국 《가디언》과 인터뷰에서 "나의 비행은 고르비가 군 강경파를 제거할 수 있는 계기가 되었다"고 의미를 부여하기도 했다.

고국으로 돌아온 루스트는 어두운 시간을 보냈다. 그를 보는 주위의 시선은 곱지 않았다. 집안에서 칩거하다시피 지내던 그는 1989년 불명예스러운 사건으로 다시 뉴스를 탄다. 병원 탈의실에서 간호사에게 키스를 하려다 거부당하자 그만 칼부림을 하고 만 것이다. 5년형을 선고받았으나 5개월 만에 풀려났는데 정신 감정을 맡은 의사의 소견 때문이었다.

"정상은 아니다!"

| 「모나리자」 도난 사건 · 1911년 8월 21일 |

'매 맞는 아내'의 미소?

안개가 낀 듯 흐릿하게 피어나는 모나리자의 미소.
그 알 듯 모를 듯한 미소는 신비다. 마법이다.

1911년, 「모나리자」의 무단 외출(?)에 유럽이 발칵 뒤집혔다. 감쪽같이 그림이 사라지자 루브르 박물관 측은 적잖이 당황했다. "차라리 노트르담 사원의 탑을 훔치는 게 수월할 거요!"라며 철통 같은 보안을 장담했던 박물관이 아니던가. 박물관 측은 도난 사건을 상상도 할 수 없었던지 하루가 지나서야 그 사실을 눈치 챘다.

신문은 연일 대서특필했고 그때만 해도 다른 르네상스 걸작에 가려 있던 「모나리자」의 명성은 높아만 갔다. 일주일 뒤 박물관이 다시 문을 열자 수많은 인파가 몰려 「모나리자」의 빈 자리를 지켜보았다. 그 앞에는 관람객들이 놓고 간 꽃다발이 수북했다.

대체 누가 왜 훔쳤을까? 루머가 난무했다. 프랑스는 버릇처럼(?) 독일을 의심했다. "프랑스의 국가적 자존심을 깎아내리기 위한 독일의 음모다!"라고 했다. 또 청소 작업을 하다 그림을 손상시킨 박물관 측이 꾸민 자작극이라거나, 가짜 「모나리자」를 팔아먹기 위한 사기꾼들의 알리바이용 절도라는 소문도 돌았다.

장물 취득 전과가 있는 시인 기욤 아폴리네르가 범인으로 몰렸고, 파블로 피카소도 공범으로 심문을 받았다. 이태 뒤에야 범인은 루브르 박물관에서 인부로 일한 적이 있던 이탈리아 화가로 밝혀졌다. 피렌체의 한 골동품상에 그림을 넘기려다 덜미가 잡힌 그는 당당했다. "나폴레옹이 조국에서 탈취해간 그림을 되찾았을 뿐"이라고 맞섰다. 정작 그림을 프랑스 왕에게 팔아넘긴 이는 레오나르도 다빈치였는데 말이다.

사람들은 왜 「모나리자」에 홀리는가. 안개가 낀 듯 흐릿하게 피어나는 「모나리자」의 미소. 그 알듯 모를 듯한 미소는 신비다. 마법이다. 억제된 도발이다.

그 미소의 정체는 뭘까? 백만장자의 후처였던 그림의 실제 모델이 남편의 부음을 듣고 내놓고 기뻐할 수 없었던 야릇한 표정인가? 아니면 단지 치통 때문일까?

「모나리자」의 눈썹은 안 그린 것인가, 못 그린 것인가? 다빈치의 전기를 쓴 바사리는 눈썹을 채 그리지 못한 그림이 "4년 미완성"이라고 하지만, 이마가 넓어 보이게 하려고 일부러 눈썹을 뽑았다는 얘기도 전한다.

모델에 대해서도 설이 구구하다. 손목이 부어 있다고 해서 임신 중이라는 진단(?)도 있고, 앞니가 없고 입술 부위에 상처가 있어 매 맞는 아내라고 추정하기도 한다. 다빈치 자신이 모델이라고도 한다.

프랑스의 전위 화가 마르셀 뒤샹은 「모나리자」의 복제화에 콧수염과 턱수염을 그려 넣기도 했다. 제목은 외설스러웠다. 「그녀는 뜨거운 엉덩이를 가졌지」. 원작자인 다빈치의 동성애 성향에 양성애자인 자신의 성 정체성을 빗댄 것이었다. 그러고도 성에 안 찼는지, 뒤샹은 만년에 수염을 깎아(?) '면도한 모나리자'도 선보인다.

세계 미술사상 하나의 그림이 이토록 찬사를 받은 적이 있었던가. 예이츠, 고티에, 쥘 베른, 서머싯 몸, 앙드레 지드, 오스카 와일드 등 내로라하는 문호들이 이 그림에 몰입했다. 「모나리자」는 광고와 팝의 세계에도 손을 뻗쳐 대중문화의 아이콘으로 자리 잡은 지 오래다. 1990년 이탈리아 월드컵 때 축구공을 든 모나리자는 대회의 상징이었다.

「모나리자」는 이제 사이버 공간의 여왕으로 군림한다. 휘하에 10만 개가 넘는 웹 사이트를 거느리고 있으니 말이다. 모나리자의 관능은 실로 시간을 초월한다.

| 간디의 소금 행진 · 1930년 4월 6일 |

위대한 영혼

간디는 갔지만 세상은 천 년 후에도 그 빛을 보게 될 것이다.
—— 자와할랄 네루

"인도(印度)는 정신과 자연의 몽상적 통일"(헤겔)이라고 했던가.

다인종 다언어 다종교의 나라 인도. 백인은 물론이고 오스트랄로이드(호주 원주민), 몽골로이드, 니그로이드가 공존하는 땅. 18개 언어와 800여 방언이 쓰이는 곳. 그러나 여기에서도 지폐는 마하 트마(위대한 영혼) 간디가 인쇄된 것만이 통용된다. 모한다스 카란찬드 간디, 그는 인도의 '바푸(아버지)'요, '인도다운 것의 총화'인 까닭이다.

성서와 불경의 가르침에서 비폭력은 낯선 것이 아니지만, 오로지 진리의 힘으로 '역사의 칼날'을 쥐었던 근대적 인간은 그가 유일하다.

인류를 자비의 무한한 대양에 떠 있는 물방울에 비유했던 간디. 그가 있었기에 20세기를 전후한 야만과 광기의 시대는 증오를 넘어선 민족주의 운동이라는 희귀한 역사적 사건을 목격할 수 있었다.

1930년 4월 6일. 인도 서부 던디 해변은 간디와 그를 따르는 수천 명의 인도인들로 까맣게 뒤덮였다. 그들은 영국 식민 당국의 염세(鹽稅) 부과에 맞서 직접 소금을 만들고자 바닷가로 몰려왔다.

350킬로미터에 이르는 '소금 행진'은 고단했다. 무수한 곤봉 세례가 쏟아졌지만 이들은 팔 한 번 들지 않고, 아무 저항 없이, 피를 흘리며 쓰러져 갈 뿐이었다. 마침내 이들이 목적지에 이르렀을 때 영국 경찰은 소금밭을 진흙으로 짓뭉개는 것 외에 달리 할 일이 없었다. 무엇도 그들의 의지를 꺾을 수는 없었으니.

사티아그라하(진리 투쟁)! 아힘사(비폭력)!

그것은 정복자 영국에 대한 도도하고 신랄한 저항이었다. 간디는 참으로 위험하고 불편한 적(敵)이었다. 간디는 호소했다. "이 고통 받는 세계에 비폭력이라는 좁고 곧은 길 이외에는 희망이 없다."

테러와 '테러에 대한 테러'의 시대에 간디는 '인류의 바푸'로 거듭나고 있으니 그 울림은 크다. 1948년 그가 암살되었을 때 "간디는 갔지만 세상은 천년 뒤에도 그 빛을 보게 될 것"(자와할랄 네루)이라던 예언은 들어맞았다.

그러나 위대한 성자의 발자국에 이슬만 고인 것은 아니다. 간디에게서 그 신성의 두루마기가 벗겨졌을 때 인간 간디의 모습을 보며 우리는 차라리 안도한다고 할까. 그는 37세에 금욕을 선언했으나 정욕을 이기지 못해 괴로워했다. 스스로를 시험하기 위해 외손녀에게 잠자리를 함께 하자고 제의했다가 추문에 시달린다. 가족들에게는 매우 독선적이었다.

간디를 암살한 힌두민족주의자 나투람 고드세는 법정에서 "(간디는) 진리와 비폭력의 이름으로 헤아릴 수 없는 재난을 초래했다"며 "오직 그만이 모든 사람과 모든 사물의 절대적 재판관이 되어 버렸다"고 비판했다. 장장 5시간에 걸친 고드세의 최후 진술에 많은 방청객들은 눈물을 흘렸다고 한다.

그러나 간디는 절대선도 절대악도 믿지 않았다. 그의 위대함은 선과 악을 다른 얼굴의 하나, 바로 자기 자신으로 본 데 있었다. 그는 적을 미워하지 않았고 '돌아올 친구'로 여겼다.

　테레사 수녀는 말하지 않았던가. "내 안에 간디와 히틀러가 함께 있다……."

| 인간 게놈 프로젝트 발표 · 2000년 6월 26일 |

'신의 언어'를 읽다

유전자 성형 없이 태어난 '신의 아이들'과 유전자 성형으로 태어난 '인간의 아이들.'
누가 더 완전한가? 누가 더 인간적인가?

"인류는 신이 생명을 창조해 낸 언어를 배우고 있다!"(빌 클린턴)

2000년 6월 26일. 국제 공공 컨소시엄인 '인간 게놈 프로젝트(HGP)'와 미국의 민간 기업 셀레나 제노믹스가 유전자 염기 배열 지도를 발표했다. 인간이라는 생명 현상, 그 생물학적 정보의 총화인 게놈. 그 인간의 설계도면이 마침내 모습을 드러낸 것이다.

컴퓨터의 프로그래밍이 0과 1이라는 두 숫자의 조합을 통해 이루어지듯, 게놈은 30억 쌍에 이르는 네 가지 염기(A, C, G, T) 배열을 통해 유전자의 명령을 수행한다. 30억 개 글자로 쓰인 생명의 서(書)라고 할까. 사람의 생로병사에 관한 모든 정보가 여기에 담긴다.

세계는 "30억 년의 진화 끝에 하나의 난자를 어른으로 만들고, 무덤에까지 이르게 하는 비밀의 통로를 찾아냈다!"라며 흥분했다. 그러나 단지 30억 쌍의 염기 배열을 옮겨 적었을 뿐, 이제 이 암호문을, 이 난수표를 해석해야만 한다. 포스트게놈 시대의 과제다.

HGP의 책임자인 프랜시스 콜린스는 "덤불에서 바늘을 찾아내야 한다"는 말로 이 과업을 표현했다. 바늘은 덤불과 다르게 생겼지만 유전자는 다른 DNA와 똑같

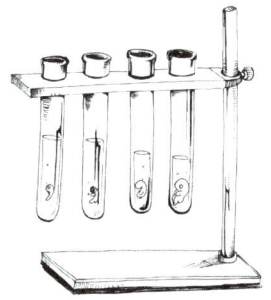

아 이를 가려내기는 더욱 어렵다. 이집트의 상형문자가 새겨진 로제타 석을 발견하고도 오랜 기간 판독하지 못했던 '스핑크스의 침묵기'에 들어간 것이다. 유전자 판독은 5년에서 30년 정도가 걸릴 것으로 보인다.

그런데 스핑크스가 침묵에서 깨어났을 때, 그것은 과연 인류의 축복일까?

한 가지는 분명하다. 그때가 되면 금단의 열매를 손에 쥔 인간은 어떤 식으로든 스스로의 유전적 운명에 개입하려 들 것이다. 이는 단지 질병을 치료하는 데 그치지 않는다. '맞춤 아기' 생산도 가능하고 '유전자 성형수술'도 가능하다. 유전자 차별은 필연적이다. 부와 함께 유전자도 세습될 것이다. 만일 유전적 엘리트 집단이 열등 집단을 지배하게 된다면?

자연은 진화의 힘을 빌어 35억 년에 걸쳐 인간 게놈을 고쳐 써 왔으니 인간이 자신의 유전자를 교정하는 것 역시 자연의 섭리일까?

과학은 궁극의 지점에 이르러 철학적인 질문에 직면한다. 인간의 자유의지는 존재하는가? 아니면 단지 유전적인 성향만 존재하는가? 양심과 영혼은 단지 유전자의 뜻일 뿐인가? 유전자 성형 없이 태어난 '신의 아이들'과 유전자 성형으로 태어난 '인간의 아이들.' 누가 더 완전한가? 누가 더 인간적인가?

인간은 끝내 생명의 유일한 몫인 죽음마저 거부하려 들 것이다. 인간이 생로병사에서 자유로워졌을 때에도 인류는 여전히 같은 종이라고 할 수 있을까?

마침내 인류는 유전자 지도라는 판도라의 상자를 열고야 말았다.

| 타이태닉 호 침몰 · 1912년 4월 14일 |

타이탄의 저주

"미 항공우주국이나 타이태닉을 만든 사람들은 아주 비슷하다.
새로운 기술이 열리면 스스로 거기에 도취되고 만다."
— 로버트 밸러드

1912년 4월 14일. 그날은 일요일이었다. 날씨는 맑았고 파도는 잔잔했다. 타이태닉 호의 승객들은 갑판에서 여유로이 일광욕을 즐기고 있었다.

빙산이 떠다니고 있으니 조심하라는 첫 무전이 들어온 것은 이날 아침이었다. 오후에는 불과 32킬로미터 떨어져 있던 캘리포니안 호로부터 수차례 경고가 날아들었다. 통신이 끊기기 직전 전문은 다급했다. "빙산에 둘러싸여 옴짝달싹도 할 수 없다." 그러나 선장 에드워드 스미스는 속도를 늦추라는 말은 끝내 하지 않았다.

그 무렵 대서양을 운항하는 여객선들은 속도 경쟁에 사활을 걸고 있었다. 어떻게든 예정된 시간까지 목적지에 돛을 내려야 했다. 빙산에 한눈을 팔 겨를이 없었다. 선장은 200만 마일 무사고 항해 기록을 갖고 있는 베테랑이었다. 배는 32노트의 엄청난 속도로 달렸다.

이날 밤 11시 40분. 승객들은 잠자리에 들 무렵 배의 옆구리에 뭔가 긁히는 듯한 가벼운 느낌을 받았다. 그리고 2시간 40분 후에 타이태닉 호는 완전히 가라앉았다.

초호화 여객선 타이태닉 호는 배수량이 46,329톤에 선체 길이만 272미터로서 보잉 747기 네 대를 나란히 연결해

놓은 것과 맞먹는다. 그야말로 타이탄이었다. 떠다니는 궁전이었다. 불침선(不沈船)임을 장담했다. 그러나 영국 사우샘프턴을 떠나 뉴욕으로 처녀항해에 나선 배는 어이없이 침몰했다. 승객 2,224명 가운데 1,515명이 수장됐다. 1912년 4월 14일 자정 무렵부터 다음 날 새벽 사이의 일이다.

배가 처음 빙산과 부딪쳐 생긴 틈새는 옷가지로도 틀어막을 수 있을 정도로 작았다고 한다. 3센티미터가 채 안 되었다. 승무원들이 침착하게 대처했더라면 구조선 카파시아 호가 도착할 때까지 두 시간 정도는 버틸 수 있었다. 무엇보다 화근은 빙산이 둥둥 떠다니는 최단 항로를 택한 데 있었다. 그 항로는 한 여름에만 배가 다니는 길이었다.

그런데 유달리 미신에 집착하는 뱃사람들이 왜 하필 타이태닉이라고 이름을 지었을까. 그리스 신화의 티탄(Titan, 타이탄)은 지옥 저 끝, 햇볕도 안 드는 깊은 연못 타르타로스에 갇히지 않았던가. 타이태닉의 최후는 타이탄의 저주였던가.

4,000미터 해저로 가라앉은 배는 73년이 지나서야 잔해가 발견된다. 1985년 9월, 미국의 해양학자 로버트 밸러드가 수중 음파 탐지기를 이용해 두 동강이 난 채 곧추 서 있는 타이태닉을 찾아냈다. 밸러드는 그 이듬해에 미국의 우주 왕복선 챌린저 호의 폭발 사고를 예견해 세상을 놀라게 했던 장본인이다. 최첨단 잠수정을 설계하기도 했던 그는 이렇게 말했다.

"미항공우주국(NASA)이나 타이태닉을 만든 사람들은 아주 비슷하다. 새로운 기술이 열리면 스스로 거기에 도취되고 만다……."

| 《프라우다》 창간 · 1912년 5월 5일 |

러시아의 '흘러간 노래'

신문은 정간될 수 있다. 그러나 진실은 결코 중단되지 않는다!

　러시아어로 '프라우다'는 진리를, '이즈베스티야'는 고지(告知)를 뜻한다던가.

　그러나 《프라우다》에는 진실이 없고, 《이즈베스티야》에는 뉴스가 없었다. 1950년 한국에서 6·25전쟁이 발발했을 때 소련 공산당 기관지 《프라우다》는 세기의 뉴스인 남한의 북침(?)을 1면도 아니고 3면에 어정쩡하게 게재했다. 정부 기관지 《이즈베스티야》는 4면에 보일락 말락 처리했다. 세계가 아는 뻔한 거짓말을 쓰는 게 못내 쑥스러웠을까. 아니면 '평화를 수호하는' 사회주의 진영의 침략 행위에 당황한 것일까.

　서방 세계가 철의 장막을 들여다보던 유일한 창, 《프라우다》.

　1912년 5월 레닌에 의해 지하 신문으로 창간된 《프라우다》는 한때 발행 부수가 1000만 부를 웃돌았다. 공산당 공식 기관지로서 특혜와 절대적 권위를 누렸다. 그 창간일인 5월 5일은 러시아의 신문의 날이다.

　《프라우다》는 아이러니컬하게도 '거짓'을 읊던 시절에는 번창했으나, '진리'의 대변자를 자처하면서부터 까물까물해진다.

　1991년 소 연방 해체 이후 러시아 언론은 보수 일색으로 바뀌었다. 옐친을

등에 업고 부를 키운 신흥 재벌들은 언론에 손을 뻗쳤다. 당시 미국의《포브스》가 선정한 세계 200대 부호에 낀 러시아 재벌 총수 여섯 명이 언론사 사주였다.

　1996년 러시아 대통령 선거를 앞두고 이들이 스위스의 휴양 도시인 다보스에서 머리를 맞댔다. 옐친의 재선을 돕기로 뜻을 모았다. 스탈린 시대의 악몽을 되살리는 영화가 매일 저녁 전국의 안방을 찾아가 레드 콤플렉스를 자극했다. 공산당은 선거 기간 내내 단 1초도 텔레비전 광고를 내보낼 수 없었다. 노골적인 옐친 편들기였다. 이렇게 해서 선거 초반 우세를 보이던 겐나디 주가노프 공산당 후보는 역전패를 당하고 만다.

　러시아의 편파 보도는 세계의 비웃음을 샀다. "오른쪽 눈으로만 세상을 보지 말라"는 독자들의 항의가 빗발쳤다. 러시아의 정-경-언 유착은 노골적이다. 이전에 언론이 '공산당의 입'이었다면 이제는 '자본의 개'가 되었다. "언론은 기업의 무기요, 언론인은 기업주의 사병(私兵)"이라는 탄식이 흘러나왔다.

　그 와중에 자유 언론(?)의 기치를 내건 신문이《프라우다》였다. 1996년 대선 때에는 홀로 공산당 편에 섰다. 그러나《이즈베스티야》는 슬쩍 입장을 바꿨다. 1면에 '주가노프는 과연 믿을 만한가?'라는 헤드라인을 뽑았다.《이즈베스티야》는 불확실한 시대의 진리에 집착하기보다 뉴스를 고지하는 데 충실하고자 했고, 러시아 최고의 유력지로 성장했다.

　반면《프라우다》는 완고했다. 1991년 8월 강경 보수파의 쿠데타가 불발로 그친 이후, 불온 언론으로 찍혀 수차례 정간과 복간을 거듭했으나《프라우다》는 의연했다. "《프라우다》는 정간될 수 있다. 그러나 결코 진실은 중단되지 않는다!"

　신문은 줄기차게 "시대가 레닌을 다시 부른다"며 흘러간 노래를 불렀다.

그《프라우다》는 지금 어찌 되었는가.

형체조차 알아볼 수 없는 지경이 되고 말았다. 저마다 후예를 자처하는 대여섯 개 군소《프라우다》가 난립해 볼썽사나운 이전투구를 벌이고 있으니…….

역사의 격동기에《프라우다》는 변화를 거부했고, 그 대가는 쓰라렸다.

| 오스트리아 황태자 부부 피격 · 1914년 6월 28일 |

사라예보의 총성

당시 유럽은 지뢰의 인입선이 거미줄처럼 깔려 있었다.
언제 어디서 폭발할지 모르는 아슬아슬한 형국이었다.
특히 발칸은 바람이 거셌다.

그대 모습 보일 때 천국은 열리고
그대 모습 사라지면 지옥이 보이네
사랑에 애타는 이 가슴은
오늘도 찾아 헤맨다, 사라예보를…….
— 「안녕 사라예보」

    유럽의 화약고 발칸에서도 한가운데에 위치한 보스니아의 '눈' 사라예보. 사라예보는 20세기의 시작과 함께 붉게 타올랐다.
    1914년 6월 28일, 사라예보에 두 발의 총성이 울려 퍼졌다. 스무 살 먹은 세르비아 애국 청년이 발사한 탄환은 이곳을 방문 중이던 오스트리아 황태자 페르디난트 부부의 가슴에 명중했다. 황태자비는 임신 6개월이었다.

저격범 가브릴로 프린치프는 세르비아 민족주의 비밀 결사인 '검은 손' 단원이었다. 이 열렬한 슬라브주의자는 처음에는 기회를 놓치는 듯했다. 황태자 주변 경비는 삼엄했고 군중의 프린치프가 틈을 뚫고 사정거리에 접근했을 때는 이미 차량이 지나간 뒤였다.

그러나 천우신조였을까. 길을 잘못 든 차량은 서서히 후진해 마침 품에서 권총을 매만지고 있던 프린치프의 바로 앞에 멈춰 섰으니. 현장에서 체포된 프린치프를 포함해 '암살자 그룹 30인'이 검거된다. 오스트리아로 끌려간 프린치프는 혹독한 고문을 받고 처형도 되기 전에 옥사하고 말았다.

당시 유럽은 지뢰의 인입선(引入線)이 거미줄처럼 깔려 있었다. 언제 어디서 폭발할지 모르는 아슬아슬한 형국이었다. 특히 발칸은 바람이 거셌다. 오스트리아와 러시아가 발칸의 종주권을 놓고 날카롭게 대립한 가운데 제1차 세계 대전의 초침은 이미 째깍거리며 돌아가고 있었다. 암살 사건이 터지자 오스트리아는 기다렸다는 듯 눈엣가시인 세르비아를 쳤다. 세르비아와 같은 슬라브 족인 러시아가 가만있을 리 없었다. 그러나 오스트리아 뒤에는 같은 게르만 족인 독일이 버티고 있었다. 독일이 "러시아가 개입하면 우리도 개입한다"고 하자 러시아와 삼국 협상을 맺은 프랑스와 영국이 나섰고, 유럽은 일시에 전쟁의 소용돌이에 휘말린다.

황태자 피살은 단지 구실이었다. 유럽 열강들은 단지 전쟁 명분을 찾고 있었다. 발칸에서 한번 방아쇠가 당겨지자 유럽은 세계 대전의 불바다에 휩싸이고 말았다. 사 년 반 동안 6000만 젊은이가 전쟁터에 끌려가 900만 명이 사망했다. 프랑스와 헝가리에서는 성인 남자 다섯 명 가운데 한 명이 전사했다. 이 전쟁에서 기관총과 전차, 잠수함이 처음 선보였고 독가스가 살포돼 수십만 명이 몰살됐다.

제1차 세계 대전은 승자에게 정의의 휘장을, 패자에게는 야만의 낙인을 씌웠으나 본질은 '제국의 충돌'이었다. 식민지 부풀리기에 혈안이 돼 있던 20세기 제국주의는 마치 암세포와도 같았다. 제국주의는 종국에는 스스로를 겨누었다.

| 사이공 함락 · 1975년 4월 30일 |

금괴 소리

"베트남 전쟁은 외국인들이 펴놓은 멍석 위에서 벌인 동족 상잔이었다.
100년 뒤에 그 전쟁을 돌아본다면 우리는 얼마나 부끄러울 것인가."

"미국은 자기들이 하고 싶지 않은 일을 우리에게 떠맡기고 도망쳤다!"

1975년 4월 21일. 남베트남 최후의 대통령 구엔 반 티우는 베트남에서 철수하는 미군을 향해 맹렬한 비난을 퍼부었다. 그러고는 허겁지겁 미군이 마련한 군용기에 몸을 실었다.

티우를 수행한 CIA 요원은 그의 트렁크를 옮길 때마다 금속이 부딪치는 소리를 들어야 했다. 금덩이가 한쪽으로 쏠릴 때 나는 소리였다. 티우와 금괴 2톤을 실은 미군기는 첫 망명지인 대만으로 날았다.

그는 이란의 팔레비나 필리핀의 마르코스에 앞서 스위스 은행에도 비밀 계좌를 만들어 놓고 있었다.

호치민의 북베트남이 디엔비엔푸 전투에서 프랑스군을 격퇴함으로써 스스로 식민주의 사슬을 끊은 게 1954년. '도미노 이론'의 헛것에 쓰인 것일까. 미국은 기다렸다는 듯 프랑스의 바통을 이어받아 베트남에 끼어들었다. 미국은 남베트남에 고 딘 디엠 대통령을 데려다 놓았다. 친미파 디엠은 호치민의 대항마 격이었으나 역부족이었다.

프랑스 식민지 시절 잘나가던 가톨릭 엘리트와 군부, 지주, 경찰이 다시 제 세상을 만난 듯 설쳐댔고 국민들의 원성은 높아만 갔다. 1963년 티우 일당이 군사 쿠데타를 일으키자 케네디 정부는 이를 묵인할 수밖에 없었다. 아니, 부추겼다. 디엠으로서는 도저히 승산이 없었던 거다. 그러나 케네디

는 후에 이를 후회했다고 한다. "우리는 그것(쿠데타)에 동의하지 말았어
야 했다. 디엠을 살해한 방식은 혐오스러웠다." 그 케네디가 암살된 게 불
과 그 18일 후의 일이다.

티우 정권이 출범하면서 미국의 존슨과 닉슨 행정부는 베트남의 수렁에
깊숙이 빠져들었다. 그러나 미국의 막대한 지원도 티우 정권의 부정부패
와 무능만은 어쩌지 못했으니.

1975년 4월 30일, 마침내 사이공이 함락된다. '미국의 세기'라는 20세기
의 일대 치욕이었다. 5만 8000여 명의 미국인과 수백만 명의 베트남 인민
이 희생됐다. 비극적이고 소모적인 전쟁이었다. 미국은 베트남에 1400만
여 톤의 폭탄을 퍼부었다. 제2차 세계 대전 당시 미국이 세계 전역에서 뿌
린 양의 두 배였다.

미국의 입장에서 베트남 전쟁의 최대 딜레마는 도덕적 모호성이었으나,
통일 베트남의 입장에서 보면 그것은 바로 도덕성의 승리였다. 호치민의
청빈함은 민중의 추앙을 받았고 그들의 지지를 이끌어냈다. 1969년 그가
숨졌을 때 남긴 것이라고는 누옥 한 채와 20여 권의 책, 타자기 한 대가 전
부였다. 북베트남의 호치민과 인민들이 습기 찬 정글에서 감자와 밀떡을
먹으며 어둠을 응시하고 있을 때, 남베트남의 고관들과 미군장성들은 사
이공의 대통령 궁에서 무도회를 즐기고 있었다.

역사는 이따금 소극(笑劇)을 연출한다던가.

2004년 1월 남베트남이 패망하자 부랴부
랴 미국으로 망명했던 구엔 카오 키 전
부통령이 30년 만에 고국 땅을 밟았다.
공산 베트남 정부가 내준 관광 비자를
받아들고서였다. 티우와 짝을 이뤘던 이

열혈 반공 투사는 '전향서'에 이렇게 썼다.

"베트남 전쟁은 외국인들이 펴 놓은 멍석 위에서 벌인 동족 상잔이었다. 100년 뒤에 그 전쟁을 돌아본다면 우리는 얼마나 부끄러울 것인가."

| 바티칸 시국 독립 · 1929년 2월 11일 |

신성 로마 제국의 부활?

"로마 교황실은 정치적 의견을 피력하는 데 그치지 않고
이를 추진하고 관철시켜 왔다."
— 칼 번스타인

1982년 6월, 교황 요한 바오로 2세는 로널드 레이건 미국 대통령과 바티칸 도서관에서 머리를 맞댔다. 폴란드에서 공산주의를 어떻게 할 것인가를 논의하는 자리였다. 공산 치하의 폴란드는 당시 계엄령 선포와 검거 선풍으로 잔뜩 얼어붙어 있었다.

얼마 뒤 자유 노조 지도자 레흐 바웬사가 감금에서 풀려났고, 그는 신부들에게서 바티칸과 미국의 전략을 전해 들었다. 이때부터 자유 진영의 자금과 정보가 그에게 물밀듯이 흘러 들어오기 시작했다. 레이건 행정부의 안보담당 보좌관 리처드 앨런은 이들 정교(政教) 수장의 회동을 "인류 역사상 최대의 비밀 동맹"이었다고 회고한다.

1986년 2월 코라손 아키노와 독재자 마르코스가 맞붙었던 필리핀 대통령 선거. 입후보자 등록 하루 전날, 하이메 신 추기경은 아키노와 역시 야당 후보로 출마한 라우렐을 불러들여 후보 단일화를 종용했다. 라우렐은 눈앞이 캄캄했으나 거역할 수 없었다.

워터게이트 사건을 파헤친 칼 번스타인은 로마 교회가 동유럽의 정치 혁명에 깊숙이 개입하면서 바티

칸 외교의 새 장을 열었다고 분석한다. "로마 교황청은 정치적 의견을 피력하는 데 그치지 않고 이를 추진하고 관철시켜 왔다!"

프랑스 대혁명의 기나긴 장정은 교회의 입김을 세상 밖으로 몰아내려는 안간힘이었다. 그러나 중세의 절대 군주와 귀족 계급은 몰락했으나 교회는 여전히 힘을 잃지 않고 세속에 간섭해 왔다. 교회의 날개는 결코 꺾이지 않았다.

1989년 공산권 몰락 이후 로마 교황청은 이들 지역에 화해의 손길을 내밀며 새로운 헤게모니의 세계지도를 그려 왔다. 사회주의 이념의 빈자리는 종교적 열정으로 채워진다. 로마 가톨릭의 동진(東進)이랄까.

그 선봉에 교황 요한 바오로 2세가 있었다. 공산주의와 자본주의, 프로테스탄과 동방 정교회. 그는 정치적인 동시에 종교적이고, 세속적이면서 동시에 영적인 양면 정책으로 세계의 '분리된 형제들'을 껴안았다. "시민사회의 권력은 도덕적 승복을 수반하는 동의의 토대 위에서 정당성이 확보된다."(그람시)라고 했던가. 신도들의 영적인 세계를 다스리는 교회 권력은 그 가장 굳건한 토대 위에 서 있다.

마르크시즘은 조직과 자금면에서도 교회에 열세다. 이런 우스갯소리가 있다. "우선 조직을 봐. 교회는 일주일에 한번씩 전당 대회를 치르는데 무슨 수로 당해 내겠어? 자금도 그래. 일주일에 한번씩 당비를 갹출하잖아!"

또한 '하느님의 지하 조직'은 지구상의 모든 사제와 수녀, 수도승들을 거느리고 있다. 그것은 가장 효과적이고 광범위한 스파이망이다. 레이건 행정부에서 국무장관을 지낸 알렉산더 헤이그는 "바티칸의 정보는 모든 면에서 미국보다 빠르고 탁월했다"며 혀를 내두른다.

1929년 파시스트 무솔리니와 손을 잡고 바티칸 시국(市國)으로 독립한 로마 가톨릭 교회. 파시즘과 로마 교황청은 서로를 필요로 했다. 교황청은 가톨릭을 부정하는 공산주의와 맞서야 했고 파시즘은 자유주의자들을 적으로 두고 있었다. 무솔리니는 가톨릭을 이탈리아의 국교로 인정하고 중등학교에서도 종교 교육을 실시하도록 했다. 대신 교회는 파시즘의 광기에 침묵으로 일관했다. 나름의 정치적 신의였다.

바티칸은 지금 신성 로마 제국의 부활을 꿈꾸고 있는지 모른다. 어쩌면 앞으로 등장할지도 모르는 세계 정부의 중심에 교회가 서는 것이 목표인지도 모른다. 2000년 요한 바오로 2세가 지난날 교회가 다른 종교에 저지른 과오에 대해 사죄했을 때, 세계의 반응은 떨떠름했다. 일부에서는 세계 주요 종교와의 싸움에서 주도권을 잡기 위해 바티칸이 거짓된 안도감을 심어 주는 것 아니냐는 의구심을 내비쳤다.

용서와 화해를 구하는 교황에게서 이들은 '질투하는 신 여호와'를 보았던 것이다.

| 뉴딜 정책 · 1933년 3월 3일 |

루스벨트의 웃음

"미국은 민주주의의 거대한 무기고가 되지 않으면 안 된다!"
—— 루스벨트

"부유한 사람들을 더욱 부유하게 하는 것이 아니라, 가난한 사람들을 풍요롭게 하는 것이 바로 진보의 기준이다."

'잊혀진 사람들을 위한' 뉴딜. 1933년 3월 프랭클린 루스벨트 미국 대통령은 취임하자마자 뉴딜에 시동을 걸었다. 100일 의회로 불렸던 특별 의회에서 일사천리로 개혁 입법이 이루어졌다.

그러나 뉴딜은 전혀 새롭지 않았다. 그것은 구대륙에서 한 세대 넘게 익히 알려진 사회 경제적 개혁안이었다. 시어도어 루스벨트나 우드로 윌슨 대통령의 진보주의 시대로의 회귀였다. 자유 방임으로부터 자본주의의 궤도 이탈, 그 장기적 추세의 정점이었다.

문제는 속도였다. 수많은 개혁 법안들이 성급하게 작성되고, 허약하게 집행됐으며, 서로 충돌했다. 효율성에 의문을 남겼다. 이때 만들어진 상당수 법안들은 훗날 위헌 판정을 받는다.

루스벨트 재임 2기에 뉴딜은 더욱 과격해졌으나 공황을 중단시키지는 못했다. 경기는 회복 기미를 보이는 듯 했다. 그러나 1938년에 실업자 수는 다시 1000만 명을 웃돈다. 대공황을 자초했던 전임 대통령(허버트 후버)은 "갓 살아나기 시작한 경기가 혼란스러운 개혁 정책으로 뒷걸음치고 있다"고

항의했다.

뉴딜의 '실험'은 한계를 드러내고 있었다. 농민들에게 보조금을 주고 감산을 유도하고자 농업 조정법을 입안했으나, 막상 시행 단계가 되자 농작물은 다 자라 있었다. 그러자 정부는 이 풍요로운 수확물을 모두 갈아엎도록 권장했다. 돼지 600마리가 도살되기도 했다. 당시 헨리 월러스 농무장관의 말대로 그것은 "우리 문명이 겪은 가혹한 시련"이었다.

그러나 루스벨트에게는 천운(?)이 따랐다. 1939년 독일의 히틀러가 제2차 세계 대전의 포문을 열면서 빈사지경의 미국 경제에 전쟁 특수의 단비가 내렸다. 공장들이 막대한 양의 군수 물자를 쏟아냈고 1000만 실업자는 방위 산업 분야로, 군 입대로 제 갈 길을 갔다. 루스벨트는 "미국은 민주주의의 거대한 무기고가 되지 않으면 안 된다!"라고 독려했다. 뉴딜은 경제적 처방이면서 동시에 정치적 레토릭이었다.

뉴딜의 성공은(만약 그것을 성공이라고 한다면) 루스벨트의 정치력 없이는 불가능했다. 그의 리더십은 '전염성을 가진 낙관주의'로 요약된다. 그는 국민들에게 신뢰를 감염시키는 데 탁월한 지도자였다. 모두가 흔들릴 때 '행동'을 보여 주었다. 전 세계가 2차 세계 대전의 화염에 휩싸여 있던 1941년 크리스마스 이브. 그는 경호실의 반대를 무릅쓰고 백악관의 크리스마스 트리를 점등하도록 지시했다. 그는 성탄 전야의 아름다운 밤을 선사함으로써 미국인들이 무엇을 위해 싸우고 있는지 보여 주고 싶었다. 자유와 민주주의의 햇불이 꺼지지 않도록 하는 것, 그것이 전쟁의 목적임을 알리고자 했다.

휠체어에 몸을 싣고서도 환한 웃음을 잃지 않았던 루스벨트. 미국인들은 그에게서 빛을 보았고 희망을 일궈 냈다.

| 게르니카 공습, 1937년 4월 26일 |

하늘이 뚫리다

"게르니카 앞에서는 아무도 입을 떼지 않는다. 그저 뚫어지게 바라볼 뿐이다. 고통은 그 한계를 넘으면 도무지 표현할 수가 없다."

"하나의 그림은 생명체와 같아서 자신의 삶을 산다"고 했던가.

현대 회화의 거장 파블로 피카소의 「게르니카」가 바로 그러하다. 나치 독일의 살육을 고발한 이 작품은 스페인 내전 당시 '지구상에서 가장 평화로운 마을'에서 일어난 전쟁의 비극을 캔버스에 불러낸다.

1937년 4월 26일. 스페인 북부 바스크 지방의 '하늘이 노출된' 도시 게르니카. 군사 목표물이 없었으니 방공망(防空網) 또한 없었다. 나치 독일의 최정예인 콘도르 부대 폭격기 43대가 네 시간에 걸쳐 폭탄 50톤을 쏟아 부었다. 극우 파시스트 프랑코를 지원하기 위함이었다. 신무기의 성능을 실험하고자 함이었다. 폭격으로 전체 주민의 3분의 1에 이르는 1,500여 명이 숨지고 가옥 80퍼센트 이상이 파괴되었다.

조국의 비보를 접한 피카소는 미친 듯이 붓을 놀렸다. 대작 「게르니카」는 3주 만에 완성됐다. 죽은 아이를 부여안고 울부짖는 여인, 창에 찔려 날뛰는 말, 부러진 칼……. 현실 세계가 갈가리 찢겨 나간 큐비즘의 4차원 공간에 그 처절한 참상을 담았다. "「게르니카」 앞에서는 아무도 입을 떼지 않는다. 그저 뚫어지게 바라볼 뿐이다. 고통은 그 한계를 넘으면 도무지 표현할 수가 없다." 고통과 두려움은 게르니카의 고요에 묻히고 만다.

서방 언론은 일제히 독일의 만행을 규탄하고 나섰다. 베르사유 조약의 사슬을 끊고 부활한 독일 제국에 대해 세계적 적대감을 고취시키고자 함이었다. '잠재적 연합국'의 정치 공세였다. 그러나 언론 보도는 독일에 대한 분노에 앞서 한 도시를 초토화시킨 독일 공군에 대한 두려움을 심어 주었다. 런던과 파리의 시민들은 '제2의 게르니카'에 대한 불안에 떨어야 했다. 제2차 세계 대전 직전까지 영국과 프랑스의 대 독일 유화정책은 그 소산이었다.

게르니카 폭격은 전쟁의 개념을 바꾸어 놓았다. 더 이상 후방도 없고, 더 이상 민간인도 안전할 수 없는 무차별 대량 살상이 시작된 것이다. 미국의 《뉴욕 타임스》는 "그 맹목성이 가히 '공습 테러' 수준"이라고 썼다. 반인류적 범죄라 할 이 공습 테러는 불과 몇 년 후 일어난 2차 세계 대전에서 수시로 출몰한다. 독일의 런던 대공습과 독일 산업 도시에 대한 연합군의 파상 공습이 그러했고, 중일전쟁 때 일본의 난징 대학살이 그러했다. 그 일본에 대한 원폭 투하는 극단적인 예다. 아프가니스탄과 이라크에서 미국은 또 어떠했던가.

'맹목'이라는 20세기 전쟁의 이 새로운 야만성은 한반도에서도 예외가 아니었다. 전쟁의 재앙에 유난히 민감했던 피카소는 6·25 전쟁을 소재로 「한국에서의 학살」(1951)과 「전쟁」(1952)을 그리기도 했다.

공산당에 가입하고 스탈린 평화 훈장을 받았던 피카소. 그의 반미적 성향 때문이었을까. 「한국에서의 학살」에서 기계 같은 느낌을 주는 중무장한 군인들은 다름 아닌 미군이었고, 「전쟁」은 더글러스 맥아더의 압록강 공격을 겨냥하고 있었다.

| 골든게이트 브리지 완공 · 1937년 5월 27일 |

금조金鳥의 나래를 펴다

20세기 초만 해도 그것은 건설이 불가능한 다리였다. 엔지니어링의 귀재 스트라우스가 없었다면 태어날 수 없는 다리였다. 수명이 얼마나 가겠느냐는 질문에 그는 이렇게 답했다. "영원입니다……"

"샌프란시스코에 갈 때는 머리에 꽃을 꽂는 걸 잊지 마세요."

1960년 후반 유행했던 스콧 매킨지의 「샌프란시스코」. 이 도시를 배경으로 한 영화 「더 록」에서 무기수 숀 코너리가 흥얼거리던 노래다.

샌프란시스코는 아름다운 도시다. 숲과 바다가 어우러진 골든게이트 파크, 꼬불꼬불 끝없이 이어지는 롬바드 꽃길, 야경이 아름다운 소살리토, 연인들의 데이트 코스 프레시디오……. 또한 샌프란시스코는 언덕과 전차, 그리고 안개의 도시다. 인공과 자연이 완벽한 조화를 이룬다. 석양녘 금빛으로 빛나는 금문교(金門橋)가 있어 샌프란시스코는 더욱 아름답다. 이른 아침 물안개가 피어오르면 다리는 구름 위에 떠올라 금조(金鳥)의 나래를 편다.

금은 샌프란시스코의 상징이다. 1848년 새크라멘토 부근에서 금 노다지가 발견돼 골드러시를 불렀다. 그래서 캘리포니아 주의 별칭이 금문주(金門州)이고, 샌프란시스코만 해협은 금문해협이며, 다리 이름도 금문교다.

총연장 2825미터인 강철 현수교 골든게이트 브리지. 양쪽의 케이블을 지탱하고 있는 탑의 높이는 63빌딩 높이와 맞먹는 227미터, 다리 중심부는 해수면에서 70미터 높이에 떠 있다. 다리 밑으로 비행기가 지나가고, 수심이 깊어서 대형 선박이 유유히 통과한다. 시속 160킬로미터의 강풍을 견디고 리히터 지진계 8.9도의 강진에 버티도록 설계됐다.

금문교는 20세기 초만 해도 '건설이 불가능한(unbuildable)' 다리였다. 차고 거센 조류에 안개가 많은 날씨, 그리고 수면 아래 지형은 굴곡이 심해 사람들은 한 세기가 넘도록 엄두를 내지 못했다. 엔지니어링의 귀재 조지프 스트라우스가 없었다면 태어날 수 없는 다리였다.

스트라우스는 하중을 지탱하기 위해 철선 27,572가닥을 꼬아 지름 1미터가 넘는 케이블을 만들었다. 다리는 1933년 착공돼 11명을 수장시키고서야 4년 만에 완공된다.

세계에서 가장 아름다운 다리는 숱한 사(死)의 찬미자들을 유혹했다. '순간의 종말론적 해법'이라는 다리에서의 투신은 그 극적 요소 때문인지 1995년에 이미 1,000번째 자살 기록을 낳았다. 1973년에는 무려 14명이 그 500번째 자살 기록에 도전했다고 한다. 맨 처음 번지 점프가 시연된 곳도 금문교다.

다리가 개통되자 스트라우스는 수명이 얼마나 가겠느냐는 질문에 이렇게 답한다. "영원입니다. 끝없이 서 있을 것입니다……." 실제로 다리는 68년이 지나도록 끄떡없이 버티고 있다.

샌프란시스코의 심벌, 금문교. 그것은 미국적 꿈과 낭만의 상징이다. 설계, 시공, 감리의 완벽함을 자랑하는 금문교는 또한 미국인의 개척자 정신과 자존심이 배어 있는 기념비적 건축물이다. 그래서였을까. 그 금문교는 9·11테러 이후 알 카에다의 표적이 되어 왔다고.

| 이란 팔레비 왕정 붕괴 · 1979년 2월 1일 |

팔레비의 부메랑

"그는 천성이 우유부단하고,
애매모호한 의심과 두려움에 싸인 인물이다."

"미국은 인류 역사상 가장 혐오스러운 존재가 되었다!"(아야톨라 루홀라 호메이니)

미국이 '악의 축'으로 지목했던 이라크에서 정작 악마의 얼굴을 드러내고 있는 미군. 이라크군 포로에 대한 미군의 고문과 학대는 끔찍했다. 인류의 전쟁에서 그 누가 이처럼 백일하에 '인류에 대한 범죄'에 노출됐던가.

이슬람권에서 반미주의의 뿌리는 1953년 미국이 이란에 수출한 군사 쿠데타로 거슬러 올라간다. 이란은 1951년 중동 최초로 석유 자원의 자주권을 주장했다. 총리로 선출된 모하마드 모사데크는 석유 국유화 법안을 통과시켰다. 자원민족주의의 선포였다.

그러나 이 민주 정부는 이태 뒤 쿠데타에 날개가 꺾이고 만다. CIA의 작품이었다. 암호명 '에이젝스 작전.' 쿠데타는 값싼 석유 위에 제국을 건설했던 영국(처칠)과 그 사주를 받은 미국(아이젠하워)의 합작이었다.

외세에 힘입어 다시 권력의 중심에 선 팔레비 왕조는 1950년대 중반부터 석유 수출과 미국의 지원을 바탕으로 강력한 산업화 정책을 펴나갔으니, 그게 바로 '백색(白色)혁명'이다. 그러나 이 페르시아의 왕자는 혁명을 추진할 만한 스탈린의 잔인함도, 마오쩌둥의 배포도 없었다. CIA는 보고서에 이렇게 썼다.

"(팔레비는) 천성이 우유부단하고, 애매모호한 의심과 두려움에 싸인 인물이다."

팔레비는 일생에 두 번 벅찬 상대를 만났다. 첫 번째 상대인 모사데크는 CIA가 몰아냈으나 두 번째 상대인 호메이니에게는 패퇴했다. 1978년 말 호메이니가 선봉에 섰던 대규모 반정부 시위는 이란을 내전 상태로 몰아갔고 당시 테헤란은 '피의 강물을 이루었다.' 쫓겨 가는 팔레비는 실패한 독재자들의 심정을 대변하듯 탄식했다. "국민의 특권은 배은망덕이다!"

이란의 현대사는 호메이니가 프랑스 파리에서 이란으로 돌아온 1979년 2월 1일부터 팔레비 왕정의 붕괴를 공식 선언한 11일까지를 '여명의 10일'로 기록한다. 그해 5월 이슬람 혁명 정부는 궐석재판에서 팔레비에게 사형을 선고했고 팔레비는 이집트, 모로코, 멕시코 등지를 떠돌아야 했다. 그는 얼마 뒤 암 치료를 위해 미국으로 건너가는데 이는 테헤란의 미국 대사관이 점거당하는 빌미가 되었다. 미국 대사관은 바로 사반세기 전 이란의 쿠데타를 지휘했던 사령탑이었다.

이슬람 수니 파의 바다에 떠있는 시아 파의 섬, 이란. 고대 페르시아 왕조의 찬란한 문명을 꽃피웠던 이란. 그 이란의 근대화와 민주주의를 신정주의(神政主義)의 덫에 가둔 근본주의 이슬람 운동은 미국에 대한 '증오의 피'를 마시며 성장해 왔다.

미국은 중동에 군사 쿠데타를 수출했고, 그것은 '이란의 이슬람 혁명 수출'이라는 부메랑이 되어 아메리카니즘의 목을 죄고 있다.

| 미국 여성 참정권 획득 · 1920년 8월 26일 |

'차별의 강'을 건너다

"사람은 누구나 평등하다.
그러나 어떤 성은 다른 성보다 더 평등하다."
—— 요한 바오로 2세

"여성에게 단두대에 오를 권리가 있다면 의정 단상에 오를 권리도 있다!"

프랑스 혁명의 와중에 단두대의 이슬로 사라진 여성 연극인 올랭프 드 구주. 「여성 인권 선언」을 작성한 구주는 바로 그 때문에 자신의 성별에 적합한 덕성을 잃어버린 사람으로 비난받아야 했다.

시민 혁명과 공화정의 나라 프랑스에서 여성이 선거권을 얻게 된 때는 제2차 세계 대전이 끝나기 직전인 1944년. 바스티유 감옥이 무너진 지 155년 만이었다. 프랑스 혁명의 인권 선언은 단지 '남성권'의 선언이었고, '박애'의 이념은 자매를 제외한 형제애였던가.

정치는 오랫동안 남성의 전유물이었다. 여성에게는 문턱이 높았다. 민주주의의 기원은 고대 그리스로 거슬러 올라가지만, 여성 참정권의 역사는 기껏해야 100년 남짓을 헤아릴 뿐이다. 여성의 한 표는 거저 쥐어지지 않았다. '피의 투쟁'을 거쳤다. 어쩌면 인종과 신분의 벽보다 더 험하고 거칠었을 차별의 강을 건너야 했다. 스위스 여성들은 투표권을 행사하기 위해 1971년까지 기다려야 했다. 미국에서 여성 참정권을 규정한 연방 수정 헌법 19조가 통과된 해는 1920년으로, 뉴욕 주 세니커폴스에서

세계 최초의 여권 집회가 열린 지 72년 만이었다.

빅토리아 시대에 의회 민주주의의 꽃을 피웠던 영국에서도 민주주의는 오랜 기간 '남성들만의 잔치'였다. "만약 민주주의가 옳은 것이라면 여성으로 태어난 것이 문제가 되어서는 안 된다"(존 스튜어트 밀)라는 지식인들의 주장은 단지 구두선에 그쳤다.

영국 여성들의 참정권 운동은 과격했다. 그 중심에는 1903년 여성 사회 정치 연합(WSPU)을 결성한 에멀라인 팽크허스트와 그녀의 세 딸이 있었다. 감옥을 밥 먹듯 드나들던 이들 모녀는 우체통에 불을 지르고 공공 건물의 유리창을 깨부수는가 하면 보수 정치인의 집을 습격하기도 했다. 한 해에도 서너 번씩 단식 투쟁에 나섰다. 그 와중에 제1차 세계 대전이 터지자 여성들은 전시 노동에 동원됐고, 그 보상(?)으로 가까스로 참정권을 부여받을 수 있었다.

일부 아랍 국가에서 정치는 아직도 금녀의 땅으로 남아 있다. 사우디아라비아는 "월경이 정치적 판단을 흐릴 수 있다"며 여성을 배척하고 있다 하니.

영국 의회 사상 최초의 여성 의원인 낸시 애스터는 이렇게 말했다. "최고의 남성이 승리하는 게 아니라 최선의 정책이 승리할 뿐이다!"

그러나 '최선의 정책'이 '최고의 여성'일 때라면? 여전히 망설임은 남는다. 가톨릭 교회도 여태껏 여성을 성직에서 배제하고 있지 않은가. "사람은 누구나 평등하다. 그러나 어떤 성(性)을 가진 사람은 다른 성을 가진 사람보다 더 평등하다."(요한 바오로 2세)

| 제1차 톈안먼 사건 · 1976년 4월 4일 |

덩의 이중주 二重奏

"마오쩌둥은 문화 혁명에서 중대한 오류를 범했다. 그러나 그의 전생애를 놓고 보면 공적은 1차적이고 오류는 2차적이다."

중국의 문화대혁명은 '정치 동란'이었다. 광란이었다. 암흑이었다.

그 이데올로기의 질풍노도 속에서 마오쩌둥(毛澤東) 사후 '현대화 중국'을 예비했던 저우언라이(周恩來). 마오의 면전에서 무릎까지 꿇었던 저우는 생전에는 물론 사후에도 견제를 받았다. 마오는 결코 2인자를 용납하지 않는 마왕적 권력을 탐했다. 1976년 1월 그가 사망하자 마오는 유해를 이틀간만 공개하도록 했고, 추모식에도 나타나지 않았다.

마오의 최측근으로 이른바 사인방(四人幇)이라 불린 장칭(江靑), 왕훙원(王洪文), 장춘차오(張春橋), 야오원위안(姚文元). 이들은 어떠한 조문도 허용하지 않았다. 베이징의 병원에서 열린 저우의 고별식에서 마오의 아내 장칭은 묵념을 하면서 모자조차 벗지 않았다. 그러나 그를 흠모하는 인민의 마음까지 어쩌지는 못했으니.

그해 4월 4일 청명절. 베이징의 하늘은 흐리고 쌀쌀했으나 톈안먼(天安門) 광장에는 100만 명이 넘는 시민들이 꽃다발과 현수막을 내걸고 그의 업적을 기렸다.

이튿날 새벽, 사인방의 지시로 꽃다발과 현수막이 몽땅 치워지자 추모 대회는 사인방을 성토하고 문화혁명을 단죄하는 시위장으로 화한다. 공안(公安)의 유혈 진압으로 2,600명이 숨지고 덩샤오핑(鄧小平)이 숙청됐다. 바로 제1차 톈안먼 사건이다.

사인방은 살아 있는 덩을 치기 위해 죽은 저우를 이용했다. "저우는 나에게 형과 같다"던 덩을 소요의 주범으로 지목했다. 그러나 그로부터 불과 다섯 달 뒤인 9월 9일, 마오가 숨지자 덩은 사인방을 징치(懲治)하고 전권을 장악하게 된다.

"오줌도 안 나오는데 늙은이 혼자 변소를 차지해서 될 말인가"라며 마오를 빈정댔던 덩. 그러나 그는 기꺼이 마오와 동행했다. 마오는 중국의 레닌이요 스탈린이었다. 그를 버리는 것은 곧 중화인민공화국의 정통성을 부인하는 것이었다. 중국 공산당이 1당 독재를 포기하지 않는 한 마오를 청산할 수는 없었다. 스탈린을 격하했던 흐루시초프의 정치적 실패가 남긴 교훈이었다.

1981년 중국공산당 제11기 중앙위원회 제6차 전체회의. 덩은 중국 현대화의 초석이 되는 '역사 결의'를 통해 마오 시대와 공식 결별을 선언하면서 절묘한 타협점을 찾아낸다. "(마오쩌둥은) 문화혁명에서 중대한 오류를 범했다. 그러나 그의 전 생애를 놓고 보면 공적은 1차적이고 오류는 2차적이다."

이 '절충의 레토릭'은 중국 개혁 개방 정책의 지침이면서 동시에 1, 2차 톈안먼 사태를 읽는 키워드다. 1989년 실각한 후야오방(胡耀邦)의 죽음을 계기로 정치적 민주화를 요구하는 제2차 톈안먼 사건이 터졌을 때, 덩은 돌변했다. 그는 무자비한 진압을 지시한다. "일말의 동정도, 먼지만큼의 관용도 보여서는 안 된다!" 2차 톈안먼 사건은 "무자비한 인권 탄압"(서방언론)이자 "12억 중국을 재앙에서 건져 낸"(리콴유) 구국의 결단이었다. 톈안먼은 또 다시 톈란먼(天亂門)으로 화한다.

1차 톈안먼 사건의 배후였던 덩. 1차 톈안먼사건 당시 "(대자보로 가득 찬) 민주 벽(壁)은 좋은 것이다. 인민은 자유로워야 하니까"라고 말했던 그다. 그러나 그는 2차 톈안먼 사건을 군화로 짓밟았다. 1차 톈안먼 사건은 혁명 운동이었고, 2차 톈안먼 사건은 '6·4 폭란(暴亂)'이었다. 2차 톈안먼 사건이 폭란에서 풍란(風亂)으로 격상(?)된 것은 덩이 숨지고 난 후였다.

현대화된 중국은 지금도 '덩의 딜레마'를 안고 가고 있다. 무덤 속에서 흘러나오는 '덩의 이중주'에 맞춰 춤을 추고 있다.

| 영국 최후의 사형 집행 · 1955년 7월 13일 |

살인자에 대한 살인

"아득한 구약 시대부터 내려오는 범죄자에 대한 '복수의 명령'은
대중들 마음속에 정의감으로 뿌리 깊게 자리 잡고 있다."

— 니체

1955년 7월 13일. 영국의 마지막 사형수 루스 엘리스에 대한 교수형이 집행되었다. 나이트클럽 댄서였던 엘리스는 그해 4월 대로변에서 변심한 애인을 권총으로 쏘아 죽인 혐의로 체포됐다. 그는 애인이 두 번째 총알을 맞고 쓰러지자 곁으로 다가가 네 발을 더 쏘았다. 배심원들이 그의 유죄를 확신하는 데는 단 십 분도 걸리지 않았다. 사형이 선고됐다.

그러나 범행 열흘 전 그가 애인에게 폭행을 당해 유산한 사실이 알려지면서 "사형 집행을 유예하라"는 여론이 빗발쳤다. 사면 요청은 받아들여지지 않았으나 사건은 사형 제도 존폐를 둘러싸고 뜨거운 논란을 불러 일으켰다. 그로부터 십 년 뒤, 영국은 유럽 주요 국가로는 처음으로 사형 제도를 없앴다.

사형은 인류 역사에서 가장 오래된 형벌이다. "아득한 구약 시대부터 내려오는 범죄자에 대한 '복수의 명령'은 대중들 마음속에 정의감으로 뿌리 깊게 자리 잡고 있다."(니체)

이 '궁극의 형벌'은 고래로 잔혹한 형태를 띠어 왔다. 로마 시대에는 호랑이와 한 우리에 가두어 잡아먹히게 하거나 말벌에 쏘여 죽게 했다. 예수는 십자가에 못 박혀 '말라' 죽었다. 중세에는 신의 이름으로 화형이 성행했고, 반역

자는 나무에 매달아 산 채로 해부했다. 물에 빠뜨려 죽이는 익사형도 있었다. 중국과 한국에선 군문효수(軍門梟首)라 해서 머리를 베어 저잣거리에 내걸었다. 산 채로 사지를 찢거나(능지처참) 시신을 파헤치기도 했다(부관참시).

교수형은 10세기경 영국에서 보편화됐다. 우리나라에는 1894년 갑오경장 이후 교수형과 총살형만 남았는데, 근대적 사형 제도에 따라 처음 처형된 사람은 녹두장군 전봉준이다. '폭력적인 정의감의 표출'이라는 비난에도 불구하고 사형 제도는 미국과 아시아, 중동 등지에서 널리 행해지고 있다.

선진국 가운데 최대의 사형 집행국은 미국이다. 1976년 사형 제도를 부활한 이래 서른여덟 개 주가 이를 인정하고 있다. 조지 W. 부시 대통령은 사형 집행 명령에 가장 많이 서명한 주지사였다.

1996년 우리나라 헌법재판소는 사형 제도에 대해 합헌 결정을 내렸으나 "시대 상황이 바뀌면 사형은 폐지해야 한다"고 여운을 남겼다.

사형은 '살인자에 대한 살인'인가, '정의의 심판'인가. 대세는 사형 폐지 쪽으로 기울고 있다. 오심(誤審)에 대한 우려는 그렇다 치더라도 사형이 과연 범죄 예방에 효과가 있는지에 대해서도 회의적인 시각이 많다. 법의 이름으로 행해지는 사법적 살인이라는 비판도 만만찮다.

혹자는 묻는다. 법률(사형)로서 헌법이 보장하는 생명권의 본질적인 내용을 침해할 수 있는가? 혹자는 말한다. 그것은 법의 차원이 아니라, 인류의 품위에 관한 문제일지도 모른다.

| 세계무역센터 테러 · 2001년 9월 11일 |

종말론의 예언자, 명의 노트르담

노스트라다무스는 그 시대에 지동설을 믿은 신과자였다.
누구보다도 과학의 실험 정신을 믿은 진보적 지식인이었다.
영화에서 현대적 시술을 선보이는 그의 모습은 파스퇴르와 다르지 않았다.

"과학의 대중화 작업이 실패로 돌아가면 그 틈새로 사이비 과학과 반(反)과학이 독버섯처럼 피어난다."(칼 세이건)

16세기 프랑스의 점성가 미셸 드 노트르담(라틴어 이름은 노스트라다무스). 그의 예언은 참으로 마법과도 같으니, 사건이 일어나기 전에는 더할 수 없이 모호하지만 사건이 일어난 뒤에는 수정처럼 확실해지는 것이다.

그의 추종자들은 "1999년 7월의 달, 하늘에서 공포의 대왕이 내려오리라"라는 말로 지구 종말을 예언했다. 그러나 이날은 그저 무심히 지나갔다. 그해 7월 18일 존 F. 케네디 주니어 부부가 비행기 추락 사고로 사망했을 뿐이다.

그리고 이태 뒤인 2001년 9월 11일. 세계무역센터의 쌍둥이 빌딩이 무너지던 날, 그 악마의 전율 속에서 노스트라다무스는 다시 잠에서 깨어난다. 종말론의 새로운 버전이 인터넷에 급속히 유포됐다. "신의 도시에 거대한 번개가 떨어질 것이다. 두 형제는 혼란에 의해 찢어질 것이며 요새가 견디는 동안 거대한 지도자는 굴복할 것이다."

'신의 도시'는 자유의 여신상이 있는 뉴욕을, '두 형제'는 쌍둥이 빌딩을, '요새'는 펜타곤을 가리킨다니 오싹하지 않은가. 그러나 이 예언은 짜깁기로 드러났다. 1,000여 편을 헤아리는 그의 예언시 곳곳에서 끌어와 억지로 꿰맞추고 일부는 조작됐다.

노스트라다무스는 1986년 1월 28일 우주 왕복선 챌린저 호의 참사를 내다봤다? 그의 신봉자들은 폭발 사고가 일어나기 전까지는 그런 예언이 있는지조차 알지 못했으나 사고가 터지자 어디선가 묘한 글귀를 끄집어냈다. "인간의 무리 중에서 아홉 명이 밖으로 보내질 것이다."

의사이며 약사이자 발명가이기도 했던 노스트라다무스. 프랑스 몽펠리에 대학에서 의학을 전공한 그는 그 시대에 지동설을 믿은 선각자였다. 누구보다도 과학의 실험 정신을 믿은 진보적 지식인이었다. 영화 「노스트라다무스」에서는 마법사의 이미지를 벗고 인도주의적 의사로 그려진다. 흑사병 환자들에게 현대적 시술을 처음 선보이는 그의 모습은 파스퇴르와 다르지 않았다.

법의학의 원조로 꼽히는 그의 탁월한 의학적 지식은 사람들에게 이적(異蹟)으로 비쳐졌음직도 하다. 암호처럼 씌어진 노스트라다무스의 예언시는 당대 사회의 모순과 질곡을 비판하기 위한 무슨 연막 같기도 하다.

어쨌거나 노스트라다무스는 자신이 쓴 시가 20세기에 이르러 이처럼 거대한 '예언 사업'이 되리라고 상상이나 할 수 있었을까.

| 러시아 2월 혁명 발발 · 1917년 3월 8일 |

니콜라이 2세와 '스톨리핀의 넥타이'

폭동은 순식간에 도시 전역으로 확대됐다.
구호는 어느새 "차르 타도!"로 바뀌어 있었다.
군중은 더 이상 황제의 자비를 구하던 온순한 백성이 아니었다.

"니예트(아니다)!"

영하 20도를 오르내리는 혹한 속에서 몇 시간째 식량 배급을 기다리던 군중들이 술렁거리기 시작했다. 분노의 외침이 터져 나왔다. 1917년 3월(러시아 구력 2월) 제정러시아의 수도 상트페테르부르크에서 공장 노동자들이 빵을 달라고 외치며 폭동을 일으켰다. 러시아 2월 혁명의 봉화가 피어오르는 순간이었다.

폭동은 순식간에 도시 전역으로 확산됐다. 구호는 어느새 "차르(황제) 타도!"로 바뀌어 있었다. 군중은 더 이상 제1차 러시아 혁명('피의 일요일') 당시 황제의 자비를 구하던 온순한 백성이 아니었다. 군인들도 발포 명령을 무시했다. 춥고 배고픈 군중들은 마르크스의 자본론을 몰랐으나 그 기세는 사나웠다.

마침내 니콜라이 2세가 퇴위하고 로마노프 왕조가 무너졌다. 독일과의 전쟁에 지칠 대로 지친 제정 러시아는 피로를 이기지 못하고 제풀에 쓰러졌다. 곧이어 벌어진 제1차 세계 대전 개전 일 년 만에 15만 명이 전사했다. 물가는 천정부지로 뛰어올랐다. 배급제가 실시됐으나 비축 양곡은 바닥을 드러냈고, 동사자가 속출했다. 민심은 흉흉했다.

275

그러나 정작 왕조의 수명을 단축한 것은 차리즘의 수호자를 자처했던 표트르 스톨리핀이었다. 1905년 1차 러시아 혁명 이후 제정 러시아는 점진적 자유화의 길로 들어서느냐, 공산주의 혁명으로 치닫느냐의 갈림길에 놓여 있었다. 그때 역사의 물줄기를 급진 쪽으로 돌려 놓은 것은 황제의 충복 스톨리핀의 반동이었다. 당시 총리 겸 내무장관이었던 그는 니콜라이 2세가 스스로의 구명을 위해 약속했던 개혁('10월 선언')을 형해화(形骸化)했다. 혁명 세력을 무자비하게 탄압했다. 교수대는 '스톨리핀의 넥타이'라는 악명을 얻었고, 그 죽음의 넥타이는 끝내 니콜라이 2세의 목을 죄었다.

2월 혁명 역시 지리멸렬하고 불안정했다. 한쪽에서는 개혁 성향의 부르주아지 임시 정부가, 다른 한쪽에서는 노동자들의 소비에트 혁명 세력이 이중 권력을 형성하고 있었다. 권력의 추는 임시 정부에 기우는 듯했으나 피를 부르는 혁명의 갈증은 가시지 않고 있었다.

그때 독일로부터 혁명의 선물이 당도한다. 러시아와 더 이상 전쟁을 원하지 않았던 독일이 스위스에 망명 중이던 레닌이 귀국하도록 손을 쓴 것이다. '볼셰비키의 모든 것' 레닌이 귀환하자 러시아 혁명의 시계는 숨 가쁘게 돌아갔다.

돌아온 레닌이 군중들의 열렬한 환영 속에 '4월 테제'를 선언한 뒤 소비에트 정권이 수립됐음을 선포하기까지 채 6개월도 걸리지 않았다. 볼셰비키 혁명이 그토록 순식간에 성공하리라고는 아무도 예측할 수 없었다.

그로부터 70여 년이 지난 1998년 7월. '헤아릴 수 없이 많은 사악한 죄목'으로 처형당한 러시아의 마지막 황제 니콜라이 2세가 복권되었다. 그의 유해 안장식에 참석한 보리스 옐친 대통령은 선언했다. "공산당이 니콜라이 2세를 처형한 것은 명백한 범죄 행위였다!"

그러나 100년 뒤의 역사는 이를 또 어떻게 기록할 것인가.

| 장제스의 상하이 쿠데타 · 1927년 4월 12일 |

권력의 화신

서서히 민심이 돌아서자 그는 점점 경직되어 갔다.
사람을 쓰면서 재능보다 충성심을 샀고
조직보다는 사적인 관계에 의존했다.

  일치일란(一治一亂), 파란의 중국 역사를 품고 유장하게 흐르는 창장(長江) 강.
  우리가 흔히 양쯔(陽子) 강이라고 부르는 창장(長江) 강은 상하이(上海)에서 그 긴 여정의 닻을 내리지만, 격랑의 중국 현대사는 바로 이곳에서 발원한다. 조계(租界)가 상징하는 서구 열강의 제국주의 침탈이 이곳에서 시작됐고, 1921년 중국 공산당이 이곳에서 깃발을 올렸다. 1, 2차 '상하이 사변'은 중일 전쟁의 도화선이 되었고, '상하이 코뮌'으로 문화혁명의 피바람이 일었다.
  1927년 4월 중국 국민당 지도자 장제스(蔣介石)가 반공 쿠데타를 일으킨 곳도 상하이였다. 그는 3년간 연합전선을 펼친 노동자와 공산당원을 무차별 학살하고 공산당을 불법화했다. 내키지 않았던 제1차 국공 합작을 단숨에 끝장낸 것이다. 그리고는 난징(南京)에 그들(국민당)만의 단독 정부를 수립했다.
  국공 합작은 보수 군벌과 제국주의 열강을 타도하기 위한 중국 국민당과 공산당의 정치적 대타협이었다. 말년의 쑨원은 국민당의 속과 겉을 공산당 식으로 개조해 국공합작의 기틀을 마련했다. 그는 1924년에 연소(聯蘇) · 용공(容共) · 농공부조(農工扶助)라는 3대 정책을 채택함으로써 레닌의 '민족 및 식민지 문제에 관한 테제'에 호응했다.

그러나 쑨원이 숨지자 국민당은 좌우로 분열하기 시작했다. 좌파의 세력 확장에 위기감을 느낀 지주와 자본가 세력이 들썩였고, 장제스는 이들 반(反)합작 세력을 등에 업는다. 그것은 쑨원에 대한 정치적 배신이자 혁명 정신과의 결별이었다.

'상하이 쿠데타' 이후 장제스는 보수 노선으로 치달았다. 갈수록 우경화된 그는 유교의 국가 숭배 의식을 부활했다. 경서를 읽는 경독(經讀) 운동, 구어체인 백화문이 아닌 고문(古文)을 존중하는 존문(尊文) 운동을 전개했다. 실로 시대착오적이었다.

장제스에게는 적이 많았다. 여전히 군벌은 제 갈 길을 가고 있었고, 농촌으로 파고든 공산당은 세를 불려 갔다. 여기에 '대일본 제국'과 전쟁을 치러야 할 처지였다. 민심이 서서히 돌아서자 그는 점점 경직되었다. 사람을 쓰면서 재능보다는 충성심을 샀다. 조직보다는 사적인 관계에 의존했다. 군에서도 심복만을 중용했다. 눈부신 외교만이 그를 지탱해 주었으니 미국은 그를 전폭 지원했다.

장제스의 최대 패착은 일본의 침략에 대해 '먼저 공산당을 섬멸한 다음 외적을 친다'는 원칙을 정한 것이었다. 인민의 절대다수는 '내전 중단, 일치 항일'을 원하고 있었다. 제2차 국공 합작으로 마지못해 일본과 싸우면서도 그는 공산당과 내전에 대비해 군대를 아꼈다. 지도자의 위신을 깎아내리는 처신이었다.

제2차 세계 대전이 끝나자 장제스는 제3차 국공 합작을 끝내 거부하고 마오쩌둥의 공산당에 총구를 겨누었다. 그에게는 마오쩌둥의 네 배가 넘는 월등한 군사력과 미군의 지원이 있었다.

그러나 역사는 마오쩌둥의 대의를 취하였으니, 버림받은 권력의 화신은 타이완 섬으로 쫓겨 가야 했다.

| 최초의 전신 송신 · 1844년 5월 24일 |

19세기 '생각의 고속도로'

"하느님께서 행하신 일이 어찌 이리 크뇨!"
—— 구약성서 「민수기」

각각 세 번씩 짧게, 길게, 그리고 또 짧게.(··· --- ···)

모스의 조난 신호 에스오에스(SOS). 1912년 호화 여객선 타이태닉 호가 침몰했을 때 700명 이상이 목숨을 건질 수 있었던 것은 SOS 덕분이었다. 이듬해 열린 해상 인명 안전에 관한 국제 회의에서 SOS는 공식 조난신호로 채택된다. SOS는 흔히 'Save Our Souls' 또는 'Save Our Ship'의 약자로 알려져 있으나, 긴급 구난 전화번호인 119가 그렇듯 단지 가장 알기 쉬운 신호일 뿐이다.

초상화를 그리던 미국의 뜨내기 화가 새뮤얼 모스는 아주 우연한 계기로 전신기를 개발했다. 1832년에 그는 유럽에서 미술 공부를 마치고 뉴욕행 증기선 슈리 호에 몸을 실었다. 그리고 배에서 우연히 만난 보스턴 대학 교수와 전자기 원리에 관한 대화를 나누다 무릎을 쳤다.

"전기를 통해 메시지를 전달하는 게 가능하지 않을까?"

전류의 단속을 짧고 길게 조절하면 알파벳과 숫자를 표시할 수 있을 것 같았다. 그는 즉석에서 단점(短點, dot)과 장점(長點, dash)을 조합해 전신 부호 체계를 스케치북에 그려 나가기 시작했다. 그렇게 해서 단어와 간단한 문장을 짜 맞춘 8,000개의 은어

(隱語)표가 만들어졌으니, 바로 모스 부호다.

　1844년 5월 24일. 모스는 워싱턴 국회의사당에서 64킬로미터 떨어진 볼티모어까지 전선을 설치하고 역사적인 시연을 가졌다. 구약성서「민수기」의 한 구절을 최초의 전문에 띄웠다. "하느님께서 행하신 일이 어찌 이리 크뇨!" 전신선은 이내 미국 전역으로 뻗어나갔고, 1852년에는 유럽 전체에 깔렸다.

　그로부터 한 세대가 흐른 뒤 마르코니가 무선 전신을 개발하면서 모스 부호는 장거리 통신의 총아로 떠오른다. 제2차 세계 대전 당시 연합군은 베토벤의「운명 교향곡」을 즐겨 들었는데, 세 번 짧고 한 번 긴 박자 "단단단 다(· · · -)"가 모스 부호의 'V'를 연상시켰기 때문이다. 전화의 통화 가능음인 '뚜우'와 통화중 표시음인 '뚜뚜뚜'도 모스 부호에서 착안한 것이다.

　전신은 세계를 하나로 묶었다. 그 시대에 이미 '생각의 고속도로'로 불렸다. 영국 신문인《더 타임스》는 전신을 콜럼버스의 신대륙 발견에 비유했다.

　전신은 인류 최초의 리얼타임 커뮤니케이션이었다. 기존 통신 수단의 장애였던 시간의 지체를 극복함으로써 공간을 정복했다. 통신 혁명이었다. 전화나 인터넷도 그 족보를 거슬러 올라가면 뿌리는 모스 부호에 닿는다. 정보의 동시성은 시간과 공간의 공유, 그 원격 조종과 지배를 가능하게 했다.

　전신은 말하자면 오늘날 세계화의 전초였던 것이다.

| 드레퓌스 사건 · 1894년 12월 22일 |

나는 고발한다!

"진실이 행군을 시작하면 무엇도 길을 막을 수 없다.
그것은 지하에서도 무섭게 자라 비상을 쓸어 버릴 것이다."
— 졸라

프랑스 역사에서 단지 '사건'이라고만 불리는 드레퓌스 사건. 이 비극적인 근대 체험은 프랑스 사회를 둘로 쪼갰다. 격렬한 정치적 소용돌이 속에서 국론은 분열됐고, 프랑스는 사실상 내전에 휩쓸렸다. 당시 프랑스인은 둘 중 하나였다. 드레퓌스 지지파이거나 반(反)드레퓌스파이거나.

1894년 9월. 프랑스 육군 참모본부 정보국은 프랑스 주재 독일 대사관의 우편함에서 훔쳐낸 편지 한 통을 입수했다. 프랑스 육군의 기밀 문서 명세를 담은 편지는 익명의 발신인이 보낸 것이었다.

유대계 장교 알프레드 드레퓌스가 간첩으로 지목됐다. 편지와 필적이 비슷하다는 이유였지만 실상은 당시 반유대인 분위기에 편승한 마녀 사냥이었다. 보불 전쟁에서 패한 프랑스 군부는 희생양을 찾고 있었다.

드레퓌스는 군사 재판에서 종신형을 선고받고 쥐도 새도 모르게 남미 기아나의 '악마의 섬'으로 유배된다. 두 발에 두 겹의 족쇄가 채워진 채 조그만 돌 감방에 혼자 수감된 드레퓌스, 그에게는 편지 왕래마저 금지된다. 증거를 밝히라는 세간의 요구에 군부는 위협으로 대응했다. "이 엄청난 군사 기밀이 공개될 경우 프랑스는 독일과 전쟁을 감수해야 한다!"

재판이 끝난 지 15개월이 지나서야 문제의 필적이 드레퓌스가 아니라 에스테라지 소령의 것이었음이 밝혀졌다. 그러나 에스테라지는 군중의 환호 속에 무죄 방면되고, 세계의 언론은 조소했다. 조르주 클레망소는 "이제 프랑스는 없다!"라고 외쳤다.

그리고 1898년 1월 13일. 마침내 폭풍우가 몰아친다.

에밀 졸라가 《오로르》에 「나는 고발한다!」라는 제목으로 대통령에게 보내는 공개 서한을 띄운 것이다. 그는 드레퓌스의 결백과 에스테라지의 유죄를 조목조목 따진 뒤 일갈했다. "진실이 행군을 시작하면 그 무엇도 길을 막을 수 없다. 그것은 지하에서도 무섭게 자라 세상을 쓸어 버릴 것이다."

이날 《오로르》는 평시의 열 배가 넘는 30만 부가 팔려 나갔으나 여론은 졸라에게 우호적이지 않았다. "졸라는 반 이탈리아인이고 4분의 1은 그리스인, 나머지 4분의 1만이 프랑스인이다." 졸라는 군법 회의를 중상 모략했다는 혐의로 기소되어 1년형을 선고받고 영국으로 망명해야 했다.

12년 만인 1906년 7월 12일 프랑스 최고재판소에서 열린 재심에서 드레퓌스는 비로소 무죄 판결을 받았지만, 그 자리에 졸라는 없었다.

졸라는 1902년 의문의 질식사로 숨졌다. 장 브델은 최근 저서 『암살된 졸라』에서 그가 반유대인 세력에 의해 살해되었을 가능성을 시사했다.

"나의 편은 단지 진실과 정의뿐이지만 영혼의 외침을 뿌리칠 수 없다." 졸라의 웅변은 프랑스를 깊은 잠에서 깨웠다. 아나톨 프랑스는 이 말로 그를 기렸다. "그는 살아 있는 양심의 전기(傳記)였다. 운명의 여신과 용기가 그를 높은 곳으로 밀어 올렸고, 그는 기꺼이 인류의 양심을 빛내고자 했다."

| 프로이트 『꿈의 해석』 출간 · 1900년 |

프로이트의 시대

지그문트 프로이트의 『꿈의 해석』, 그것은 20세기 지성사의 반란이었다. 프로이트의 정신분석학은 곧잘 코페르니쿠스의 지동설과 다윈의 진화론에 비견된다. 지동설이 인류를 천상(天上)에서 지상으로 끌어냈다면 진화론은 인류에게서 신성(神性)을 앗아갔다. 그리고 『꿈의 해석』은 인간이 스스로를 통제할 수 없는 무의식의 노예임을 선언했다. 프랑스 철학자 루이 알튀세는 그 의미를 이렇게 정렬한다.

"코페르니쿠스 이후 우리는 더 이상 우주의 중심이 아니었고, 마르크스 이후 우리는 역사의 중심이 아니었다. 프로이트는 우리가 또한 인간의 중심이 아님을 보여 주었다."

『꿈의 해석』 초판은 1899년에 나왔지만 발행 연도를 1900년으로 삼았다. 파천황의 신(新)사상을 20세기 시작의 이정표로 삼고 싶었던 것이다. 그러나 책은 출간된 지 이태가 지나도록 350권밖에 팔리지 않았고 8년이 지나서야 초판 600부가 소화됐다.

프로이트는 오히려 유럽에서보다 미국에서 환대받았다. 1909년 미국을 찾은 그는 감격했다.

"유럽에서 나는 버림받은 자식과 같았다. 그러나

이곳에서는 마치 꿈을 꾸는 것 같다."

　프로이트의 방대한 저작에서『꿈의 해석』은 폭넓게 인용된다. 무심한 농담마저도 '꿈이 무의식적으로 하는 일을 의식적으로 행하는 것'으로 비쳐졌다. 그 정신분석학의 키워드는 에로티시즘이다. 유년기의 성적 장애와 부적응을 더듬으며 노이로제의 뿌리를 파헤친다.

　프로이트는 레오나르도 다빈치의 「모나리자」에서 성적 알레고리를 끄집어냈다. 그것은 마치 마술사가 모자 속에서 비둘기를 꺼내는 것만큼이나 관객들의 눈을 휘둥그레지게 한다. 그는 다빈치가 요람에 누워 있을 때 독수리로 변한 어머니가 자신의 입을 꽁지로 치는 '독수리의 환상'을 여러 차례 보았으며, 이는 모자간의 에로틱한 관계를 상징한다고 풀이했다. 모나리자의 미소는 결국 아기를 유혹하는 엄마의 미소?

　프로이트에 대한 평가는 격렬하다. 중립지대가 없다. 혹자는 그를 무의식의 대륙을 발견한 정신의학의 콜럼버스로 추앙하기도 하고 혹자는 그를 사이비 과학의 교주로 패대기 치기도 한다. 사회학자 칼 포퍼는 그의 이론을 열린사회의 적으로 간주했다. 마르크시즘이 그러하듯이 프로이트의 이론은 비판을 허용하지 않는 폐쇄적인 체계라는 것.

　"프로이트의 정신분석학은 과학적으로 입증이 불가능한 허구다. '외디푸스 콤플렉스'에 관한 성찰은 논문이라기보다 단지 문학적 상상력의 소산일 뿐이다."

　정신분석은 그 자체가 치유할 수 없는 정신질환에 불과한 것일까. 프로이트의 '남근 선망'과 '거세 공포'는 페미니스트들의 집중 포화를 받았고, 그를 추종했던 융과 아들러도 결국은 그의 곁을 떠나갔다.

　그러나 숱한 비판에도 불구하고 프로이트가 20세기 인식의 지평을 넓힌 것만은 아무도 부인하지 못한다. 그는 꿈과 무의식의 언어를 해독함으로

써 오랫동안 미지의 땅으로 남아 있던 인간 내부의 어둠을 탐사했다.

"프로이트는 프로이트의 시대를 창조했고, 그 시대를 살았다…….."(토마스 만)

| 이멜다 마르코스 하와이로 망명 · 1989년 |
이멜디픽

구두를 소유하는 건 인간의 본능이다.
나는 구두를 신을 때마다 아직 내 남편이 대통령이라는 느낌이 든다.

"나는 밤뿐 아니라 낮에도 꿈을 꾼다……."

마르코스 전 필리핀 대통령의 미망인인 이멜다. 그녀의 몽환적인 삶은 병적 사치를 뜻하는 '이멜디픽(imeldific)'이라는 신조어를 만들어 냈다. 1989년 하와이로 망명할 당시 말라카냥 대통령 궁에 남아 있던 1,200여 켤레의 구두는 그야말로 이멜디픽했다.

그러나 마르코스 독재 21년의 미망에서 깨어나는 순간은 초췌하기만 했으니, 1993년 9월 그녀는 아흔 건을 헤아리는 부패 혐의로 법정에 서야 했다.

고향의 이름을 따 '카크로반의 장미'로 불렸던 이멜다. 그녀는 역대 미스 마닐라 가운데 가장 빼어난 미인이었다. 1954년 이멜다를 처음 본 마르코스는 그녀의 이글이글 타오르는 눈매와 '35-24-35'의 몸매에 넋을 놓았다. 이멜다가 멜론을 건네며 "씨가 있어 드시기 불편하지 않느냐"고 물었을 때 마르코스는 자신의 운명을 예감했다.

"이 멜론의 씨에는 무언지 알 수 없는 마력이 있는 것 같소!"

1965년 대통령에 당선된 마르코스는 재선에 성공한 뒤 대통령과 총리를 겸하는 절대권좌에서 무소불위의 권력을 휘둘렀다. 필리핀 헌법은 계엄령 선포와 다섯 번의 개헌을 거치면서 너덜너덜해지고 만다.

'카크로반의 장미'에서 '철나비'로 거듭난 이멜다는 아귀 같은 탐욕을 드러냈다. 그녀는 정부 요직 가운데 가장 이권이 많은 마닐라 시장과 주택건설부 장관의 자리를 꿰찼다. 정치자금 조달을 위해 '측근 자본주의'를 도입했고 공공사업에서 15퍼센트의 커미션을 챙겨 남편에게 '미스터 15퍼센트'란 오명을 안겨 주었다.

이멜다는 쇼핑할 때마다 수천만 원씩 뿌리고 다니면서도 나는 고독하다고 푸념을 늘어놓았다. 마르코스와 결혼한 직후에는 과도한(?) 권력을 주체하지 못해 현기증을 느꼈다. 심한 스트레스와 편두통으로 미국에서 신경과 치료를 받기도 했다.

마르코스의 몰락 이후 한동안 숨을 죽이고 지내던 이멜다는 여론이 수그러드는 듯하자 2001년 2월 다시 세상에 고개를 내밀었다. 주민들의 요청에 따라 마닐라 인근 마리키나 시에 구두박물관을 연 것이다. 주민들은 사양길에 접어든 신발 산업을 살리기 위해 '이멜다의 구두'라는 이벤트를 절실히 필요로 했으니, 그것은 분명 역사의 소극이었다.

아니나 다를까 박물관은 문을 열자마자 일약 관광 명소로 떠오른다. 박물관 개관식장에 모습을 나타낸 이멜다는 당당히 말했다.

"구두를 소유하는 것은 인간의 본능이다! 나는 구두를 신을 때마다 아직 내 남편이 대통령이라는 느낌이 든다……."

| 차우셰스쿠 처형 · 1989년 12월 25일 |

드라큘라의 나라

슬라브의 바다에 홀로 떠 있는 '라틴의 섬', 루마니아.
이 동유럽의 이단아는 차우셰스쿠의 통치 아래 유럽 최빈국으로 전락했다.

"깨어나라, 루마니아여! 바로 지금이다. 지금 우리는 해낼 수 있다."

1989년 12월, 루마니아의 수도 부쿠레슈티는 국가(國歌)의 합창으로 뒤덮였다. 마침내 차우셰스쿠의 24년에 걸친 철권 통치가 막을 내리고 유서 깊은 고도(古都)는 자유에 흠뻑 젖었다.

차우셰스쿠는 국민들에게 씻을 수 없는 상처를 남기고 떠나갔다. 베를린 장벽이 무너졌을 때 그의 운명은 이미 정해졌다. 세상은 바뀌고 있었다. 그해 폴란드와 동독, 체코의 공산정권이 차례로 무너진 터였다. 그런데도 그는 정권이 붕괴되기 바로 전날 관제 궐기대회를 열고 있었다. 그는 연설 도중 터져 나온 관중들의 야유를 이해하지 못했다. 너무 오래 권력에 맛들여 온 것일까.

루마니아를 '사설 왕국'으로 만들었던 차우셰스쿠. 북한의 김일성과 의형제를 맺기도 했던 그는 김일성 주석궁을 본떠 인민궁전을 건립했다. 6000여 개의 방이 들어선 궁전은 미국의 펜타곤 다음으로 큰 건축물이다.

"내일 이곳에서 연설을 하리라!" 그가 길을 가다가도 무심코 한 마디 뱉으면 지하철 공사장이든 뭐든 하룻밤 새 잔디밭으로 바뀌어야 했다.

차우셰스쿠의 부인 엘레나는 한술 더 떴다. '보석 벌레' 엘레나는 부부 세습을 꿈꾸었다. 루마니아의 국모를 자처하며 남편과 함께 찍은 사진으로 배지를 만들어 전 국민에 배포했다. 민주화 시위가 격화되자 엘레나는 직접 발포 명령을 내렸다. 그녀는 마지막까지 발악했으나 결국 그해 크리스마스에 남편과 함께 처형되고 만다.

드라큘라와 집시의 나라 루마니아. 슬라브의 바다에 홀로 떠 있는 이 '라틴의 섬'은 동유럽의 유일한 라틴 계 민족이다. 반소(反蘇) 감정이 강해 소련 경제의 우산 밑으로 들어가기를 꺼렸던 동유럽의 이단아였다. 루마니아 인들은 춤을 추고 노래를 부를 때면 간주처럼 '포아이에 베르데'를 외친다. 푸른 잎새를 뜻하는 이 말은 루마니아의 깨끗하고 아름다운 자연에 대한 경외감을 나타낸다. 하지(夏至)에는 여자들이 새로 짠 리넨으로 나뭇가지에 맺힌 이슬을 받아 마시는 요정의 전설이 곳곳에서 배어난다. 축제 때면 아낙네들은 모닥불을 뛰어넘으며 사랑과 청결을 기원했다. 자연과 어울려 살며 집안의 대문도 잠그지 않았던 민족이다.

그런 루마니아는 차우셰스쿠의 통치 아래 수십 년간 유럽의 최빈국으로 전락하고 말았다.

혁명 이후에도 사정은 별반 나아지지 않고 있다. 국민들은 마치 어린아이처럼 모든 것을 정부에 기대고 있다. 공산주의는 그들이 생존하는 방법조차 잊게 만들었던 것인가.

제3부 한국편

우리가 겪어 온 시대와 사람들

| 고상돈 · 1948~1979 |

왜 에베레스트인가?

"야망 때문에 산에 오르는 것은 아니다.
그것은 그저 기억할 수 없는 충동이다. 산이 얼마나 가혹한지 부딪치고 싶을 뿐이다."
— 라인홀드 메스너

"여기는 정상! 더 오를 데가 없다. 본부 나오시오!"

1977년 9월 15일 낮 12시 50분. 세계 최고봉 에베레스트 정상에서 날아든 무전 교신에 국내 산악인들은 흥분했다. '영원한 산(山) 사나이' 고상돈이 한국인으로는 처음 에베레스트 산정에 발을 내디딘 것이다.

"거기가 정상이다!"

온 몸이 마비된 채 무의식 상태에서 앞만 보고 나아가던 고상돈은 뒤따르던 셰르파의 외침에 흠칫 발걸음을 멈추었다. 그는 폐부를 긁는 듯한 가쁜 숨을 몇 차례 내쉬었다. 그러고는 비로소 "모든 것이 발 아래로 보인다"는 감격에 젖어들기 시작했다.

한국 원정대는 열악한 장비로 악전고투를 거듭했다. 1차 공격조는 산소통 28개를 다 쓰고도 정상 앞 100미터 지점에서 무릎을 꿇고 말았다. 아무도 등정을 낙관할 수 없었다. 그러나 행운의 여신은 그들을 저버리지 않았으니, 에베레스트 정상 기슭에서 프랑스 원정대가 버리고 간 신품 산소통 12개가 기적처럼 주어졌다.

이 행성의 최고점 에베레스트.

8,000미터가 넘는 봉우리를 여럿 거느리고

범접할 수 없는 위엄과 신령스러움으로 인간을 압도하는 '눈(雪)의 거처.'

네팔 사람들에게 에베레스트는 사가르마타(세계 어머니의 신)요, 티베트인들에겐 초모룽마(대지의 여신)다. 대기권을 송곳처럼 찌르고 치솟아 올라 남극, 북극에 이어 '제3의 극지'로 불린다. 해발 8,848미터.

영국은 인도에서 본격적인 식민 정책을 펴 나가던 1849년에 대대적으로 히말라야 측량 사업을 벌였고, 가장 높은 봉우리를 발견하자 초대 측량국장관이었던 조지 에베레스트의 이름을 따 이 산을 에베레스트로 명명했다. 그래서 혹자는 에베레스트라는 이름에 인간의 오만과 인도의 슬픈 식민지 역사가 배어 있다고 씁쓸해한다.

에베레스트는 제트 여객기의 고도에 눈을 맞춘다. 시속 210킬로미터의 강풍이 몰아치는 산 정상의 공기 농도는 해수면의 3분의 1에 불과하다. 희뿌연 하늘 속에 가파른 빙벽이 시야를 가리고, 그 사이사이로 깊게 갈라진 상처를 드러내듯 '눈 지느러미'가 수직으로 흘러내린다. 이곳에서 생명은 절규다. 아귀(餓鬼)다. 생명체는 살아남기 위해 스스로를 극한으로 몰고 간다. 몸뚱이는 곤충의 허물처럼 오그라들고 팔과 다리는 엉겨 붙는다.

그런데 왜 에베레스트인가.

등반가들은 어쩌면 이 거대한 빙벽에 서식하는 이끼와 같은 존재인지도 모른다. 스스로의 줄에 묶인 채 생과 사의 그물에 자신을 내던지는 그들.

"산이 거기에 있기 때문에 오른다."(조지 맬러리)라고 했던가.

1924년 에베레스트 등정에 도전했다 실종된 맬러리의 시신은 75년이 지나서야 발견됐다. 그때 함께 발견된 코닥 카메라는 그의 등정 여부를 밝혀 줄 것으로 관심을 모았으나 사진 현상에 실패하고 말았다. 맬러리는 에베레스트에 올랐는가, 오르지 못했는가. 그 의문은 끝내 만년설에 묻혔다. 1978년 최초로 산소호흡기 없이 에베레스트에 올랐던 이탈리아의 라인홀트 메스너는 말한다. "야망 때문에 산에 오르는 것은 아니다. 그것은 그저 거역할 수 없는 충동이다. 산이 얼마나 가혹한지 부딪치고 싶을 뿐이다!"

1996년 에베레스트 등정에 나섰다 동료 4명을 잃은 존 크라카우어. 그는 에베레스트 조난기 『희박한 공기 속으로』에 이렇게 적었다.

"나는 결국, 내가 찾고 있는 것이 뒤에 남겨놓고 온 어떤 것임을 깨닫기 위해 이렇게 멀리까지 온 것은 아닐까……."

| 유치환 · 1903~1967 |

생명의 서

그는 언덕의 시인이었다. 예언자였다. '시대의 어부'였다.
그의 시는 기교가 아닌 '소리 없는 아우성'이었다.

통영은 동백이 흔하다.
그 애틋한 그리움이 동백꽃처럼 붉게 타오르던 어느 봄날. 마흔을 바라보던 청마는 여덟 살 연하의 시조 시인 정운(이영도)에게 연시(戀詩)를 띄웠다.

사랑하는 것은
사랑을 받느니보다 행복하나니라
오늘도 나는
에메랄드빛 하늘이 환히 내다뵈는
우체국 창문 앞에 와서
너에게 편지를 쓴다…….
──「행복」

광복 이듬해에 고향인 통영여중에 국어교사로 부임한 청마. 그는 같은 학교에 있던 정운을 연모했다. 갓 서른에 홀몸이 된 그녀는 달빛 같은 여성이었다. 청마는 그 청초함과 요조숙녀의 자태에 어찌할 바를 몰랐다. 그는 스무 해 동안을 거의 하루도 거르지 않고 그녀에게 편지를 보낸다.
그러나 이들의 사랑은 닿을 수 없는 것이었다. 청마에게는 부인이 있었다.

그대 위하여
목 놓아 울던 청춘이 이 꽃 되어
천년 푸른 하늘 아래
소리 없이 피었나니
그대 위하여선
다시도 아까울 리 없는
아 나의 청춘의 이 피 꽃!

―「동백꽃」

'오로지 맑고 곧은 이념의 푯대'를 지향했던 생명파 시인, 유치환. 그러나 시인은 그 엄정한 시어의 뒤편에 헐렁하게 풀어헤친 인간 됨됨이를 보여 준다. 생김새가 말상이라고 해서 청마(靑馬)라는 호를 얻었던 술고래 유치환은 버스에 치여 숨지던 날에도 만취해 콧노래에 어깨춤을 추고 있었다. 대구 향촌동의 세탁소 건물 2층에 세 들어 살 적에는 불 없이 겨울을 났다. 새벽이면 하얗게 잉크가 얼곤 했다. 그러나 "장작을 때면 그만큼 산에 나무가 없어진다"고 웃을 뿐이었다.

거친 사내였다. 반골의 각이 진 모진 사내였다. 그러면서도 많은 여인에게 마음을 빼앗겼고, 가없는 그리움 속에서 시를 길러 냈다. 그는 '고달픈 몸으로 청포(靑袍)를 입고 찾아온다'(「청포도」)던 손님을 기다리던 언덕의 시인이었다. 예언자였다. 거친 해풍과 파도를 헤쳐 나간 '시대의 어부'였다. 남성적 바탕이 넉넉한 시인이었다.

그의 시에는 어금니를 꼭 깨물어야 하

는 벼랑 끝의 비극미가 있다. 청마는 1940년 겨울 일제의 예비검속을 피해 북만주로 들어갔다가 이곳에서 사랑하는 아들을 잃었다. 땅은 얼어 삽이 들어가지 않았고, 허허벌판 밭두렁에 아이를 묻을 수밖에 없었다.

끝없이 펼쳐진 북만주의 무한 공간. 그 절망의 광야에서 그는 무엇을 보았을까. 허무의 의지! 그는 무한 앞에서 절망한 시인이자 그 무한에 매혹된 시인이었다. 깎아지른 절벽의 아찔한 침묵과 절대 고독! 그 수직의 이미지는 인생에 대한 깊은 성찰이 되기도 하고, 부드러운 자연의 소묘가 되기도 하고, 귀신도 곡할 피맺힌 고발이 되었다.

그의 시는 기교가 아닌 '소리 없는 아우성'이었다. '생명의 서'였다.

그 열렬(烈烈)한 고독 가운데
옷자락을 나부끼고 호올로 서면
운명처럼 반드시 '나'와 대면케 될지니……
―「깃발」

| 「쉬리」 관객 200만 명 돌파 · 1999년 4월 10일 |

쉬리야, 반갑다!

"사람들은 사랑, 이해, 화해가 남북 관계의 진단이라고 말한다. 그러나 분단에 따른 정치, 군사적 대치는 말로는 성취할 수 없는 어떤 한계 상황을 실감하고 있다."

— 강제규

쉬리야, 반갑다!

1999년 한국 경제가 파산했을 때, 충무로를 기웃거리던 대기업 자금이 슬금슬금 빠져나가고 있을 그 무렵, 토종 관상어 쉬리의 출현은 한국 영화계의 축복이었다. 구원이었다.

쉬리의 속명(屬名)은 '한국형 블록버스터.' 그해 4월 「쉬리」는 국내 영화사상 처음으로 서울 관객 200만 명을 돌파했다. 흥행 임계치로 여겨지던 500만 명(전국 기준)을 뛰어넘었다. 그리고 얼마 지나지 않아 때 아닌 햇볕 정책 논쟁에 휘말리게 된다.

김대중 정부는 「쉬리」가 "햇볕정책이 왜 필요한지를 보여 주는 작품"이라고 치켜세웠고, 야당은 "물러터진 DJ의 대북 정책에 대한 신랄한 야유"라고 꼬집었다. 정작 북한은 대남 방송을 통해 "한반도의 화해 분위기를 흐리는 반북 영화"라고 발끈했다. 영화를 본 김정일 국방위원장은 불같이 화를 냈다고 한다.

일부 영화인들도 고개를 갸웃했다. 「쉬리」의 이데올로기가 남북의 화해 분위기를 해치고 있다며 혀를 찼다. "아직 삼십대인 젊은 감독이 이렇듯 냉전적 사고에 젖어 있다니……."

정부 내 반응도 엇갈렸다. 「쉬리」의 제작을 지원했던 국가정보원 시사회에서는 박수갈채가 쏟아졌다. 그러나 국방부는 엉뚱하게도 장병들의 대적관을 고취하기 위해 이 영화를 적극 활용하라는 지침을 내렸다. (영화에서) 북한 요원들은 임무에 충실한 데 비해 남쪽 요원들은 사랑과 같은 사적 감정에 얽매이고 있다는 볼멘소리도 흘러나왔다.

어쨌거나 「쉬리」는 한국 영화에서 매우 이례적인 것이었다. 남파 간첩은 더 이상 난폭한 어릿광대가 아니었다. 그들은 자신의 정체성을 잃지 않았다.

이 영화가 용공이냐 반공이냐를 따지는 것은 부질없는 짓일지도 모른다. 강제규 감독이 스스로 밝혔듯이 「쉬리」는 단지 북한 공작원인 이방희나 박무영이 자기 입장에서 최선을 다하는 것으로 그렸을 뿐이다. 「쉬리」의 이데올로기는 좌도 아니고 우도 아니다. 우리의 현실 그 자체인 것이다.

분명한 것은 햇볕정책이 없었다면 이 영화는 햇빛을 보지 못했을 것이라는 사실이다. 「쉬리」가 제작되고 있을 때 일본의 한 영화감독은 "한국에서 이런 영화를 만들어도 되느냐"며 깜짝 놀라지 않았던가.

영화에서 무장공비나 무장간첩을 "특수부대원" 또는 "테러리스트"로 부른다는 것 자체가 '지정학적 사고'의 코페르니쿠스적 전환이었다. 그런데도 영화가 여전히 냉전적으로 비친다면 분단에 베인 우리의 현실이 그만큼 가파르기 때문이 아닐까. 있는 그대로를 '너무' 솔직히 보여 주기 때문이 아닐까.

그런 의미에서 「쉬리」는 과거형의 영화다.

하나 「쉬리」가 없었다면 남북 관계의 미래를 바라본 「공동경비구역 JSA」도 없었을 것이다. 「실미도」와 「태극기 휘날리며」의 반전(反戰) 메시지도 없었을 것이다.

남북 정상이 한자리에 앉아 축구 경기를 지켜본다? 이에 분노한 박무영이 내뱉던 대사가 떠오른다. "니놈들은 반드시 이 흥청망청의 대가를 치르게 될 것이다!"

그것이 남쪽에서나 북쪽에서나 '리얼'한 오늘의 현실인 것이다.

| 김기림 · 1908~? |

모더니즘의 '잰걸음'

"모더니즘은 문명의 아들이다. 도회의 자식이다.
문명의 뭇 면이 풍월 대신 등장했고,
모더니즘은 건축가의 설계 아래 자신의 언어를 지어 냈다."

아무도 그에게 수심(水深)을 일러준 일이 없기에
흰나비는 도무지 바다가 무섭지 않다.
청(靑)무밭인가 해서 내려갔다가는
어린 날개가 물결에 젖어서
공주처럼 지쳐서 돌아온다…….

1930년대에 모더니즘의 잰걸음을 갔던 시인 김기림.
애송시 「바다와 나비」는 서구 이미지즘의 물을 한껏 들이켠 그의 면모가 여실하다. 당시 감상과 퇴폐에 전 한국시의 '굳은살'을 벗겨냈다. 그 시어의 다채로움과 재기발랄함이라니.

비늘
돋힌 해협(海峽)은
배암의 잔등
처럼 살아났고
아롱진 아라비아의 의상을 둘른 젊은 산맥들…….
—「기상도」

그가 열어젖힌 우리 시의 근대적 공간은 '魚族(어족)과 같이 新鮮(신선)하고 旗(기)빨과 같이 活潑(활발)하고 표범과 같이 大勝(대승)'하였다. 그는 이렇게 말했다. "모더니즘은 문명의 아들이다. 우리 신시(新詩)에 비로소 처음 얼굴을 내민 도회의 자식이다. 문명의 뭇 면이 풍월(風月) 대신 등장했고, 모더니즘은 건축가의 설계 아래 자신의 언어를 지어냈다."(「모더니즘의 역사적 위치」)

해방 후 남로당의 지령을 받았던 조선문학가동맹에서 정치주의적 시를 주창했던 김기림. 어찌 그와 임화를 빼고 한국 문학의 근대성과 아이덴티티를 논하랴. 해방 이전 우리 비평의 최고 수준을 이루었던 임화의 리얼리즘 시론, 그리고 서구 모더니즘의 기예를 통해 한국 문학과 역사의 근대성을 굴착해 들어갔던 김기림. 그러나 애석하게도 두 사람의 문학적 성취는 분단의 굴절 속에서 맥이 끊기고 말았다. 미완으로 묻혔다. 김기림은 6·25 전쟁 때 납북된다.

근대는 김기림의 항구적 주제였다. 시대의 근대적 속성을 속도에서 찾았던 그는 구체적인 일상 속에서 이를 포착했다. 스케이팅, 자동차, 비행기, 아스팔트 따위의 이미지를 통해 마치 자연과학도가 실험 실습을 하듯 새로운 시대적 체험을 펼쳐 보인다. "소월이나 만해의 시가 한국 최고의 시일 수는 있어도, 최고의 근대시일 수는 없는 소이(所以)가 여기에 있는 것이다."(문학평론가 김윤식)

김기림은 절실히 근대를 갈구했으나 일찌감치 그 비극성을 예감했다. 제2차 세계 대전의 발발은 근대, 그것의 파산을 예고했으며, 위기에 선

근대의 초극(超克)이라는 세계사적 번민에 우리 젊은 시인들은 마주하고 말았던 것이다! 일제하 식민지 지식인에게 '근대의 바다'는 수심도 알 길이 없고, 삼월에도 꽃이 피지 않는 불모의 공간으로 다가왔다. 「바다와 나비」는 모더니스트의 슬픈 자화상이자 그 스산한 내면의 풍경이었다.

그는 「태양의 풍속(風俗)」에서 절규하듯 읊는다.

태양아
너의 사나운 풍속을 좇아서 이 어둠을 깨물어 죽이련다.
태양보다 이쁘지 못한 시. 태양일 수가 없는 서러운 나의 시를 어두운 병실에 켜 놓고 태양아 네가 오기를 나는 이 밤을 새워 가며 기다린다……

| 김소월 · 1902~1934 |

즈려밟고 가시옵소서

"소월은 고향이 부르는 소리에 쏜살같이 돌아온 귀향자와 같았다."
—— 서정주

　우리는 그를 그저 소월(素月)이라 부른다.
　그의 시가 그러하듯이, 그 이름은 그 상실감으로 해서, 그 그리움으로 해서 절절하다.
　소월, 그는 서른둘에 요절했으나 그 문학적 성취는 엄연하다. 유일한 시집 『진달래꽃』(1925) 한 권으로 한국 시사(詩史)에 불멸의 위치에 놓였다. 그가 시를 쓰던 1920년대에 누구도 그에 미치지 못하였다. "무색(無色)한 시대에 소월의 시가 있었다."(박종화)
　외래 조류가 화려하게 신시(新詩)를 '도금'하던 그때에 소월은 커다란 곡선을 그리면서 전통으로 회귀했다. 「가시리」와 「정읍사」를 불러냈다. 종시 가누지 못할, 응어리진 정한을 토해 냈으니 이 이상 더 깊고, 맵고, 서럽게 표현될 수 없을 만큼 완벽했다. "소월은 고향이 부르는 소리에 쏜살같이 돌아온 귀향자와 같았다."(서정주)

　가장 사랑받는 시인이요, 시인이 가장 좋아하는 시인 소월. 즐겨 애송되는 그의 시는 동요가 되고, 가요가 되고, 가곡이 되었다. 50여 명의 작곡가가 많지도 않은 그의

시에 곡을 붙였다.

　본명 김정식. 아호인 소월은 그의 고향 뒷산인 진달래봉의 옛 이름 소산(素山)에서 땄다. 소월은 '진달래봉에 뜬 달'이었다.

　소월은 오산학교에서 김억을 만나 시재(詩材)를 꽃피운다. 1922년 우리 서정시의 기념비적 작품「진달래꽃」을 내놓았고, 1924년 동양 사상이 깃든 영원한 명시「산유화」가 탄생한다.

　소월은 항시 애상(哀傷)의 이미지에 절어 있는 듯하나 그 실상은 많이 달랐다. 3·1 운동 때 전단을 가슴에 품고 앞장을 설 만큼 강단이 있었다. 시편 곳곳에 '집 잃은 내 몸' 조선의 통곡을 뿌렸다. "소월은 순정의 사람이 아니고, 어디까지나 이지(理智)가 승한, 총명한, 그리고 심독(心毒)한 사람이었다."(김억)

　어린 시절 집안은 부유했으나 '폐인 아버지'의 그늘에서 자라야 했다. 그것은 소월에게 원초의 어둠이었다. 아버지는 철도 공사장의 일본인 목도꾼들에게 잔인하게 구타당해 정신 질환을 앓았다. 내향적이고 폐쇄적인 성격은 이때 싹텄다.

　그의 말년은 더욱 스산하다. 소월은 전답을 팔고 빚을 내 신문사 지국을 운영하였으나 파산하고 말았다. 이때부터 그의 내면은 참혹하게 일그러진다. 술로 지새는 나날이었다. "세기(世紀)는 저를 버리고 혼자서 앞서서 달아나는 것 같습니다……."

　문중에서조차 장손인 그를 외면했고, 그는 끝내 스스로 세상을 버렸다.

　소월의 사인은 분분하다. 스승인 김억은 그가 아편을 먹고 자살했다고 밝혔으나 당시 신문은 뇌일혈로 사망했다고 보도했다. 각기병으로 죽었다는 설도 있다. 북한의《문학신문》은 소월이 죽기 전 일경에 불려 다니면서 만주 망명과 자살을 자주 언급했고, 그의 베개 밑에서 흰 약봉지가 발견됐다고 전한다.

　이제는 서울 남산의 명물이 된 「소월 시비」는 1968년에 세워졌다. 그는 남에서나 북에서나 시비를 세워 기리고 있는 거의 유일한 시인이다.

| 제1회 미스코리아 선발 대회 · 1957년 5월 29일 |

미인 대회 열전

"키는 다섯 자 정도일 것, 얼굴은 둥그스름하고 복스러울 것,
이빨이 반듯하고 하얗게 반짝거릴 것, 현모양처 감으로 부족함이 없을 것!"

국내에서 처음 미인 대회를 기획한 이는 파인(巴人) 김동환이다.

「국경의 밤」의 시인은 이광수·김동인과 함께 대중 잡지 《삼천리》를 발행하고 있었는데, 어떻게든 경쟁지인 소파 방정환의 《별건곤》을 따라잡아야 했다. 고심 끝에 김동환은 지상(誌上) 미인 대회를 생각해 냈다. 여성들의 상반신 사진을 응모 받아 최고 미인을 표지에 실었고, 잡지는 날개 돋친 듯 팔려나갔다. 1930년대 일제하의 일이다.

1949년에는 월간지 《신태양》이 '미스 대한'을 뽑았다. 응모자의 사진을 확대해 덕수궁 뜰에 진열해 놓고 일반인들에게 인기 투표를 실시했는데, 최고 미인에는 명동의 다방 마담이 뽑혔다고.

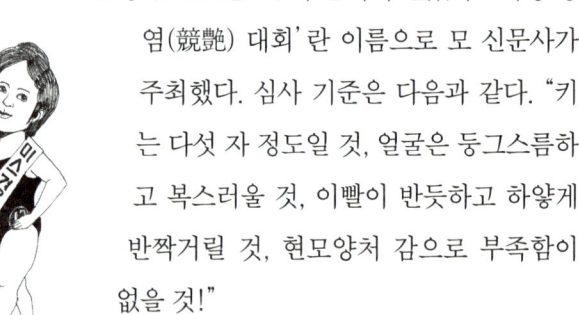

얼굴과 몸매를 직접 보여 주는 본격적인 미인 대회는 전란 중인 1953년 5월 부산에서 열렸다. '여성 경염(競艶) 대회'란 이름으로 모 신문사가 주최했다. 심사 기준은 다음과 같다. "키는 다섯 자 정도일 것, 얼굴은 둥그스름하고 복스러울 것, 이빨이 반듯하고 하얗게 반짝거릴 것, 현모양처 감으로 부족함이 없을 것!"

지금의 '미스코리아 선발 대회'는 1957년

서울 명동 시립 극장에서 처음 열렸다. 초대 미스코리아에게는 상금 30만 환과 양단저고리, 양복지, 은수저 등 부상이 주어졌다.

　미스코리아 대회는 줄곧 여성계의 공격을 받아 왔다. 몸뚱이 치수로 여성을 평가하다니? "여자의 아름다움이란 여성의 불평등을 고착시키기 위해 가부장적 사회가 구축한 신화"라는 게 이들 페미니스트들의 주장이다. 1999년에는 '안티 미스코리아 페스티벌'이 열려 우리 사회의 외모지상주의를 신랄하게 겨냥했다.

　여성단체의 등쌀에 못 견뎌서일까. 30년간 텔레비전으로 생중계되었던 미스코리아 대회는 2002년부터 지상파 방송에서 퇴출됐다. 수영복 심사도 사라졌다. 외모보다는 교양과 지성미에 더 중점을 두겠다고. "무슨 장학생 선발 대회도 아니고……." 하는 볼멘소리도 들린다.

　미스코리아의 상징성도 많이 희석돼 가는 느낌이다. 왕관을 쓰고 꽃다발과 트로피를 안은 채 눈물을 글썽이는 표정은 흘러간 유행가인 양 이제 아득하기만 하다. 틀에 박힌 수영복과 하이힐, 특유의 사자머리는 개성과 끼를 중시하는 요즘 시대에 또 얼마나 생뚱맞은가.

　"미스코리아감이네!", "미스코리아 뺨친다!" 같은 말도 왠지 낯설게만 들린다. 대중문화 산업이 급속히 성장하면서 '미스코리아=스타 탄생'이라는 등식도 깨졌다. S양, H양, L양의 경우에 보듯 이제 미스코리아도 '벗지 않으면' 장사가 되지 않는 세상이다.

| 대도 조세형 탈주 · 1983년 4월 19일 |

권력의 곳간 속

털어서 불안한 도둑은 작은 도둑이요, 털려서 불안한 도둑이 큰 도둑이다.

1970년대 봄 어느 날. 서대문 근처를 어슬렁거리던 대도 조세형이 주택가의 돌담을 넘었다. 대낮이었다.

장문을 열자 몇 만 달러씩 묶은 달러 뭉치와 거액의 엔화 뭉치, 마분지로 싼 고액권 100장 묶음이 무더기로 쏟아졌다. 보석장 서랍에는 금괴가 그득했다. 정신없이 항공 백을 채우다 보니 무게만 70킬로그램. 대충 따져 봐도 50억 원어치가 넘었다. 서울 시내 집 한 채 값이 700만 원 정도 할 때였다. 당시 박정희 대통령과 매우 가까웠던 모 재벌 첩의 집이었다.

권력층과 부유층의 집을 단골로 털었던 조세형. 그가 들춰본 유력 인사들의 곳간 속은 요지경이었다. '구렸다.' 인구에 회자됐던 '물방울 다이아'에서는 심한 악취가 났다. 돈푼깨나 있어 보인다 싶어 들어가 보면 여지없이 행세깨나 하는 집이었다. 어음을 도난당한 피해자들은 뇌물 출처가 들통날까 봐 전전긍긍했다. 털어서 불안한 도둑은 작은 도둑이요, 털려서 불안한 도둑이 큰 도둑이라고 했던가. 권력을 '훔쳐' 나라를 다스리던 시절이었다.

조세형은 신출귀몰했다. 김종필 총리의 신당동 집에 들어가 미국 대통령에게서 선물 받은 은빗을 들고 나오기도 했고, 그 서슬 퍼렇던 중앙정보부장의 공관에 침입해 국가 기밀을 훔쳐보기도 했다.

1983년 4월 19일. 재판을 받던 중 법원 구치감 창문을 통해 탈주했던 조세형은 나흘 만에 다시 붙잡혔다. 그에게는 징역 15년에 보호감호 10년의 중형이 선고된다. 절도범으로는 사상 최고형이었다. 권문세가의 장롱을 뒤진 괘씸죄에다, 환갑이 훨씬 넘을 때까지 독방에 처넣어 '입'을 막으려 했다는 이야기가 흘러나왔다.

그는 15년 4개월 동안 청송 감호소에 유폐되었다.

"손목과 발목을 수갑과 포승줄로 칭칭 묶는 거예요. 허리에는 가죽으로 만든 '혁(革) 수갑'을 채우고요. 그런 꼴로 엎어져 개처럼 밥을 핥아 먹었지요."

햇빛을 볼 수 없는 한 평 독방은 '무덤 속'이었다. 하루 스물네 시간 그를 감시하는 폐쇄회로 카메라가 작동했다. 교도소 직원들은 혀를 찼다. "저놈이 미쳐 버리지 않는 게 희한하다!"

1998년 출감한 조세형은 신앙인으로 새출발했다. 취직도 했고, 결혼해 아이도 낳았다. 그러나 새사람이 됐다던 그는 이태 뒤 일본에서 원정 절도를 하다 다시 붙잡혔다.

"절도는 병"이라고 입버릇처럼 말했던 조세형.

그도 결국 절도의 습벽을 이겨내지 못한 것일까. 아니면 세상이 이 '사회적 미성년자'를 너무 붕 띄워 놓은 것일까. 그는 차라리 감옥에 있을 때가 편했다고 자주 토로하곤 했다. 끝까지 자신을 믿었던 사람들까지 저버리고 말았으니 그의 '손버릇'은 정녕 원죄였던가.

대도 조세형, 그는 자신의 영혼까지도 훔친 도둑이었다.

| 김형욱 · 1925~? |

'일인지하'의 말로

이렇게까지 잔인할 수 있나.
잘못했다고 엎드려 비는 김형욱을
자동차에 태운 채 그대로 폐차장에 밀어 넣어 버렸으니…….

1977년 6월 22일. 미 하원 청문회의 증언대에 선 김형욱 전 중앙정보부장은 '유신의 심장'을 겨누었다. 그가 한번 입을 열자 온갖 국가기밀(?)이 줄줄이 새나왔다. 김대중 납치 사건, 저격범 문세광 사건, 인혁당 사건……. 그의 입을 막으려던 박정희 대통령의 회유 서신과 김재규 중앙정보부장의 사신(私信)마저 공개된다. 박동선의 '코리아 게이트'가 터져 나온 것도 이때다.

그러고도 '배가 고팠던지' 그는 회고록 집필에 나선다. 치정(정인숙 사건)에서부터 대북 공작(실미도)에 이르기까지 박정희 정권의 공(公)과 사(私)를 낱낱이 까발릴 셈이었다.

박정희 정권은 전전긍긍했다.

마침내 한국 정보 기관의 '표적'이 되고 만 김형욱. 그는 1979년 10월 7일 프랑스 파리에서 흔적도 없이 사라진다. '키 큰 동양인'과 함께 카지노를 나선 뒤, 그를 본 사람은 아무도 없었다.

그는 왜 파리로 왔을까?

"회고록을 출간하지 않는 대가로 500만 달러를 받기로 했다. 미국에서 100만 내지 150만 달러를 받았고, 잔금을 받으러 파리로 건너왔다."(재미 언론인 A씨)

그의 최후에 대해서는 설이 구구하다. 파리에서 살해된 뒤 센 강에 버려졌다고도 하고, 산 채로 짐짝처럼 포장된 채 대한항공(KAL) 화물기 편으로 서울로 탁송됐다고도 한다.

더 끔찍한 얘기도 있다. 차지철 당시 청와대 경호실장이 김형욱을 박 대통령 앞에 무릎 꿇렸고, 결국은 폐차장 압착기 아래서 최후를 맞았다는 것. 입에서 입으로 전해지는 목격담은 차마 믿기지 않는다. "이렇게까지 잔인할 수 있나. 잘못했다고 엎드려 비는 김형욱을 자동차에 태운 채 그대로 폐차장에 밀어 넣어 버렸으니……."

당시 파리에 주재했던 한 외교관은 "중정에서 '수중 작전'을 펼쳤을 가능성도 있다"고 말한다. 작전은 다른 곳(스위스 제네바)에서 이뤄졌지만 관심은 파리로 끄는 식으로 말이다.

그러나 진실은 여전히 베일에 가려 있다. 관련자들은 감도 있고 추측도 있지만 말을 아낀다. 게다가 정작 당사자들은 세상에 없다. 김형욱이 실종된 지 열아흐레 만에 10·26이 터졌고 박 대통령과 차지철, 그리고 두 사람을 '처치했던' 김재규 역시 형장의 이슬로 사라졌다.

박정희의 일인지하(一人之下)에서 무소불위의 권력을 휘둘렀던 김형욱. 장장 6년 3개월 동안 '남산'을 지켰던 그는 주군에 대한 충성심이 광신적이었다. 여하한 불충도 용납하지 않았다. 불쑥불쑥 권총을 꺼내 들기 일쑤였던 그의 닉네임은 '멧돼지'였다.

그런 김형욱이 어느 날 절대 권력의 품에서 떨어져 나갔을 때 모멸감과 배신감은 컸다. 공화당 전국구 의원으로 국회 말석을 지키고 있어야 하는 자신을 견딜 수 없었다. 가차 없이 수하를 내치는 박 대통령의 잔인함에 신변의 위협을 느끼기도 했

을 터이다.

　1973년 미국 망명길에 오른 그는 반독재 민주 투사를 자처했다. 한국의 민주화에 보탬이 되고 싶다고 공공연히 떠벌리고 다녔다. 지미 카터 미국 대통령이 한국의 인권 상황을 거론하며 주한 미군 철수 계획을 발표하자 "유신 때문에 한국이 망한다"고 분개하기도 했다.

　그 숱한 '폭로와 비난'은 그 자신의 정치적 죄업을 씻어 보려는 노력이었을까?

| 맥도널드 한국 상륙 · 1988년 3월 29일 |

맥크레이지!

의미 있는 변화를 향한 첫 걸음은 너무나 쉬운지도 모른다.
찾지 않으면 된다! 먹지 않으면 된다!

1988년 3월 서울 압구정동에 맥도널드 1호점이 문을 열었다.

그리고 그해 19억 원에 불과하던 맥도널드의 매출은 2000년 2300억 원으로 늘어났다. 십수 년 만에 그 까다롭다는 한국인의 입맛을 점령한 것이다.

맥도널드는 공산권에도 맨 먼저 진출했다. 1990년 모스크바에서 매장이 문을 열자 2킬로미터가 넘는 행렬이 이어졌다. 지구촌 어디에선가 다섯 시간마다 맥도널드 가게가 새로 문을 열고 있으며, 전 세계 인구의 1퍼센트가 매일같이 이 음식을 찾는다고 한다. 한밤 고속도로를 달리는 나그네들은 저 멀리 어둠을 뚫고 솟아오르는 맥도널드의 커다란 M자 황금 아치에서 십자가보다 강렬한 인상을 받는다.

맥크레이지(McCrazy)!

이 '기름덩어리'의 성공 비결은 한마디로 세계 어느 곳에서나 맛이 똑같다는 것이다. 메뉴의 단순화, 공정의 표준화. 창업자 레이 크록의 맥도널드 신화는 5만여 항목에 이르는 그 매뉴얼에 있다.

각 체인점에서 음식은 '조리'되지 않는다. 이미 가공된 부품들로 '조립'된다. 자동차 왕 헨리 포드의 일괄 생산 방식(컨베이어 벨트 시스템)이 음식을 만드는 데 도입됐다. 맥도널드의 빅맥 햄버거를 기준으로 세계 각국의 물가와 통화 가치를 비교하는 '빅맥 지수'도 그래서 나왔다.

맥도널드는 지구인의 입맛을 새롭게 길들이고 있다.

햄버거는 소금과 설탕 그리고 화학조미료 범벅이다. 영양학적으로 거의 취할 바 없는 음식이다. 콜레스테롤 수치가 유난히 높은 정크 푸드(쓰레기 음식)의 대명사다. 햄버거에는 마땅히 이런 경고문을 붙여야 하지 않을까. "햄버거는 비만 등 각종 질병의 원인이 되며, 특히 성장기 어린이의 건강에 해롭습니다!"

그것은 '현대인의 역병'이라는 비만과 직결된다. 1970년대에 비해 두 배나 증가한 미국인의 비만율은 햄버거와 같은 패스트푸드가 그 원흉이다. 1992년 맥도널드가 베이징에 상륙한 이래 중국 십대 청소년의 비만율은 세 배나 늘었다.

맥도널드는 자사 브랜드의 접두어인 맥(Mc)을 독점 사용하고 있다. 기업명이나 상품명에 '맥'을 쓰고자 한다면 천문학적 액수의 소송을 각오해야 한다. 이 회사는 햄버거 원료 시장도 지배하고 있다. 맥도널드는 쇠고기, 돼지고기, 감자의 미국 내 최대 구매자이자 닭고기의 두 번째 구매자이다. 코카콜라가 가장 많이 판매되는 곳이 또한 맥도널드다. 미디엄 사이즈 코카콜라의 구입 원가는 대략 9센트. 판매가는 1달러 29센트다. 엄청난 마진이다.

어찌해야 하는가? 미국의 저널리스트 에릭 슐로서는 저서 『패스트푸드의 제국』에서 제안한다. "찾지 않으면 된다! 먹지 않으면 된다!" 어쩌면 의미 있는 변화를 향한 첫걸음은 너무도 쉬운지 모른다.

그래도 정 햄버거가 당긴다면 음유시인 딜런 토머스의 시구를 음미하라. "그 달콤한 밤 속으로 들어가지 마라. 빛의 소멸에 분노, 또 분노하라……."

|심훈 · 1901~1936|

민족의 상록수

"저는 어머님보다도 더 크신 어머님을 위하여
한 몸을 바치려는 영광스러운 이 땅의 사나이외다."
— 심훈

"콩밥을 먹는다고 끼니마다 눈물짓지 마십시오. 어머님이 메주를 찧을 때면 그걸 한주먹씩 주워 먹고 배탈이 나곤 하던, 그렇게도 삶은 콩을 좋아하던 제가 아니었습니까?"

'민족의 상록수' 심훈.

1919년 경성 제일고보 재학 시절, 3·1 만세 운동으로 체포된 그가 어머니께 띄운 옥중서한은 늘 푸른 청년의 기개가 넘친다.

그는 서른다섯의 짧은 생을 살았으나 한 점 흐트러짐이 없었다. 항일의 정신으로 초지일관했다. '조상에게서 그저 받은 뼈와 살이어늘/ 그것이 아까와 놈들 앞에 절하고 무릎을 꿇는' 지식인들을 경멸했다. '어머님보다 더 크신 어머님'을 위해 자신을 고스란히 쓰고자 했다.

심훈은 작품에서 늘 해방을 기도했다. '삼각산이 일어나 더덩실 춤이라도 추고/ 한강 물이 뒤집혀 용솟음칠 그날'을 간절히 염원했다.

광복의 그날, '역사의 명절'을 목 놓아 불렀다.

　　내 고향의 추석도 그 옛날엔 풍성했다네
　　비렁뱅이도 한가위엔 배를 두드렸다네……
　　　　　　　　　—「가윗절」

1930년대 들어 일제의 검열과 탄압이 심해지자 심훈은 선친의 고향인 충남 당진에 내려가 창작에 몰두했다. 1935년 탈고한 소설 『상록수』가 《동아일보》 현상공모에 당선되면서 그는 일약 '국민 작가'로 떠오른다.

우리 모두가 농민이었고 그 아들딸이었던 시절, '식민지 조선의 농촌과 결혼한' 신여성 최용신이 소설의 여주인공(채영신)의 실제 모델이다. 농촌 계몽 활동에 헌신했던 최용신은 스물여섯의 젊은 나이에 과로와 속병으로 숨졌다. 동아일보사가 전국적인 문맹 퇴치 운동인 브나로드(vnarod, 민중 속으로) 운동을 펼치며 조선의 지식인들을 농촌으로 이끌고 있을 때였다.

『상록수』는 농촌 소설이자 민중 소설이었다. 앞서 발표된 이광수의 『흙』과는 사뭇 달랐다. 『흙』은 지식인의 시혜적인 봉사였으나 『상록수』는 민족 자강 운동이었다. 『흙』에는 계몽만 있을 뿐 실천이 빠져 있었다. 정치적으로 무색무취했던 거다.

시인이자 소설가요 영화인이었던 심훈은 다재다능한 예인(藝人)이었다. 영화 「장한몽」의 주연 배우였고, 「먼동이 틀 때」의 감독이자 제작자였다. 경성방송국의 아나운서였고 《동아일보》의 기자였다.

《동아일보》와의 연(緣)은 대물림되었으니, 그의 셋째 아들 심재호도 《동아일보》(신동아) 기자를 지냈다. '아버지'는 일제의 탄압을 피해 만주에서 망명 생활을 했고, '아들'은 1970년대 유신의 칼날을 피해 미국으로 건너가야 했다.

그 아들은 1980년대 후반부터 북한을 드나들며 이산가족 상봉 사업에 땀을 흠뻑 쏟았다. 혈연의 끈을 이어 주고자 사재를 털어 백두산 기슭까지 훑었다고 한다.

상록수의 푸르름은 이렇듯 대를 이어갔다.

| 윤동주 · 1917~1945 |

하늘과 바람과 별과 시

그의 시적 자아는 슬프고 아름답다.
그의 눈은 항상 순수를 찾아 하늘을 더듬었다.
그의 시는 한 순결한 영혼이 펼쳐 보이는 순정의 빛이었고,
투명한 기록이었다.

· 시인 윤동주.

그가 지상에서 누린 짧은 삶은 어느 한순간도 온전히 '내 나라 내 땅'인 적이 없었다. 서러움과 한이 유난히도 사무친 이국땅 간도에서 태어나 '식민지 조국'에 유학을 해야 했고, 끝내는 압제자의 땅에서 쓰러졌다.

"무시무시한 고독에서 죽었구나! 29세가 되도록 시도 발표하여 본 적도 없이!"

선배 시인 정지용은 그의 유고 시집 『하늘과 바람과 별과 시』에 쓴 서문에서 살아남은 자들의 회한과 통증을 이렇게 토해 냈다.

윤동주, 그의 시적 자아는 슬프고 아름답다. 그의 눈은 항상 순수를 찾아 하늘을 더듬었다. 그의 시는 한 순결한 영혼이 펼쳐 보이는 순정(純正)의 빛이었고, 투명한 기록이었다.

그는 시대의 추위를 영혼의 온기로 감싸고자 했다. 아픔을 사랑으로 분노를 꿈으로 피워 냈다.

윤동주가 시를 쓰던 시기는 시가 철저히 외면 받던 때였다. 그가 바라보던 하늘과 바람과 별의 자리에는 전쟁의 광기가 너울거렸다.

"고향을 애절하게 그리는 것만으로도 죄가 되었고, 벗들과 어울려 술을 마시는 것도 감시를 받았다. 창씨개명을 하지 않은 '순이'에 대한 추억조차 영락없는 불온이었다."(문학평론가 임헌영)

방학 때면 고향인 용정에 내려와 베옷을 입고 소를 끌고 다니며 릴케와 발레리를 읽었던 윤동주. 그는 여렸다. 수줍음을 많이 탔다.

사람들은 그런 윤동주를 저항의 시인이라고 한다. 그의 시에는 진정한 영혼의 고통을 겪는 사람만이 아는 고뇌의 절규가 배어나며, 그 끝 모를 고뇌의 깊이 속에 '순수 저항시'의 참된 가치가 스며 있다는 것이다. "윤동주의 옥사는 그 자체가 개결(介潔)한 삶과 민족적 정서의 작렬함이었다. 여기에 그의 문학적 순절의 시대적 의미가 있다."(임헌영)

1943년 7월, 윤동주는 사상범으로 일경에 체포된다. 죄목은 애매했다. 그는 수감 내내 혹독한 고문과 동상에 시달렸다. 윤동주가 죽기 전 매일 맞았던 정체불명의 주사약이 무엇인지는 알 길이 없다.

그에게는 매달 단 한 장의 엽서를 쓰는 것만이 허용됐다. "붓끝을 따라온 귀뚜라미 소리에도 벌써 가을을 느낍니다"라는 동생의 편지에 이런 답신을 남겼다. "너의 귀뚜라미는 홀로 있는 내 감방에서도 울어 준다. 고마운 일이다." 그게 마지막이었다.

1945년 2월, 그의 집으로 한 장의 전보가 날아들었다.

"2월 16일 동주 사망 시신 가져가라."

해방을 불과 6개월 앞둔 때였다.

　　십자가가 허락된다면
　　모가지를 드리우고
　　꽃처럼 피어나는 피를

어두워 가는 하늘 밑에
조용히 흘리겠습니다…….
　　　　　　　　　―「십자가」

| 함평 고구마 투쟁 · 1978년 4월 24일 |

고구마의 승리

'농익어 단 열매만을 뽐내는 저 큰 나무'의 그늘에는
'벌레와 비바람에 썩고 잘려나간 밑둥'과 '돌과 흙에 짓눌린 뿌리'가 있었다.

1976년 늦가을, 전남 함평군.

노변에 쌓아 놓은 생고구마 가마니에 하얗게 서리가 내려 김이 올라오고 있었다. 팽팽하던 가마니가 납작해지더니 서서히 주저앉았다. 고구마가 썩어 가고 있었다. 마치 술이 익어 가듯 싸하고 매캐한 냄새가 천지에 진동했다.

농민들의 억장이 무너졌다. 마침내 참고 참았던 울분이 터져 나왔다.
"고구마는 농민의 인권이다!"

그들의 성난 외침은 갈라지고 메말랐다. 유신체제의 서슬이 퍼렇던 시절이었으나 농민들은 긴 침묵에서 깨어나고 있었다. 해방 후 농민 운동사에 한 획을 그은 '함평 고구마 사건'은 이렇게 시작된다.

그해 4월 농협은 생고구마를 시가보다 30~40퍼센트 비싼 가격에 수매한다고 발표했다. 그러나 막상 수확기가 되자 수매는 채 절반도 이루어지지 않았다. 고구마 수매 자금 415억 원 가운데 80억 원을 자기들끼리 돌려썼음이 나중에야 밝혀졌다. 그 손실을 고스란히 '농투성이'들에게 떠넘기려 든 것이다. 고구마가 썩기 시작하자 도시의 상인들이 벌떼같이 달려들었고, 농민들은 울며 겨자 먹기로 헐값에 팔아 치워야 했다.

1977년 4월 광주 계림동 성당에서 기도회를 시작으로 '고구마 투쟁'의 힘찬 닻이 올라갔다. 피해 보상 대책 위원회는 서울·부산·대전 등 대도시를 돌며 진상을 알리고 동참을 호소했다.

이듬해 4월 24일. 광주 북동 성당에서 농민 60여 명이 가마니를 깔고 단식 농성에 들어가면서 고구마 투쟁은 절정에 달한다. 문익환 목사와 작가 황석영이 경찰의 저지를 뚫고 담을 넘어 들어와 이들과 합류했다. 농성 9일째 되던 날, 관(官)은 결국 두 손을 들었다. 피해를 보상키로 하고 사과 담화문도 발표했다. '고구마의 승리'였다.

함평 고구마 사건은 현대적 농민 운동의 출발이었으니 이듬해 경북 안동에서 '감자 투쟁(일명 오춘원 씨 납치 폭행 사건)'의 도화선이 되었다.

1970년대의 눈부신 고도 성장은 저임금, 저곡가 위에 쌓아올린 것이었다. 농민들은 늘 허기를 느꼈다. 그늘은 깊었다. 도시의 봉제 공장에서 두 눈을 비비며 밤새 재봉틀을 돌리던 고사리 손들은 다름 아닌 그 농민들의 딸이었다.

도시의 빈민층 역시 이농민(離農民)이었다. 근대화와 산업화는 그들을 끊임없이 일하도록 닦달했으나 결코 배부르게 하지는 않았다. 신경림의 시 그대로 '농익어 단 열매만을 뽐내는 저 큰 나무'의 그늘에는 '벌레와 비바람에 썩고 잘려나간 밑동'과 '돌과 흙에 짓눌린 뿌리'가 있었다.

그리고 이제 그 뒤끝은 세계화인가. 농민들의 한숨과 시름은 여전하다.

돌아보면 아득하기만 한 1970년대. 그것은 빛바랜 흑백 사진처럼 시인 안도현의 '정미소가 있는 풍경'으로 남았다.

생산의 고향이여
모든 부의 관리자여
그리하여 눈부신 빛더미여
붉은 양철 지붕을 뒤집어쓰고
한 마리 덩치 큰 짐승처럼 서 있는 정미소…….
　　　　　　　　　　　―안도현, 「정미소」

| 최승희 · 1911~1969 |

동방의 백조

"최승희의 춤과 혈관 속에 충만한 민족애야말로 조선이 가장 아껴야 할 것이다."
── 가와바타 야스나리

친일, 그리고 월북!

1930~1940년대 일제하의 암울한 시기, 동방의 백조로 훨훨 날아올랐던 무용가 최승희. 그녀의 춤사위에 얹힌 역사의 멍에는 이제 걷히는가.

2000년 6월 평양에서 남북정상회담이 열렸을 때, 김대중 전 대통령과 김정일 국방위원장은 나란히 앉아 최승희의 「쟁감춤」과 「물동이춤」을 지켜보았다. 남과 북에서 그녀의 이름을 입에 올리기조차 껄끄러웠던 금기의 한 시대는 그렇게 저물었다. 2003년 그녀의 묘는 애국열사릉에 이장되었다.

1933년 5월, 도쿄 청년회관에서 열린 최승희의 신작 발표회는 일본열도를 강타했다. 천하대장군춤, 고구려춤, 화랑춤……. 그녀의 춤은 '조선에 대한 그리움'으로 울렁였다. 그녀의 춤사위는 우리네 아리랑 고개의 너울거림이었다.

노벨 문학상을 수상한 일본 작가 가와바타 야스나리는 "최승희의 춤과 혈관 속에 충만한 민족애야말로 조선이 가장 아껴야 할 무엇"이라고 감격했다.

최승희는 마라톤의 손기정과 함께 민족의 우상이었다. 최승희의 열렬한 후원자였던 여운형과 송진우는 두 사람을 초대해 함께 사진을 찍도록 연출(?)했으니 나라 잃은 백성들에게 희망을 심고자 함이 었다.

최승희는 시대의 연인이었다. 세계적인 스타였다. 피카소, 마티스, 로맹 롤랑, 장 콕토와 같은 시대의 예술 정신들이 그 춤에 혼을 빼앗겼다. "최승희의 춤에는 일본의 색, 중국의 율동, 한국의 선이 함께 흐르고 있다."(《뉴욕 타임스》)

3년 동안 150여 회에 걸친 순회 공연은 세계 무용사에 유례가 없는 일이다. 도쿄 제국극장에서 가진 24회 연속 단독 공연도 희귀한 기록.

최승희는 세계지도를 가지고 다니면서 외국 기자들에게 '조국 꼬레아'의 식민지 상황을 설명해 주곤 했다. 이를 두고 일본의 《아사히 신문》은 최승희에게 반일 사상이 있다고 썼다.

'동양무용론'을 내세웠던 최승희. 그 뿌리는 불상에 닿아 있다. 신묘한 불상의 이미지를 무용 예술로 빚어낸 보살춤은 불상의 수인(手印)을 손가락 춤으로 승화했다.

최승희 곁에는 남편 안막이 있었다. 카프(조선프롤레타리아예술동맹) 출신 좌익 사상가인 안막은 그녀의 가장 든든한 후원자였다. 그는 사해동포주의라는 이념 아래 그녀가 정치 논리에 얽매이지 않고 자유롭게 활동할 수 있도록 독려했다.

그러나 일제는 그녀를 그냥 놓아두지 않았다. 전시 동원을 피할 수는 없었다. 강요에 의한 것이었으나 친일 행적은 광복 후 두고두고 부담이 되었다. 결국 남편을 좇아 도망치듯 월북하고 만다.

일생 동안 최승희의 뒤를 좇은 중앙대 정병호 명예교수의 증언. "물론 친일 행위는 있었다. 황군 위문 공연에 나섰다든지, 공연 수익금을 전비(戰費)로 내놓았다든지. 하지만 무용을 포기하지 않는 한 친일을 비껴갈

수 없는 상황의 논리도 있었다."

　손기정은 최승희의 친일파 논란이 일 때마다 흥분했다. "그렇다면 내가 가슴에 일장기를 달고 뛴 것도 친일이란 말인가?"

　남한과 북한, 일본과 중국을 넘나들며 친일과 반일, 친공(親共)과 반공이라는 이데올로기의 교차로를 가로질렀던 최승희.

　그녀는 사람의 몸을 지닌 새였다. 이 매혹적인 새는 그 어떤 이념의 새장에도 가둬 둘 수 없었다.

　지상의 중력에 이끌렸으되 마냥 창공의 자유에 깃들고자 했다.

| 김광균 · 1914~1993 |

'와사등'의 시인

자연의 풍경이 아니라 정신의 풍경!
농경 생활이 아니라 도시 생활!
음악이 아니라 회화!

「와사등(瓦斯燈)」의 시인 김광균.

그는 우리 현대시사(史)의 건널목이었다. 우리 현대시에 이미지즘의 새로운 문법을 선보였다. 시라고 불리는 음악을 회화적 색채로 짙게 물들였다. 1930년대 우리 시의 현대적 감수성을 한 단계 끌어올렸다.

김광균은 "소리조차 모양으로 번역하는 기이한 재주를 가진 시인"(김기림)이었다. 그를 만나고서야 우리는 귀로 듣는 종소리를 '분수처럼 흩어지는 푸른 종소리'로 보게 되었다.

고흐의 「수차가 있는 가교」를 처음 접하고 두 눈알이 빠지는 것 같은 감동을 느꼈다는 시인 김광균. 그는 회화에 몰두했다. 소리를 혐오했다. 그의 「외인촌」에선 아예 소리가 존재하지 않는다. 그곳의 시계는 열 시가 되어도 소리를 내지 않는다. 다만 '여윈 손길을 저어' 시각을 가리킬 뿐.

자연의 풍경이 아니라 정신의 풍경! 농경 생활이 아니라 도시 생활! 음악이 아니라 회화! 그게 현대를 뚫고 나갈 호흡이었다. 도시적 감각의 시각적 이미지야말로 김광균이 평생 간직한 시적 본령이었다.

김광균은 "시는 항시 그 시대의 거울"이라고 말하곤 했다.

그러나 그의 시에서 현실은 '먼 풍경'으로 그려질 뿐이다. 그는 시대의 거울보다는 내면의 거울을 중시했다. 사라지는 것, 희미해져 가는 것, 여위어 가는 것을 마주하며 그의 시는 과거의 시간에 젖어 있었다.

김광균의 시가 이렇듯 한없이 무른 속살을 가진 애상적인 시가 된 것은 무엇 때문인가.

그 자신 우리 모더니즘이 아류로 전락한 것에 대해 이렇게 썼다. "문명을 감수하는 데 그쳤을 뿐, 이것을 극복하는 노력에 무력하였으니 그게 모더니즘의 패색을 가져온 원인이다." 그의 시 또한 예외가 아니었다.

광복기에 김광균은 사업가로 변신한다. 그리고 오랫동안 성공한 사업가로 남았다. "현대시의 맏형 격인 T.S. 엘리엇이 은행원으로서도 훌륭했다더니 김광균이야말로 한국의 엘리엇이 아닌가?"(구상)

1989년 생애 마지막 시집이 된 『임진화』를 펴내면서 죽은 후에도 시인으로 불러 달라고 당부했으나, 김광균은 "시를 쓴다는 것이 이미 부질없고나!"라고 자주 탄식하곤 했다.

> 시를 믿고 어떻게 살아가나
> 서른 먹은 사내가 하나 잠을 못 잔다.
> ……
> 무수한 손에 뺨을 얻어맞으며
> 항시 곤두박질해온 생활의 노래
> ……
> 먹고 산다는 것.
> 너는 언제까지 나를 쫓아오느냐…….
>
> ―「노신(魯迅)」

| O양 비디오 파문 · 1999년 3월 |

섹스, 여배우 그리고 비디오

"보이는 것은 그것을 본 사람에 의해 소유된다."
— 장 폴 사르트르

    1999년 봄은 황사가 유난했다. 'O양 비디오'의 황색 폭격을 받고 전국이 벌겋게 달아올랐다.
    점잖은 국무회의에서도 이 문제가 거론된다. 당시 남궁석 정보통신부 장관은 "여대와 백화점 화장실에서 사생활에 관한 내용을 녹취해 인터넷에 띄우는 사례가 위험 수위를 넘어섰다"고 보고했다.
    그러나 O양의 비디오는 몰카가 아니었다. 스스로 찍은 것이었다. 마치 스티커 사진을 찍듯 성행위 장면을 비디오테이프에 담아 기념으로 간직했다.
    문제는 테이프가 밖으로 새나간 것이다. 디지털 시대에 그것은 동시다발적으로 세포 분열을 일으켰다. 사람들은 테이프를 구하기 위해 더 이상 청계천을 기웃거릴 필요가 없었으니 인터넷은 욕망의 하수구였다.
    맹랑한 것은 언론이었다. 한편에서는 도저히 궁금해서 O양 비디오를 보지 않을 수 없도록 야살을 떨어 댔고 또 한편에서는 준엄한 목소리로 관객

들을 꾸짖었다. 사생활을 훔쳐보는 것은 파렴치한 짓이며 우리 모두가 공범자라고 몰아쳤다.
    비디오에 무엇을 담든 그것은 전적으로 O양의 사생활일 터이다. 그 때문에 그녀가 비난받을 이유는 없다. 방 안에서 무슨 짓을 하든 그게 무슨

상관이겠는가.

　문제는 창문이 활짝 열린 것이다. 방 안에서 진풍경이 벌어지고 있었던 것이다. 행인들은 그냥 지나칠 수가 없었던 것이다. 도저히 그냥 지나칠 수 없도록 신문과 방송이 떠들어 댔던 것이다.

　그리고 어느 순간 짐짓 근엄해져서는 우리 사회의 타락한 성윤리를 질타하기 시작했다. 소돔과 고모라를 들먹였다. 언론은 기어코 O양에게서 "심려를 끼쳐 죄송하다"는 사과를 받아냈다.

　그러고는 또 다시 안색을 바꾸더니 O양에게 "당당하라"고 충고했다. 대체 뭘 당당하라는 것일까? 비디오를 찍은 것에 대해? 창문이 열린 것에 대해?

　'훔쳐보기'가 됐든 '관음'이 됐든 그것은 이미 가치중립적이지 않다. '관음증(症)'이라는 말에서 보듯 그것은 엄연히 성도착이요 정신 질환으로 분류된다. 그러나 관음이 간음은 아니다. 해수욕장에서 수영복 차림의 여성을 바라보는 것도 마음먹기에 따라서는 얼마든지 관음일 수 있는 것이다.

　그럼에도 '포르노에 대한 시각적인 접촉'이 그렇게까지 비난 받아야 할까. 매춘이 그러하듯이 포르노그래피도 인류의 시작과 함께 출현했다. 관음은 오래된 욕구다. 본능이다. '포르노의 금기'란 국가 권력의 계몽주의적 발상일 뿐이다.

　"보이는 것은 그것을 본 사람에 의해 소유된다"(사르트르)고 했던가.

　디지털 시대의 견딜 수 없는 유혹, 포르노. 그 처방은 하나다. 중독되거나 식상하거나!

| 신상옥 · 1920~2006 |

영화 같은 삶

"우상 숭배만 없었다면 그냥 거기 있었을지도 몰라요.
동유럽 같은 공산주의였다면.
헝가리 같은 데는 그때도 영화 찍기 좋았으니까."

"드디어 북한 땅을 밟았다. 1978년 1월 22일 영원토록 잊지 못할 그날이었다. 앞사람을 따라 걷는데 주위에서 높은 사람이 나왔다고 수군거리는 소리가 들렸다. 누군가가 이쪽을 향해 뚜벅뚜벅 걸어오고 있었다. 그리고 약간 굵은 남자의 목소리가 들렸다. '오시느라 수고 많이 하셨습니다. 최 선생, 내가 김정일입니다!'"

1978년 1월과 7월 홍콩에서 각각 납치됐던 신상옥 최은희 부부. 11년간 북한과 미국을 떠돌다 1989년 한국으로 돌아온 이들 부부는 그 몇 년 뒤 모 국내 월간지와 인터뷰에서 알 듯 모를 듯한 속내를 털어놓는다.

"우상 숭배만 없었다면 그냥 거기 있었을지도 몰라요. 동유럽 같은 공산주의였다면. 헝가리 같은 데는 그때도 영화 찍기 좋았으니까."

이들 부부는 북한에서 영웅 이상이었다. 김일성 부자의 전용 별장에서 지내면서 고급 벤츠를 탔다. 김일성 부자는 그들이 원하는 것은 무엇이든지 다 들어주었다. 최은희의 감회 어린 회고담. "김정일은 소탈한 성격에 예술에 대한 이해가 깊었지요. 저에게 참으로 잘 대해 줬어요. 남쪽에 있을 때는 바빠서 생일을 잊고 살았는데 북에선 꼬박꼬박 생일상을 받았지요."

신상옥이 총장(사장)으로 있었던 신필림에는 연간 300만 달러(약 30억 원)가 지원됐다. 북한의 외환 사정을 감안하면 천문학적인 액수다. 그는 북한에서 20여 편의 영화를 제작했고 「돌아오지 않는 밀사」, 「탈출기」, 「소금」 등 7편은 감독까지 맡았다. 이들 영화가 상영될 때마다 극장 주위는 인산인해를 이루었다.

신상옥 최은희 부부는 김정일 초청 파티에서 납북된 뒤 5년 만에 재회한다. 이들은 이때부터 탈출을 계획했다고 밝혔다. 그전에도 두 번이나 탈출을 기도했으나 실패했다고 했다. 그러면 북한에서 두 사람의 활동은 단지 탈출을 위한 연기였던가? 영화를 찍은 것도 순전히 강압 때문이었나?

신상옥의 작품 세계를 뜯어보자.

1950년대부터 1970년대 초반에 이르는 그의 작품 연보는 현기증이 일 정도로 모순과 불연속성을 드러낸다. 영화보다 더 영화 같은 그의 삶의 굴곡과 맞물리며 모호한 궤적을 그려 나간다.

신상옥은 1960년대 박정희 군사 정권의 부름에 기꺼이 응했다. 그 강압적인 영화사 통폐합 과정에서 주식회사 신필림이 온전히 살아남은 것은 그 덕분이었다. 당시 지식인의 징후라고 할 '다중적 정체성'은 이후 그의 처세로 굳어진다.

그는 전형적인 국책 영화인 「쌀」이나 「빨간 마후라」 같은 작품을 내놓았다. 그것은 타협일 수도 있고 동화일 수도 있었다. 심훈의 『상록수』에 박정희의 근대화 정책을 덧씌운 「쌀」은 흥행에도 성공했고 아시아 영화제에서 감독상도 받았다.

그가 북한에서 만든 「소금」도 1985년 모스크바 영화제에서 최은희에게 여우 주연상을 안겨 주었

다. 북한 영화를 한 단계 끌어올렸다는 「소금」은 김일성의 유일 사상을 강제로 주입하는 대신 자연스럽게 충성심을 유도하고자 했다.

신상옥은 남과 북에서 공히 최고의 대우를 받으면서 마음껏 영화를 만들었다. 한껏 영화를 누렸다.

남북을 넘나드는 이들 부부의 행적은 아직도 '흐릿한' 그 무엇이 없지 않다. 구구한 억측을 낳았던 230만 달러의 행방은 차치하더라도 말이다.

하지만 남북 관계에 관한 한 속속들이 까발리는 것만이 능사는 아닐지 모른다. 그리고 '사실'은 이제 더 이상 '진실'이 아닐지도 모른다.

| 윤보선 대통령 사임 · 1962년 3월 22일 |

올 것이 왔구나!

"각하의 이번 결정으로 한국에서는 오랫동안 군부 통치가 계속될 것입니다."
—— 마셜 그린

· 1980년대가 어느새 '흑백 사진'이라니…….

어느 시인은 이렇게 한탄했지만 우리는 여전히 1980년대를, 그 1980년대의 어둠을 낳았던 1960년대의 정치적 유산을 앓고 있다. 5·16 군사 쿠데타의 멍에를, 미완으로 끝난 4·19 혁명의 회한을 떨쳐내지 못하고 있다. 역사는 시효를 인정하지 않는 가혹한 채권자인 것이다.

1961년 5월 16일 새벽, 박정희 소장이 한강을 건넜을 때 장면 총리는 황급히 몸을 피했다. 총리 숙소가 있던 반도 호텔까지 총성이 울려 퍼지자 '아무도 짐작하지 못할' 혜화동 수녀원으로 잠적했다. 그러고는 사흘 만에 모습을 나타내 내각 총사퇴를 발표한다. 내각 책임제 하에서 국정을 책임진 국무총리의 행방불명은 어처구니없는 것이었다. 학생과 시민들이 피 흘려 세운 민주 정부가 아니던가. 국민에 대한 배신이었다.

반면에 윤보선 대통령은 자리를 지켰다. 유일한 헌법기관으로 쿠데타 세력을 상대했다. 하지만 이 날 청와대로 찾아온 박정희 일행에 던진 첫마디는 묘했다. "올 것이 왔구나!"

이 발언은 두고두고 논란이 된다. 쿠데타를 기다리기라도 했다는 것일까. 그의 행적은 애매모호했다. 쿠데타 군은 윤 대통령을 회유하기 위해 '인조반정'을 들먹였다. 광해군(장면 내각)을 폐하고 인조(윤 대통령)를 옹립한다?

뒤이어 마셜 그린 주한 미국 대사 대리와 맥그루더 유엔군 사령관이 청와대를 방문했다. 두 사람은 쿠데타 군이 4,000명에 불과하므로 4만 병력만 출동시키면 항복을 받아낼 수 있다며 무력 진압을 주장했다. 그러나 윤 대통령이 끝내 반대하자 이렇게 경고한다. "각하의 이번 결정으로 한국에서는 오랫동안 군부 통치가 계속될 것입니다."

윤 대통령은 다음 날 쿠데타를 '애국적인 군사 혁명'으로 표현하며 사실상 쿠데타를 추인하는 대국민 성명을 발표했다. 1996년 비밀 해제된 미 국무부 외교 문서는 당시 윤 대통령이 군부가 자신에게 권력을 양보하고 물러갈 것으로 착각하고 있었다고 전한다.

어떻게 이 권력의 공백 상태를 정치적으로 이용할 것인가? 그것이 윤 대통령의 주된 관심사였다. 내각 책임제에서 대통령은 의전상의 존재에 불과했으나 윤보선은 이승만이 누렸던 대통령의 권위에 집착했다. 사사건건 월권을 했고 장면 내각을 공격했다.

민주당 내 구파와 신파를 대표했던 윤보선과 장면. 이들의 대립은 정국 혼란과 민심 이반으로 이어졌고, 갓 피어난 민주주의의 싹이 짓밟히는 빌미가 되고 만다. 장면은 쿠데타를 막지 못한 '역사의 죄인'이라는 자책 속에서 내내 괴로워하다 세상을 떴다. 반면 윤보선은 올 것이 왔다던 쿠데타 세력과 10개월을 동거했다.

1962년 3월, 윤보선은 '정치 정화법'에 항의해 대통령을 사임했다. 그러나 그의 하야는 일찌감치 예정된 것이었다. 그는 물러나지 않으면 쫓겨나야 했다!

| 박헌영 · 1900~1956 |

눈물 젖은 두만강

이정 박헌영, 남과 북에서 똑같이 버림받은,
남과 북의 현대사에서 아예 '지워진 존재.'
생몰 연대조차 가물가물했던 비운의 혁명가.

한국인이 가장 애창하는 가요이자 일제 강점기 '민족의 노래'로 불렸던 「눈물 젖은 두만강」. 그 노랫말의 주인공이 바로 박헌영(朴憲永)이라니.

이정(而丁) 박헌영, 그가 누군가.

남과 북에서 똑같이 버림받은, 남과 북의 현대사에서 아예 '지워진' 존재가 아닌가. 생몰 연대조차 가물가물했던 비운의 혁명가. 그는 남쪽에서는 도저히 상종 못할 '극렬 빨갱이'였고, 북쪽에서는 반동 쿠데타를 기도한 '미제의 앞잡이'였다.

그러나 그는 일제하 항일의 상징이었다. 조선 공산주의 운동의 대부였다. 당시 공산주의 운동은 민족주의 저항의 중심축이었다. 지식인들에게 사회주의는 항일 운동의 귀중한 자원이었고 당대의 '당당한 선택'이었다.

조선공산당이 창당된 게 1925년 4월 17일. 김재봉이 당 책임비서를, 박헌영이 고려공산청년회의 책임비서를 맡았다. 그러나 조선공산당은 7개월 만에 와해 위기를 맞았으니, 그해 11월 박헌영이 공산주의 운동가였던 아내 주세죽과 함께 일경에 붙잡혔다.

그 이태 뒤 열린 조선공산당 사건 재판은 국내외 언론의 비상한 관심을 모은다. 김병로, 이인, 허헌 등 항일 변호사

들이 무료 변론을 자청했다. 거개의 법률가들은 일제하에서 특권층의 부와 명예에 탐닉하고 있었으되!

박헌영은 고문으로 반신불수가 되어서야 병보석으로 풀려났다. 그의 몰골을 본 『상록수』의 심훈은 탄식했다. "눈을 뜬 채 등골이 뽑히고 산송장이 되어 옥문을 나섰으니, 그의 아내가 안은 것은 단지 남편의 잔해였다."

박헌영이 만삭의 아내를 데리고 두만강을 건너 블라디보스토크로 탈출을 감행한 게 그 이듬해 8월. 그의 탈출 소식은 조선 민중들에게 빅뉴스였다. 모두가 그의 안위를 걱정했다.

영화 촬영차 두만강 변에 와 있던 김용환(가수 김정구의 친형)이 「눈물 젖은 두만강」의 가사를 지은 게 그 즈음이다. 1930년 이시우의 곡을 받아 음반으로 취입했다. "두만강 푸른 물에…… 그리운 내 님이여……." 그 '내 님'은 박헌영이었던 거다.

모스크바 문서 보관소의 자료를 뒤져 오랫동안 묻혀 있던 박헌영에 관한 새로운 사실과 기록을 찾아낸 것은 성균관대 임경석 교수(사학과)였다. 그는 수년 간에 걸친 방대한 작업을 통해 해방 후 민족 상잔과 분단의 수렁에 잠겨 있던 우리 근현대사의 이면을 들춰냈다. 시베리아 횡단 열차 안에서 태어난 박헌영의 딸 비비안나 박과 오랜 세월 절간에서 숨어 지내야 했던 아들 원경 스님도 이참에 입을 열었다.

박헌영은 이때야 비로소 기일(忌日)을 찾았다. 1956년 7월 19일, 그는 김일성의 지시로 산중에서 처형됐다.

| 3·15 부정 선거 · 1960년 3월 15일 |

베꼬니아의 핏방울

"너는 보았는가…… 뿌린 핏방울을
베꼬니아의 꽃잎처럼이나 선연했던 것을……"

1960년 3월 15일. 이승만 독재 정권의 조종을 울리게 될, 제4대 대통령과 제5대 부통령을 뽑는 날이 밝았다. 야당의 강력한 대통령 후보였던 조병옥이 미국에서 서거하자 자유당은 이기붕이 출마한 부통령 선거에 총력을 기울였다. 고령인 이승만의 유고에 대비해 그를 집권 연장의 방패막이로 삼고자 했다.

그러나 야당의 장면 후보는 너무 강했다. 통상(?)의 부정 선거로는 승산이 없다고 보고 특단의 대책이 강구된다. 투표가 시작되기도 전에 전체 유권자의 40퍼센트에 해당하는 투표지는 이미 기표가 끝나 있었다. 이른바 '올빼미 투표.' 선거 당일 오전 3시부터 자유당 찬성표를 채운 투표함이 투표소에 반입되기 시작했다.

공개 투표가 도입됐다. 몇 명씩 조를 짜 조장이 기표를 확인한 뒤 투표함에 넣도록 했다. 완장 부대도 동원된다. 투표소별로 완장을 두른 자유당 당원 300명을 배치해 유권자들을 압박했다. 전국에서 유령 유권자가 횡행했으니, 그해 부산 인구는 2만 명이 증가했으나 유권자 수는 7만 5,000명이 늘어났다.

야당의 선거 운동을 원천 봉쇄하기 위해 스피

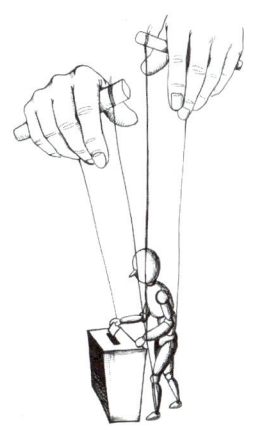

커와 마이크만을 노리는 신종 강도가 들끓었고, 대구에서는 마이크를 대여하거나 판매할 때 허가를 받도록 하는 '마이크 등록제'가 도입됐다. 야당은 '관(官)'에서 선거 포스터를 훼손하지 못하도록 전봇대 꼭대기에 벽보를 부착해야 했다.

최인규 내무부 장관은 각 시도의 도지사, 시장, 군수, 구청장 및 경찰국장, 경찰서장의 사표를 미리 받아 놓고 노골적으로 부정 선거를 획책했다. 야당은 경찰과 반공청년단 그리고 정치 깡패들의 조직적인 방해 공작에 부닥쳤다. AP는 "야당이 유세를 하려고 하면 신비스럽게도(?) 버스와 택시 운행이 멈췄다"고 보도했다. 심지어 영국의 《더 타임스》는 "한국에서 민주주의가 꽃피는 것은 쓰레기통에서 장미가 피어나는 것보다 어렵다"고 한탄했다.

그러나 이날 밤 개표 결과에 정작 당황한 것은 자유당이었다. 이기붕 후보의 득표율이 95퍼센트를 넘어선 것. 부랴부랴 득표율을 70에서 80퍼센트 선으로 하향 조정해야 했다.

마산이 일어서면 세상이 바뀐다고 했던가. 기어코 마산에서 일이 터졌다. 투표 당일 경찰의 제지를 뚫고 투표소에 들어간 야당 당원들이 올빼미 투표함을 발견했다. 마산 시민들은 이날 전국에서 처음으로 선거 포기를 선언하고 시민 1만 명이 참가한 가운데 격렬한 시위를 시작했다. 이날 밤 경찰의 발포로 8명이 숨지고 100여 명이 다쳤다. 그러나 정부는 한사코 공포탄만을 쐈다고 발뺌했다. 최인규 장관은 "총알이 공중에서 군중들이 던진 돌에 맞아 방향이 꺾이는 바람에 사람이 맞았다"고 둘러댔다.

그리고 4월 11일, 마산 앞바다에서 눈에 최루탄이 박힌 김주열의 시체가 떠오른다. 4·19 혁명에 불을 댕기는 순간이었다.

민주주의는 피를 먹고 자란다고 했던가. "자유여. 영원한 소망이여!/ 피

흘리지 않고는 거둘 수 없는 고귀한 열매여!"
　시인 김춘수는 이날 희생된 소년들의 영전에서 피를 토했다.

　　　너는 보았는가…… 뿌린 핏방울을
　　　베꼬니아의 꽃잎처럼이나 선연했던 것을……
　　　1960년 3월 15일 너는 보았는가…… 야음을 뚫고
　　　나의 고막을 뚫고 간
　　　그 많은 총탄의 행방을……
　　　그 아우성의 노도를…….

| 황석영 · 1934~ |

분단 시대의 작가

"지금이 어느 땐가? 언제까지 이 '냉전의 박물관'을 껴안고 있을 건가?"

북녘에도 사람이 살고 있었네!

1989년 '분단시대의 작가' 황석영이 북한을 찾았다.

북한은 또 다른 '나'라는 것, 남한과 북한은 분열된 자아라는 것, 우리가 분열된 그러나 언젠가는 하나가 될 자아라는 사실만은 잊지 말자는 것이 방북의 이유였다.

그리고 분단 이후 첫 방북 작가는 이내 우리 시대 최초의 망명 작가가 되었다. 곧바로 한국으로 돌아오지 못하고 독일과 미국에서 수년을 떠돌아야 했다. 그리고 1993년 4월 귀국하자마자 구속된다. 국가보안법 위반으로 7년형을 선고받고 5년을 복역했다.

황석영은 모국어와 떨어져 살아야 했던 해외 생활이 가장 큰 형벌이었다고 토로한다. 이국의 '소음' 속에서 실어증에 시달려야 했다. 물을 떠난 물고기와 다르지 않았다.

1998년 마침내 석방됐을 때, 작가로서 꼬박 10년의 공백이 있었으나 그 '귀환'은 눈부셨다.

'20세기 동아시아 3부작'이라는 『오래된 정원』(2000) 『손님』(2001)

『심청』(2003)을 쏟아냈다. 그는 여전히 활기찼고 에너지가 넘쳤다. 감옥에서 오래 궁굴리고 삭혔던 사유들을 새롭고 실험적인 리얼리즘의 그릇에 담았다.

등단 40여 년을 헤아리는 황석영. 그의 행보는 우리 문학의 새로운 경지와 닿아 있다.

1971년 전태일 분신 직후 발표한 중편 『객지』는 리얼리즘 문학의 대표작이었다. "전태일 사건이 70년대 사회사의 시발이었듯 『객지』는 70년대 소설사의 출발이었다."(문학평론가 염무웅)

그리고 『장길산』은 1980년대의 소설이었다. 시대의 사건이었다. 홍명희의 『임꺽정』 이후 단절된 민중적 영웅상을 소설 속에서 다시 부활시켰다. "의적 장길산은 박정희의 유신체제에 맞설, 용솟음치는 민중성을 곧추 세웠다."(문학평론가 황광수)

황석영과 함께 유신과 1980년대의 질곡을 헤쳐 온 창작과비평사의 백낙청은 작가의 회갑 겸 출판기념회에서 이런 덕담을 했다. "이 시대에 황석영 같은 작가를 가질 수 있었던, 우리들 스스로를 자축하는 자리입니다."

스스로를 '딴따라'라 칭하는 황석영. 그의 변은 이렇다. "만년설을 쓴 신비로운 산과 같은 예언자가 되려고 하기보다는 일상 속에서 구체적인 실천을 해내기가 어렵고, 그것이 다른 이들에게 더욱 도움이 된다는 걸 깨달았기 때문입니다."

힘들 때마다 1970년대의 초심을 놓치지 않으려고 했다는 작가. 동인문학상 후보에 올랐을 때 "현대문학에서 동인의 위치에 이의가 있다"며 심사 대상이 되는 것 자체를 거부했던 그다.

황석영은 소설을 쓰고, 그 소설이 살고 있는 판을 새롭게 짜고자 하는 작가다. 우리 시대의 작가다. 분단을 '앓는' 작가다. 그래서 그의 삶은 그렇게 고달픈지 모른다.

"까놓고 말하자면, (북한이) 대명천지 지구상에서 인간이 하나의 존재로서 자유롭게 누릴 생존권이 제한된 사회"라는 걸 그는 누구보다도 잘 안다. 그러나 이데올로기 대결의 말초신경이나 다름없었던 한반도가 냉전이 해소되었음에도 여전히 분단된 채 새로운 세기를 맞아야하는 현실은 안타깝기만 하다.

"제3세계는 사라졌으나 '제3세계적 현실'은 그대로 살아 있는데, 미국이 제패한 세계에서 아시아 사람들이 꼭 이렇게 살아야 하는지 한번 고민하고 반성해 봐야 할 때가 아닐까."

그런 황석영인지라 「송두율을 위한 변명」을 쓰지 않을 수 없었다. 분단의 희생자에게 연민을 갖는 것, 그것은 스스로에게 부여한 소임이었다. 그는 묻는다.

"지금이 어느 땐가? 언제까지 이 '냉전의 박물관'을 껴안고 있을 건가? 북쪽이 모질면 남쪽이라도 너그러워야 하지 않겠나? 좌든 우든 그것은 껍데기의 표상일 뿐인데!"

| 제2공화국 장면 내각 사퇴 · 1961년 5월 18일 |

초대받지 않은 손님

"경험으로 획득한 자유는 진정한 민주주의의 초석이 되며,
자유가 빚은 혼란과 부작용에 스스로 혐오를 느낄 때
우리는 비로소 진실한 자유를 얻는 것이다!"

제2공화국 내각제 정권의 수반이었던 장면.

독실한 가톨릭 신자였던 그는 교육자의 길을 가고자 했으나 세상은 그를 그리 내버려두지 않았다. 그는 정계의 '초대받은 손님'이었다. 그러나 결과적으로 '초대받지 않은 손님'으로 자신의 정치 생애를 마감해야 했으니, 그것은 한국 정치사의 비극이었다.

장면이 정치에 입문한 것은 해방 당시 한국 가톨릭의 대부였던 노기남 대주교의 손에 끌려서였다. 해방 공간의 소용돌이 속에서 가톨릭은 그를 정치적 대변자로 삼고자 했다. 정치인 장면의 탄탄대로에는 미국도 큰 몫을 했다. 미국은 그의 온건한 성품과 뉴욕 맨해튼 가톨릭 대학교를 나온 배경을 높이 샀다. 극단적 성향의 이승만을 대체할 수 있는 인물로 보았다.

1961년 5월 16일 정오. 군사 쿠데타가 일어난 지 55시간이 지난 뒤, 장면 국무총리는 마지막 국무회의를 주재했다. 그리고 성명을 발표한다. "군부 쿠데타에 대한 모든 책임을 지고 내각은 총사퇴한다."

성명이 언론에 보도될 즈음 '군부 쿠데타'는 '5·16 혁명'으로 둔갑하고 있었다.

장면 정권은 민주주의의 희열과 좌절을 거의 동시에 경험했다.

그 평가는 엇갈린다. 긍정적 평가의 핵심은 그가 그 세대 한국 정치인으로서는 매우 드물게 진지한 민주주의자였다는 것이다. 민주주의에 대한 그의 소신은 확고했다. "경험으로 체득한 자유는 진정한 민주주의의 초석이 되며, 자유가 베푼 혼란과 부작용에 스스로 혐오를 느낄 때 우리는 비소로 진실한 자유를 얻는 것이다!"

5·16 이후 장면 정권은 무능과 부패, 그리고 혼란의 대명사가 되고 말았지만 그 속은 좀 더 들여다볼 필요가 있다. 당시 민주당 정권은 시대의 변화를 정확히 읽고 있었고, 경제개발 5개년 계획도 수립했다. 김대중 전 대통령은 이렇게 회고한다. "미국과 경제 지원에 대한 합의가 이루어져 장 총리가 방미를 앞두고 있던 바로 그 찰나에 쿠데타가 일어났다. 5·16 직전에 정국은 안정을 찾고 있었다. 데모도 잦아들었다."

쿠데타가 없었다면 장면 정부는 민주주의와 경제 개발의 두 마리 토끼를 잡았을까. 그건 모를 일이다. 다만 한 가지, 장면은 의심할 여지 없이 신실한 가톨릭 신자요, 양심적인 교육자이며 탁월한 외교관이었고, 권도(權道)를 모르는 정치인이었다. 그러나 그것이 바로 그의 한계였다. '덕유만사성(德有萬事成)'은 4·19 이후 난세의 정치적 리더십으로는 미흡했다.

장면이 정치적으로 패배했다는 사실은 분명하다. 자신에게 주어진 사명을 다하지 못했다는 것도 부인하기 어렵다. 비난은 피할 수 없다. 그러나 어떤 평가에도 불구하고 척박한 우리 정치 풍토에서 그는 유별난 존재였다. 시인 타고르의 말을 떠올리게 되는 것은 그 때문이다.

"자기의 명성이 자신의 진실보다 빛나지 않는 자는 축복이니……."

|염상섭 · 1897~1963|

한국 근대 문학의 거봉

"횡보 문학의 무서운 동시대성!
이것이 근대 문학의 진정한 중심, 횡보에게서 우리가 배울 핵심이다."
— 최원식

"내가 중학교 이년 시대에 박물 시험실에서 수염 텁석부리 선생이 청개구리를 해부하여 가지고 더운 김이 모락모락 나는 오장을……."
냉혈동물에서 어찌 김이?
얼마든지 이리 따져 물을 수도 있을 터이나 이 명백한 오류를 모질게 시비하지 않음은 그것 또한 문학적 특권이기 때문일까.
"백설처럼 흰 것이 찔레꽃이건만 '찔레꽃 붉게 피는 남쪽 나라 내 고향'이요, 돛대는 다는 것이 아니라 박는 것이지만 '돛대도 아니 달고 삿대도 없이' 가기도 잘도 가지 않던가."(문학평론가 김윤식)
우리나라 최초의 자연주의 소설이라는 「표본실의 청개구리」.
1921년 작품이 발표되자 이인직, 이광수에 이어 1인 문단 시대를 다지던 김동인은 경악을 금치 못했다. "나 외에 문예를 운운할 자격이 있는 자가 있는가?"라고 큰소리치던 그에게 강적이 나타난 것이다.
한국 근대 문학사의 거대한 산맥을 이루었던 횡보 염상섭.
이 다작의 작가는 장편 28편, 단편 129편에 평론 101편을 발표하며 우리 근대 문학의 뼈대를 세웠다. 남북을 통틀어 '최대의 작가'로 꼽힌다.
서울에서 나고 서울에서 생을 마친 횡보의 소설은 순수 고유어의 보고였다. 그는 서울 중산층의 풍속과 의식, 토박이 서울 말씨를 창작의 텃밭으로 삼았다. 당대의 삶에 녹아 있던 생활어, 그 감칠맛 나는 우리말의 어감과 묘미를 한껏 살려 내 현대 소설의 싹을 틔웠다.

횡보의 문학은 식민지 시대와 분단 시대를 가로지른다. 그의 작품에는 20세기 한국 문학이 근대성의 육체를 획득해 가는 고투의 흔적이 고스란히 아로새겨져 있다.

일제 치하 오사카에서 독립 운동을 하다 옥살이를 했고, 마흔 살 되던 해 만주로 떠나 10년을 떠돌았다. 1948년《신민일보》편집국장으로 있으면서 단독정부 수립에 반대하다 체포되기도 했다.

횡보의 현실 인식은 치열했다. "횡보 문학의 무서운 동시대성! 이것이 근대 문학의 진정한 중심, 횡보에게서 우리가 배울 핵심이다."(최원식)

재물과 담을 쌓았던 횡보. 그의 살림살이는 마치 물에 씻겨 나간 듯 적막했다. 적빈여세(赤貧如洗)! 그 가난을 달랜 것은 말술이었다. 수제비 한 그릇을 놓고 밤새 술잔을 기울였다고 한다. '횡보(橫步)'란 술에 취해 게걸음을 침이 아닌가.

그는 암으로 숨지기 직전에도 부인이 청주를 숟가락에 떠 입에 넣어 주어야 했으니, 당대의 문호는 이렇듯 폴폴 술내를 풍기며 세상을 떴다.

| 카프 결성 · 1925년 8월 |

근대문학의 두 얼굴

"얻은 것은 이데올로기요, 잃은 것은 예술이다."
—— 박영희

우리 근대 문학사의 잃어버린 문맥, 카프(KAPF).

'조선 프롤레타리아 예술가 동맹'은 우리 근대 문학이 세계사와 마주치던 바로 그때에 결성됐다. 러시아 혁명 이후 사회주의의 기운이 움트던 1920년대에 마르크시즘은 우리에게 '낯선 신'이었으나 유행이었고, 시대 정신이었다. 3·1 만세 운동의 홍역을 치른 일제는 때마침 문화 정치의 허울을 쓰고 교묘히 빈틈을 드러내고 있었다.

카프는 운동으로서 문학이었다. 이념과 정치 투쟁으로서 문학이었다. 검열에 의해 지워져 '××'로 표시된 무수한 복자(伏字)와 구호로 일관된 카프 문학은 일찍이 없었던 문학사의 스캔들이었다.

그러한 때에 솟구치던 신문학 운동의 물줄기를 '왼쪽'으로 튼 인물이 팔봉(八峰) 김기진이다. 그는 1920년대 초에 자연발생적 프롤레타리아 문학인 신경향파 문학을 조직했다. 문예지《백조》의 낭만주의는 그 징검다리가 되었다. 이어 1922년에 토월회(土月會)를, 이듬해에 회월(懷月) 박영희와 함께 파스큘라를 만들었고 이태 뒤에 염군사(焰群社)를 결성해 카프를 출범시켰다.

그러나 팔봉은 좌익 교조주의자들 사이에서 비주류였다. 그는 계급 문학의 예술성을 지켜내고자 고군분투했다. 그가 계급성을 강조하는 회월과 벌였던 치열한 '내용과 형식 논쟁'은 1927년 9월 카프의 제1차 방향 전환으로 이어졌다.

1930년대 중반에 이르러 그 카프가 붕괴되고 우리 문학은 일제의 총동원 체제에 강제 징집되기 시작한다. 이때부터 우리 문학은 '친일 문학'으로 덧칠되면서 한국 문학의 원죄를 쌓아올렸다. 팔봉이 그랬고 회월도 예외가 아니었다. 회월은 "얻은 것은 이데올로기요, 잃은 것은 예술이다"라는 유명한 말을 남기고 친일 문학에 투항했다.

《창작과 비평》주간을 맡고 있던 최원식 교수(인하대 국문과)가 팔봉 비평 문학상 수상을 거부한 것은 시대에 무릎을 꿇어야 했던 우리 근대 문학사의 곡절을 반영한다. 그는 "이 시기의 친일 문학은 이제 본격적인 탐구의 대상이 되어야 한다"고 강조한다. "폭로하고 고발하기 위해서가 아니라 이해하고 용서하기 위해 이 불행한 역사를 아프게 포용해야 한다."

우리 근대 문학사는 일제 강점과 분단으로 뼈아픈 굴절과 단절을 경험했다. 특히나 해방 공간에서 월북한 문인들의 '공백'은 한국 문학사의 고뇌요, 숙제로 남았다. 월북 문인들은 거개가 북에서 숙청되거나 거세되었고, 남에서도 똑같이 버림받았다.

카프에서 우리 근대 문학의 온전한 얼굴을 보았던 이는 문학평론가 김윤식(서울대 명예교수)이었다. 우리 문학사 연구사상 최초로 광복 이전 카프의 실체를 정리한 그는 1976년에 역저 『한국 근대 문예 비평사 연구』를 펴냈다. 그러나 냉전 시절 카프는 금단의 영역이었으니 그는 검열의 칼날을 피해 수년간 원고를 묵혀야 했다. 책이 출간되자마자 모처로 불려가 고초를 겪었다.

김 교수는 두 갈래로 흐르는 아마존 강의 얘기를 들려준다. 우기에 따라 한쪽에서는 홍수물이, 다른 쪽에서는 맑은 물이 흘러드는 아마존 강. 두 물줄기는 섞이지 않고 멀리까지 나란히 흘러 마침내 바다에 든다고 한다. 바다에 이를 때까지 두 물줄기의 동행을 이끄는 힘은 바로 합수(合水)에의 전망이었다.

  1990년대 공산권의 붕괴로 정신사적 혼란에 휘말리기도 했다는 김 교수. 그는 어느 한쪽의 회색 세계에 빠져 '눈먼 두더지'가 되지 말라고 당부한다.

  "일체의 이론은 회색이며 생명의 황금 나무만이 초록빛이다!"(괴테)

| 방정환 · 1899~1931 |

어린이들을 잘 부탁하오!

"아희를 때리지 마시오.
그것은 아희를 때리는 게 아니라 하느님을 때리는 것입니다."
—— 최시형

"어린이를 내려다보지 마시고 치어다보아(쳐다봐) 주시오!"

소파 방정환. 그는 이 땅에 처음 '어린이'라는 말을 썼다. 1920년 천도교에서 발행하는 잡지《개벽》의 도쿄 특파원으로 있으면서 번역 동시「어린이 노래: 불 켜는 이」를 발표했다. 어린이는 그 이전까지는 동몽(童蒙)이었고, 소년이었고, 아이들이었다.

1922년 5월 1일 어린이 날을 제정한 것도 소파였다. 그리고 그 이듬해 3월 1일, 그의 어린이 운동과 아동 문학의 결정체인《월간 어린이》가 탄생한다. 《어린이》는 근대 아동 문학의 요람이었다. 동요「고향의 봄」과 동화「호랑이 곶감」, 동시「까치까치 설날」을 세상에 내보냈다. 잡지는 고한승, 마해송, 윤극영, 이원수 같은 1세대 아동 문학가들의 터전이 됐고 이 땅에 아동 문학이라는 근대적 장르를 열었다.

소파는 '야주개(서울 종로구 당주동)'에서 싸전과 어물전을 하는 방경수의 맏이로 태어났다. 그가 소학교에 들어갈 즈음에는 쌀 동냥을 해야 할 만큼 가세가 기울었다. 어찌어찌 선린상고에 들어갔으나 중퇴하고, 열여덟 살 되던 1917년에 천도교 3대 교주 손병희의 셋째 딸과 결혼한다. 천도교의 지원으로 그의 어린이 운동은 날개를 달게 되었다.

"아희(아이)를 때리지 마시오. 그것은 아희를 때리는 게 아니라 하느님을 때리는 것입니다." 그의 어린이 사랑은 동학 2대 교주 최시형의 '물타아(勿打兒)' 설법에 닿는다.

소파는 진보주의자였다. 실용적 감각으로 개혁을 꿈꾼 젊은 지식인이었다. "조선 사람의 가정은 평안히 쉴 수 있는 곳이 아니라 커다란 객줏집 여관"이라며 대가족 제도를 한탄했고, 흰옷은 자주 빨아야 하고 금방 상한다며 '백의(白衣) 망국론'을 폈다.

그는 잔뜩 주눅 든 백성들이 못내 안타까웠다. "지금 조선 사람들은 너무 주제넘지 못하고 건방지지 못해서 아무 신기한 짓도 없어서 탈이다."

천도교 비밀 신문인 《조선독립신문》을 찍다 일경에 붙잡혀 일주일 동안 혹독한 고문을 당하기도 했던 소파. 그는 사회주의 사상의 부력을 받은 열혈 청년이었다. "네가 부잣집 자식이니 돈이 있느냐? 양반 집 자식이니 세력이 있느냐? 무엇에 마음이 끌려서 용기를 내지 못하는 것이냐? 아무것도 없는 사람의 힘은 여기서 나는 것이다!"

평생 가난했으나 유머를 잃지 않았고, 키는 작았으나 도량이 컸던 소파. 어린 새싹을 키우는 일에 몰두했던 그는 "10년 후를 보자"라는 말을 입버릇처럼 했다.

1931년 소파는 서른둘의 '짧은' 나이에 세상을 뜬다.

"가야겠어. 말도 마부도 새까만 흑마차가 나를 데리러 왔어. 어린이들을 두고 가니 잘 부탁하오……."

| 6·25 전쟁 정전 협정 · 1953년 7월 27일 |

한미 동맹, 그 겉과 속

"공산주의자는 물론 남한 정부도 우리에게 많은 어려움을 가져다 주었다. 이승만 대통령이 정전 협정에 얼마나 비협조적이었는지는 이루 말로 설명할 수가 없다."
—— 아이젠하워

    1953년 7월 27일 오전 10시. 유엔군 대표 윌리엄 해리슨 미 육군 중장과 공산군 대표 남일 대장이 마주 앉았다. 두 사람 사이에는 악수도, 목례도, 어떤 인사말도 없었다. 이들이 묵묵히 정전 협정 문서에 서명하는 동안 바깥에서는 간간이 폭음이 들려왔다.

    삼 년에 걸친 전쟁을 끝내는 데 걸린 시간은 고작 11분. 어떠한 극적 요소도, 화해의 정신도 없었다. 정전 협정 조인식을 지켜보았던 한국 기자는 이렇게 회고했다. "그것은 우리에게 비극적이고 상징적이었다. 한국을 공식적으로 대표하는 사람은 아무도 없었다. 이리하여 한국의 운명은 또 한 번 한국인의 참여 없이 결정되었다!"

    "남한은 정전 협정의 당사자가 아니므로 대화를 할 수 없다"는 북한의 해묵은 주장은 여기서 비롯된다. 하기야 전시 작전 통제권도 미국에 있다 하니.

    개성에서 유엔군과 공산군 대표 사이에 정전 회담이 개시된 날이 6·25 발발 일 년여 만인 1951년 7월 10일. 애초부터 이승만은 회담을 극력 반대했다. 그는 "휴전은 한국에 대한 사형선고"라며 단독 북진을 불사하겠다고 호언했다. 기회 있을 때마다 소강 국면에 접어든 전선을 들쑤셨고, 북한 해군의 취약점을 파고들어 서해 5도 지역을 집중 공격했다. 보다 못한 마크 클라크 유엔군 사령관이 한국군의 공격을 막기 위해 선을 그었으니, 그게 해마다 꽃게 철이 되면 남북한 분쟁의 불씨가 되는 그 북방한계선(NLL)이다.

미국은 답답했다. 아이젠하워 대통령은 선거에서 약속한 대로 '명예롭고 신속하게' 전쟁을 끝내고자 했다. 확전은 최악의 시나리오였다. 그는 이승만의 단독 공격이 불가능함을 알고 있었으나, 전선의 3분의 2 이상을 차지하고 있는 한국군의 이탈을 우려하지 않을 수 없었다. 미국 쪽에서 "한국군의 공격이 계속된다면 이승만을 축출하고 새로운 정부를 수립해야 한다"는 얘기가 흘러나온 게 이즈음이다.

1953년 4월 전쟁 포로 문제에 대한 중국의 양보로 휴전이 기정사실화되자 이승만은 또 한번 승부수를 던진다. 그해 6월 18일 새벽. 이승만은 유엔군 사령부와 협의 없이 반공 포로 2만 7000여 명을 전격 석방했다. 미국을 압박해 확고한 안보 공약을 받아내고자 함이었으나, 정전 체제에 대한 명백한 위반이었다.

당시 한·미 간의 갈등은 첨예했다. 아이젠하워는 그 고충을 이렇게 토로했다. "공산주의자는 물론 남한 정부도 우리에게 많은 어려움을 가져다주었다. 이승만 대통령이 얼마나 비협조적이었는지는 이루 말로 설명할 수가 없다." 그러나 아이젠하워는 맹렬한 반공주의자인 이승만을 포기할 수는 없었다. 공산주의자들이 적임은 엄연한 사실로 남아 있었다.

그해 10월 우여곡절 끝에 한미 상호 방위 조약이 조인된다. 한·미 동맹은 이렇듯 출발부터 삐걱거렸고 냉전의 구도 속에서 반공의 이해관계와 맞물려 들어갔다. 한반도는 이때부터 남북 문제가 북미 문제와 겹쳐지는 난해한 이중성의 늪으로 빠져들기 시작했다.

| 양희은 · 1952~ |

긴 밤 지새우고

"나는 양희은이라는 우산이 있어서 그 뒤에 숨을 수 있었다."
—— 김민기

그 시절, MT를 떠난 대학 신입생들은 밤을 지새우며 「아침이슬」을 불렀고, 그렇게 그들은 세상에 가까이 다가갔다. 그와 같은 노래가 있었기에 웅어리진 젊음은 황량한 1970년대의 강을 건널 수 있었다.

김민기가 짓고 양희은이 부른 「아침이슬」이 발표된 때가 1971년 8월. '유신 공작(工作)'의 불온한 기운이 감돌 무렵이었다.

「아침이슬」은 애상과 사랑 타령에 절어 있던 대중음악계에 일대 충격이었다. 그 맑은 서정과 시대의 메시지는 서늘했다. 짓눌린 젊음의 내상(內傷)을 어루만졌다.

어떤 이는 양희은을 1960년대 자유와 민권의 상징이었던 미국 '포크의 여왕' 존 바에즈에 비유한다. 바에즈에게는 지구촌의 젊은이들을 '저항의 띠'로 묶었던 밥 딜런이 있었고, 양희은에게는 김민기가 있었다.

전태일의 분신과 「오적(五賊)」 필화 사건으로 뒤숭숭하던 1970년 어느 날, 두 사람은 처음 만났다.

서강대에 다니던 앳된 단발머리 여학생은 「아침이슬」을 듣는 순간 숨이 멎는 것 같았다. 그러나 김민기는 뭐가 못마땅했던지 악보를 찢어 내던졌고, 그 악보를 주워 일일이 테이프로 붙인 건 양희은이었다. 그 노래가 우리나라에서 가장 많이 불리는 '금지곡'이 될 줄이야.

문제는 가사였다. '태양은 묘지 위에/ 붉게 떠오르고'에서 묘지는 남쪽 군사정부를, '태양'은 북쪽의 지도자를 가리킨다는 기막힌 해석이었다.

양희은은 시류에 부적합했던(?) 김민기의 페르소나였다. 양희은의 맑은 음색은 불에 덴 듯한 그 통증의 음악을 감쌌다. 김민기는 그때를 이렇게 회상한다. "나는 양희은이라는 우산이 있어서 그 뒤에 숨을 수 있었다."

두 사람은 1971년 첫 앨범과 이듬해 앨범을 함께 만들었다. 양희은에게 김민기는 '음악의 시작인 동시에 절정'이었다.

그러나 1975년 긴급조치 9호가 발표되면서 두 사람은 한동안 음악 활동을 접어야 했다. 그리고 1978년 「늙은 군인의 노래」가 금지곡이 된 뒤 양희은은 아무 노래도 부를 수 없었다. 사방이 철문으로 꽉 닫힌 느낌이었다.

양희은은 대중음악계의 '고립된 섬'이 되어갔고 김민기는 수배를 받아 쫓겼다. 라디오 DJ로 세월을 낚던 양희은에게는 항시 기관원이 2인 1조로 따라붙었다. "김민기 언제 봤어? 그 친구 어디 있지?"

1981년 양희은은 홀연히 유럽으로 배낭 여행을 떠났다. 신군부의 등장과 5공 출범에 가슴이 답답했다. 그 이듬해 돌아와 두 차례의 암 수술을 받았으니 그 아픔 속에서 「하얀 목련」은 피어올랐다. 그 더함 없는 서정은 우리 대중음악사에 유례없는 정결한 허무주의의 경지에 닿는다.

「아침이슬」은 1987년 6·29선언 몇 달 뒤에 해금됐다. 발표된 지 15년 만이었다. 참으로 '긴 밤'을 지새웠다.

6·29 시위 현장에서 100만 군중이 이 운동권의 성가(聖歌)를 따라 불렀으니 「아침이슬」은 그 스스로를 해금했던 것이다!

| 개구리 소년 실종 · 1991년 3월 26일 |

부모의 가슴에 묻다

아이들은 용이 승천하다 떨어졌다는 와룡산으로 향했다.
그러나 상엿길을 따라 올라간 그 길을 아이들은 끝내 다시 밟지 못했다.

'개구리 소년'들의 해맑은 얼굴에는 늘 장난기가 그득했다. 아무 일에나 마냥 깔깔댔고 종일 재잘거리며 동네를 헤집었다.

1991년 3월 26일. 이날은 30년 만에 부활한 지방의회 선거로 마침 공휴일이었다.

"오늘은 뭘 하지?"

집을 나선 아이들의 발걸음은 잿다. 인근에 있는 군(軍) 사격장에도 기웃거렸을 테고, 냇가에서 물수제비라도 뜨며 소일했을 터이다. 못내 싱거웠을까. 아이들은 용이 승천하다 떨어졌다는 와룡산으로 향했다. 그러나 '상엿길'을 따라 올라간 그 길을 아이들은 끝내 다시 밟지 못했다.

그리고 2002년 9월. 11년도 훨씬 지나 산기슭에서 아이들의 유골이 발견된다.

세월은 또 얼마나 무심한지. 유골 발굴 현장에서 수색 작업에 나선 경찰 중에는 '개구리 소년' 김영규 군(당시 11세)의 초등학교 한 반 친구도 있었으니. 발굴 현장을 찾은 유족들은 오열을 터뜨렸다. "잊을 만하면 터지고, 잊을 만하면 또 터지고……. 차라리 잘된 기라예……."

유족들에게는 참으로 긴 기다림과 고통의 나날이었다. 언제 돌아올지 모르는 아이들을 위해 문을 잠그지 못했고, 거짓 신고로 놀란 가슴을 쓸어내린 적이 한두 번이 아니었다.

'개구리 소년' 가운데 가장 나이가 어렸던 김종식 군(당시 9세)의 아버지는 그 사이 슬픔을 이기지 못하고 먼저 세상을 떴다. 간암이었다. 혹시 길거리에서 아들을 만날지 모른다며 1.4톤 화물 트럭을 끌고 전국을 헤매었던 그다. 경찰은 그런 그가 아들을 살해하고 암매장했을 것이라는 제보를 믿고 집과 화장실을 온통 파헤쳤으니.

'개구리 소년' 사건은 이제 미궁으로 빠져들었다. 범행에 쓰인 '도구'가 무엇인지조차 밝혀내지 못했다. 한 아이의 두개골에서 발견된 ㄷ자 모양의 상처는 무엇일까? 10여 군데에 누군가 작심하고 콕콕 찌른 듯한 이 상처는 대체 어떻게 생겨난 것일까?

경북대 법의학 팀은 아이의 두개골과 크기와 모양이 비슷하다고 해서 돼지 머리를 갖다 놓고 무수히 흉기 실험을 했으나 별무성과였다. 경찰은 유골이 아닌 시체가 발견됐다면 범인을 검거할 수도 있었을 것이라고 볼멘소리를 했다. 과연 그랬을까?

경찰은 시종 허둥댔다. 실종 신고를 받고 처음부터 단순한 모험성 가출로 단정하는 우를 범했고, 와룡산을 이 잡듯 뒤지고도 시체를 찾아내지 못했다. '명함 크기'의 물체까지 확인했는데도.

정작 유골이 나왔을 때에는 발굴 현장을 심하게 훼손해 결정적으로 수사를 그르쳤다. 그러고는 서둘러 아이들이 길을 잃고 헤매다 밤새 저체온으로 사망했다고 발표했다. 유해가 발견된 곳은 민가에서 불과 250미터 떨어져 있었는데도!

2004년 3월 26일. '개구리 소년'들은 마침내 영원한 안식에 들었다. 유족들은 그동안

경북대 법의학 팀에서 보관해온 유골을 인계받아 장례를 치렀다. "이젠 하늘나라로 보내 줘야죠……."

경찰 집계에 따르면 우리나라에서 해마다 어린이 4,000여 명이 실종되고 이 가운데 300명 내지 500명이 영영 부모 곁으로 돌아오지 못한다고 한다.

그 많은 '개구리 소년'들은 다 어디로 갔을까.

| 문익환 평양 방문 · 1989년 3월 25일 |

김일성과 포옹하다

"담당검사한테 내가 그랬지. 그래, 찬양 고무했다!
만날 욕하고 그러면서 통일이 되겠어?
상대방의 좋은 점을 자꾸 찾아내 찬양 고무해야지!"
— 문익환

"하늘을 우러러 한점 부끄럼이 없기를 바랐던 윤동주의 마음으로, '모든 통일은 선(善)'이라고 외쳤던 장준하의 마음으로 여기에 섰습니다."

'분단 시대의 통일꾼' 문익환 목사. 그는 1989년 3월 평양 땅을 밟았다. 걸어서라도 평양에 가겠다던, 자신의 시 제목 그대로 '잠꼬대 아닌 잠꼬대'를 결행했다. 그는 이렇게 읊었다.

"이 땅에서 오늘/ 역사를 산다는 건 말이야/ 온몸으로 분단을/ 거부하는 일이라고/ 서울 역, 부산 광주 역에 가서 평양 가는 기차표를/ 내놓으라고/ 주장하는 일이라고."

텔레비전을 통해 문 목사가 김일성과 '사회주의식 포옹'을 나누는 장면을 지켜본 국민들은 두 눈을 의심했다. 견고했던 냉전의 한 모서리가 깨져 나가는 충격에 휘청했다.

여론이 들끓었다. 보수 진영은 물론이고 진보 진영에서조차 소영웅주의자니 감상적 통일 지상주의자라는 비난이 거셌다.

백범 김구의 뒤를 이은 통일 운동가 문목(文牧). 그는 재야의 큰 별이었고 운동권의 상징이었다. 민족주의와 민주주의의 헌걸찬 지도자였다. 그의 삶의 무게는 진실의 무게였고, 역사의 무게였다.

그런 문익환을 한신대학교의 제자들은 '문이꽝!'이라고 불렀다. 그 깎아지른 원칙주의 탓에 그의 이미지는 신경질적으로 문이 닫히는 소리로 입력되었던 것이다.

문익환은 촉망 받는 신학자였다. 시중에서 흔히 접하는 우리말로 된 많은 성경책에 그의 손때가 묻어 있다. 일본 신학교를 나와 미국 프린스턴 신학교에서 수학했고 신구교 공동성서 번역위원장을 지냈다.

이처럼 독실한 목회자의 한길을 걸었던 그가 현실에 눈을 뜬 것은 느지막이였다. 1970년대 중반 청계천 판자촌이 철거될 당시 이곳에 자주 드나들던 그는 변기통에 처박힌 십자가를 발견하고 큰 충격을 받는다. '낮은 곳으로 임한' 십자가는 바로 억눌린 민중의 현실이었던 것이다. 그의 절친한 친구 장준하가 변사체로 발견된 1975년 그 여름이었고, 그해 인혁당 사건으로 여덟 명이 억울하게 사형을 당했다. 50대 후반의 늦둥이는 이때 스스로 아호를 '늦봄'이라고 지었다.

이듬해 문 목사는 3·1 민주 구국 선언에 참여해 숨 막히던 유신 체제에 도전한다. 박정희 정권의 시퍼런 칼날에 맨몸을 들이대었다. 한번 역사의 현장으로 뛰어들자 그는 집보다 감옥에서 보내는 시간이 많아졌다. 옥살이는 화려했다. 짧게는 11개월, 길게는 34개월. 여섯 차례에 걸쳐 11년 2개월을 철창 안에서 보냈다. 주변에서 수감을 안타까워할 때마다 그는 간디의 말을 들려주었다. "신랑이 신부 방에 들듯이!"

문 목사의 모친은 일제 때 독립 운동을 했던 남편에 이어 해방된 조국에서 동환, 익환 두 형제의 옥바라지를 해야 했으니 그 신산의 세월은 한 여인의 개인사 속에 고인 우리 민족의 수난사에 다름 아니었다. 문 목사는 방북 당시 친북 행적으로 논란이 일자 이렇게 말했다.

"담당 검사에게 내가 그랬지. '그래, 찬양 고무했다! 만날 욕하고 그러면서 통일이 되겠어? 상대방의 좋은 점을 자꾸 찾아내 찬양 고무해야지!'"

방북은 단지 감상이었던가. 그는 고개를 가로젓는다. "그것은 시적 투시력과 정치적 리얼리즘의 결합이야. 시인의 눈으로 '역사의 저쪽'을 꿰뚫어봐야 해. 그러지 않고는 남의 손으로 묶인 역사의 매듭을 풀 수가 없어."

그 무엇보다 시인으로 불리기를 원했던 문 목사. 그는 시에서도 '남 누리 북 누리 한누리 되는 날'을 간절히 기도했다. "이 땅의 아리따운 봄 향내, 당신의 애기를 낳으려고 기다리고 있습니다……."

통일의 아기는 그 '늦봄'에 잉태되었는지 모른다.

| 신창원 탈옥 · 1997년 1월 |

신출경몰

"저는 절도범이고 강도범입니다. 사회를 좀먹는 해충이었습니다.
사형을 당해 마땅합니다.
하지만 어릴 때 누가 조금이라도 따뜻하게 대해 주었더라면……."

무기징역 더하기 21년 6개월.

청송 제2교도소에 수감되어 있는 '희대의 탈옥수' 신창원이 치러야 할 잔여 형기다. 설혹 무기형이 20년으로 감형되더라도 추가 형기를 채워야 하니, 절반으로 줄어도 얼추 23년을 복역해야 한다. 그의 나이 서른여덟. 환갑이 되어 흰머리가 성성해진 뒤에나 햇빛을 볼 수 있다는 얘기다.

신창원이 쇠 톱날로 감방 화장실 쇠창살을 썰고 탈옥을 감행한 게 1997년 1월. 그는 강도치사죄로 무기형을 선고받고 부산 교도소에 수감되어 있었다. 이때부터 2년 6개월에 걸친 도주 과정은 그야말로 신출귀몰이다. 그는 서울과 부산을 쉰 번도 넘게 오가며 130여 차례나 강절도 행각을 벌였다. 은신처를 한 곳에 정해 놓고 자동차로 두세 시간씩 '출장 절도'를 다녀오는 식이다. 토굴과 '비트'에서 들쥐를 잡아먹기도 하고 비스킷 한 쪽으로 몇 날 며칠을 버텼다. 초인적이었다.

경찰은 그를 눈앞에 두고도 열세 번이나 놓쳤다. 경찰 헬기가 뜨고 전경부대가 동원됐으나 신창원은 번번이 이를 비웃었다. 현상금 200만 원은 시간이 흐르면서 당시 최고액인 5500만 원으로 불어났다. 그가 한번 떴다 사라질 때마다 경찰이 줄줄이 징계를 받고 지휘선이 무너지는 바람에 '신출경몰(申出警沒)'이라는 말까지 생겨났다.

신창원에게 철저하게 농락당했던 경찰은 그를 검거할 당시 분풀이라도 하듯 결박된 그의 윗옷을 추켜올려 텔레비전 카메라 앞에 세워 놓았다. 어렵사리 포획한 '전리품'의 등에 새겨진 문신을 보여 주고자 함이었다.

경찰은 그를 파렴치한 강간범으로 몰았으나 법원은 강간 혐의에 대해 무죄를 선고했다. 그는 수사 과정에서 수법이 비슷한 다른 미제 사건도 껴안고 가라는 회유를 받기도 했다고 법정에서 폭로하기도 했다.

'손발을 뒤로 묶고 개밥을 먹였던' 교도관들의 가혹행위를 고발하기 위해 탈옥을 결심했다는 신창원. 평생 그 교도관들과 함께 지내야 할지도 모르는 처지지만, 2004년 4월에는 고입 검정고시에 합격했다. 대입 검정고시도 준비하고 있다.

그런 그에게 이해인 수녀는 '향기로 말을 거는 꽃처럼' 다가왔다. 2002년 이해인 수녀가 자신이 쓴 책을 그에게 부쳐 준 것이 계기가 돼 수십 통의 편지를 주고 받았다. 신창원은 목욕 수건을 풀어 수건 올로 짠 십자가를 선물하기도 했다. 그는 편지에서 이해인 수녀를 이모라고 부른다. "이모님, 저는 아직도 예수님께 전부를 드리지 못하고 있습니다. 아주 조그만 것에 집착하고 있거든요."

편지의 말미에는 '개구쟁이 조카 올림'이라고 썼다.
개과천선(?)한 것일까.

'대도' 조세형의 부탁으로 변호를 맡았던 엄상익 변호사에게 그는 이렇게 털어놓기도 했다. "저는 절도범이고 강도범입니다. 사회를 좀먹는 해충이었습니다. 그 이상도 그 이하도 아닙니다. 사형을 당해 마땅합니다!"

그러면서도 여운을 남겼다.
"어릴 때 누가 조금이라도 따뜻하게 대해 주었더라면……."

| 윤심덕 · 1897~1926 |

사의 찬미

두 사람의 투신 자살은 센세이션을 불러일으켰다. 일대 지진이었다.
기성세대의 눈길은 곱지 않았다. 그들의 정사는 종잇장 같은 성격을 가진
'섬사람'의 풍속을 배워온 것이라고 힐난했다.

현해탄(玄海灘)은 '시린' 바다다. 설움이 사무치는 바다다. 이름 그대로 깊고 그윽하지만[玄] 물살은 급하고 암초 또한 많아 위험한[灘] 바다다.

우리나라 최초의 소프라노 윤심덕과 천재 극작가 김우진이 스물아홉의 짧은 생애를 그 시린 물빛 위에 접었다. 바람처럼 훨훨 이승의 인연을 끊었다. 1926년 8월 4일 새벽 4시, 동이 틀 무렵이었다.

두 사람 모두 물의 호(號)를 갖고 있었으니 기이한 인연이었다. 김우진의 아호는 수산(水山), 윤심덕의 호는 수선(水仙)이었다.

그들의 투신자살은 센세이션을 불러일으켰다. 일대 지진이었다.

기성세대의 눈길은 곱지 않았다. 이들의 정사(情死)는 종잇장 같은 성격을 가진 '섬사람'의 풍속을 배워 온 것이라고 힐난했다. 어느 신문은 '전도 다망한 청춘남녀의 경솔한 최후'라고 점잖게 나무랐다. 살아서나 죽어서나 세정(世情)은 무심했으니, 1920년대 조선 사회를 휘감았던 자유연애 풍조에 대한 반감도 있을 터였다.

두 사람은 이 나라 근대 예술의 여명기에 연극과 음악에서 빛나는 존재였다. 시대를 치열하게 고뇌하던 선각자였다. 그러나 이들은 그저 '비련의 주인공'으로 묻히고 말았다.

우리나라 근대 공연 예술의 터를 닦았던 김우진. 이 호남 대지주의 아들은 니체와 마르크스의 사상에 심취했다. 스웨덴 극작가 스트린드베리의

표현주의 기법을 이 땅에 처음 들여왔다. 그가 있었기에 우리 연극은 비로소 '낡은 신파'를 털어낼 수 있었다.

김우진은 행동파였다. 사회 비평을 통해 식민지 지식인의 울혈을 거침없이 뱉어냈다. "이광수 유의 문학을 매장하라!"

키가 크고 목이 길었던 윤심덕. 그는 언제나 대중의 관심 속에 있었다. 동양 여성으로 보기 드문 몸맵시를 지녔던 그녀는 성격 또한 호쾌(?)했다. 어지간히 존대를 아끼던 '왈패'였다. 얼마나 당돌했던지 음악 교사로 재직하던 1918년 잇따라 벽지로 발령이 나자 조선총독부에 항의해 임지를 바꾸기도 했다.

1923년 국비 유학생으로 일본에서 성악을 공부하고 돌아온 윤심덕은 숱한 염문에 시달렸다. 장안의 갑부 이영문과의 스캔들은 단연 화제였다. 도쿄 유학 시절 그녀와 사랑을 맹세한 김우진이 절연을 선언한 게 이때다. 그 역시 처자가 있는 몸이었으되.

윤심덕은 상심에 젖어 1년여를 만주에서 떠돌았다. 1925년 심기일전해 「토월회」의 연극 무대에 섰으나 재기의 몸부림 또한 실패로 끝나고 만다.

어찌어찌 두 사람이 도쿄에서 재회했을 때 윤심덕은 몸도 마음도 지쳐 있었다. 자신의 운명을 예감하고 있었음인가. 그녀는 이바노비치의 곡 「도나우 강의 잔물결」에 직접 가사를 붙여 「사(死)의 찬미」를 노래했다.

   광막한 황야를 달리는 인생아
   너는 무엇을 찾으려 왔느냐
   이래도 한세상 저래도 한평생
   돈도 명예도 다 싫다……

| 평화의 댐 착공 · 1987년 2월 28일 |

5공의 방주

정부는 오래 전에 북한의 금강산 댐 건설 계획을 알고 있었다.
그런데 발표 시점이 묘했다. 전국에 직선제 개헌 열풍이 몰아치고 있었고
학원가에서는 시위가 그치지 않았다.

강원도 화천군 화천읍 동촌리 산 321의 4.

예전에는 뱃길로나 가 볼 수 있던 오지였다. 물에는 천연기념물인 황쏘가리와 어름치가 지천으로 흔하고, 숲에는 노루와 산양이 한가로이 노닐었다. '뫼와 골이 머흐러(험해) 구름도 쉬어간다'는 이곳에는 지금 거대한 인공 구조물이 들어서 있다. 평화의 댐이다.

6·25 전쟁의 애상을 담은 가곡 「비목」의 고장 화천. 평화의 댐은 이곳에 또 하나의 명물이자 흉물(?)이 되었다.

1986년 10월 30일. 5공의 이규효 건설부 장관은 충격적인 발표를 했다. "북한이 200억 톤의 담수 용량을 가진 금강산 댐을 건설하고 있으며, 댐이 무너지면 63빌딩 중턱까지 물이 차오를 것이다." 여론이 들끓었다.

정부는 오래전에 북한의 금강산 댐 건설 계획을 알고 있었다. 그런데 발표 시점이 묘했다. 그 이틀 전에는 전국 26개 대학의 학생 1,500명이 건국대학교에서 애국 학생 투쟁 연합을 결성했고, 그 다음 날에는 경찰이 헬기를 동원해 학생 전원을 연행했다. 시국은 몹시 뒤숭숭했다. 전국에 직선제 개헌 열풍이 몰아치고 있었고 학원가에서는 시

위가 끊이지 않았다.

　1987년 2월 마침내 북한의 수공(水攻)에 맞선 대응 댐인 평화의 댐이 착공된다. 그러나 북한의 금강산 댐 공사가 지연되면서 수공 조작설이 흘러나오기 시작했다. 정부가 1988년 5월 평화의 댐을 완공했을 때에도 북한은 금강산 댐 본공사에 착공하지 않고 있었다. 미국 정부도 금강산 댐 수공 위협에는 고개를 갸웃했다.

　전문가들은 금강산 해발 190미터 지점에 높이 215미터짜리 수력 댐을 건설하는 것은 불가능하다고 입을 모았다. 댐 양편에 물막이를 해야 할 산보다 댐 높이가 25미터나 높아진다는 것이다. 1993년에 출범한 김영삼 정부는 감사원 감사를 통해 북한의 금강산 댐 위협이 터무니없이 부풀려졌다고 발표했다.

　평화의 댐은 민주화의 거센 파고를 피해 갈 '5공의 방주'였던가.

　이후 평화의 댐은 까맣게 잊혀졌다가 2002년 4월 말 망령처럼 되살아난다. 미국 인공위성 사진을 통해 금강산 댐 상부에 함몰 흔적이 발견되면서 댐 붕괴 가능성이 다시 제기됐다. 정부는 증축 공사를 벌이기로 했으나 이번에는 환경 단체의 거센 반대에 부닥쳐야 했다.

　정작 답답한 건 화천 주민들이다. 그들에게 평화의 댐은 폭우 때마다 홍수를 보듬어 준 고마운 존재였다. 주민들은 말한다.

　"평화의 댐이 어떻게 태어났든, 이제는 댐을 있는 그대로 볼 때도 되지 않았습니까?"

| 이완용 · 1856~1926 |

시류를 따라 이(利)를 좇을 뿐

매국의 대가는 달았다.
이완용의 친일 가문은 대대손손 부와 명예를 누린다.
이완용은 일본 백작의 작위를 받았고 아들 손자들은 귀족 신분으로 일본에 유학했다.

"우리가 이 삼천리에 불과한 강토와 천여 백만의 인구로 독립을 고창(高唱)함이 어찌 허망타 아니하리오."

매국의 수괴 이완용. 그는 시류에 따라 친미파에서 친러파, 친러파에서 친일파로 변신을 거듭했다. 1895년 불과 서른여덟의 나이에 학부대신이 되었을 때만 해도 내로라하는 미국통이었다. 그러나 이듬해 아관파천이 일어나자 친러파로 돌아섰고, 1904년 러일 전쟁 때는 친일파로 탈바꿈했다. 이완용의 주저 없는 친일 행위에는 현기증이 인다.

1910년 데라우치 조선 통감은 이완용 내각을 와해시키고 그와 대립하던 송병준을 내세울 것이라고 짐짓 소문을 흘렸다. 한일 합방을 앞당기기 위한 꼼수였다. 아니나 다를까. 이완용은 안절부절못했다. 자칫하면 합방의 공(功)과 그에 따른 상(賞)을 놓칠 판이었다. 우열을 가리기 힘든 '매국의 라이벌'에게 보복을 당할 우려도 없지 않았다. 그는 급히 통감부에 "지금보다 더 친일적인 내각은 나올 수 없다"고 통보했다.

1919년 3·1 운동이 일어나자 이완용은 세 차례에 걸쳐 신문에 경고문을 내보냈다. "조선 독립 선동은 허설이요 망동이라. 한일 합방은 조선의 유일한 활

로일지니." 가히 민족 반역자의 극명한 논리였다. 1921년 사이토 총독에게 "순종이 거주하는 창덕궁을 일본의 황실에 헌납하자"고 건의한 것도 이완용이었다.

매국의 대가는 '달았다.' 이완용의 친일 가문은 대대손손 부와 명예를 누린다. 합방 직후 이완용은 훈(勳) 1등 일본 백작의 작위를 받았고 아들 손자들은 귀족 신분으로 일본에 유학했다.

이완용은 송병희와 더불어 조선 최대의 친일 재산가다. 합방의 공으로 은사금(恩賜金) 15만 엔과 총리대신 퇴직금 1458엔을 받았다. 당시 고급관료의 평균 월급이 20엔이었으니 무려 630년치 급여에 해당하는 어마어마한 돈이었다.

이완용은 몇 차례 암살 기도에도 살아남아 예순아홉에 편안히 자리에서 눈을 감았다. 그런데 이제 그 후손들은 그의 재산을 반환받고자 소송을 벌여 일부 승소하기도 했다 하니! 이 '매국의 장물'을 기어코 사유재산으로 보호해야만 하는가.

이완용은 민족의 반역자였다. 매국의 원흉이었다. 그러나 그가 며느리와 사통했다는 식의 근거 없는 이야기는 역사의 진실을 흐릴 뿐이다. 한때 독립협회 발족에 관여하기도 했던 그에게도 매국의 변은 있었으니 "때에 따라 마땅한 것을 따를 뿐, 달리 길이 없다"던가.

망국의 과정에서 고종은 물론이요 대원군이나 민비 역시 이완용 못지않은 책임과 비난을 피할 수는 없을 것이다. 왕과 내각은 어찌 그리 부패하고 무능했던가. 걸핏하면 외세를 불러들여 척족의 영화에 집착했던 민비를 '명성왕후'로 떠받들어야 하는가. 뿐인가, 나라를 팔아먹은 조선의 지배층은 일제가 수여하는 관작과 은사금을 받고 '천황 폐하의 충실한 신민' 되기를 자처하지 않았던가.

나치 독일의 죄과를 히틀러 한 사람에게 물을 수 없듯, 망국의 모든 책임을 그에게만 씌울 수는 없을 터이다. 이완용의 악(惡)이 모두의 면죄부가 될 수는 없으니.

히틀러가 그러했듯이 이완용도 시대의 산물이었던 거다.

| 이인모 노인 송환 · 1993년 3월 19일 |

냉전의 포로들

미전향 장기수들의 사연은 구구하다. 절절하다.
간첩으로 남파되어 암약하다 체포된 사람 중에는 납북 어부 출신도 있었으니.

1993년 3월 19일. 미전향 장기수 이인모 노인(당시 74세)이 판문점을 넘었다. 문민 정부가 출범한 지 22일 만이었다.

김영삼 대통령은 언론사 간부들을 만난 자리에서 이 씨의 북한 송환을 불쑥 꺼냈다. "취임 후 첫 대면이니 선물을 하나 주겠소!" 관계 부처 간에 의견 조율도 이루어지지 않은 상태였으나 집권 초기 치솟는 인기에 취해 있던 YS 특유의 '감'과 '순발력'이 또 다시 발동되었던 것이다. 정부는 3월 11일 서둘러 이 씨의 송환 방침을 발표한다.

놀라운 것은 북한의 반응이었다. 바로 그 다음 날 북한은 돌연 핵확산 금지 조약(NPT) 탈퇴를 선언했다. 기상천외의 타이밍이었다. 그러나 정부는 예정대로 이 씨를 보냈다. 대통령 취임사에서 어떤 동맹국도 민족보다 우선할 수 없다고 선언했던 YS의 뚝심이었다. 동기가 좋으면 결과도 좋다?

대다수 국민들도 정부의 결정을 반겼다. 남북 관계에 물꼬를 틀 것으로 기대했다. 한완상 통일 부총리의 설명에 고개를 끄덕였다. "우리는 북한보다 14배나 잘 산다. 자신감을 갖고 대국적으로 봐야 한다. 인도주의는 '때문에'(상호주의)의 논리가 아니라 '불구하고'(퍼주기?)의 논리로 접근할 필요가 있다."

오랜 수형 생활로 악화된 이 씨의 건강도 고려됐다. 그는 뇌출혈 증세로 입원 치료를 받고 있었다. 국제 사회는 그를 정치적 희생자로 지켜보고 있었으니 남쪽에서 죽을 경우 시신 처리 또한 난감한 문제였다. 이 씨는 북으로 가든 남쪽에 남아 있든 정치 선전에 이용될 소지가 다분했다.

이 씨는 6·25 전쟁 당시 지리산에서 빨치산 활동을 하다 체포되어 1988년 석방될 때까지 34년간을 복역했다. 종군 기자로 활동하다 인민군이 퇴각할 때 고립되자 빨치산에 합류했다.

이 씨 송환 문제는 1990년 《말》에 「북한의 어머니에게 보내는 편지」가 소개되고 북한 신문에 이 씨의 아내가 띄우는 편지가 실리면서 큰 반향을 불러일으켰다. 어디 이 씨뿐일까. 미전향 장기수들의 사연은 구구하다. 절절하다. 어쨌거나 그들은 냉전의 포로다. 2000년 DJ 정부가 미전향 장기수 63명을 모두 북으로 돌려보낸 것은 잘한 일이었다.

이중에는 정치 공작원(간첩)으로 남파되어 암약하다 체포된 경우(46명)가 가장 많았고, 남한 출신(43명)이 북한 출신보다 훨씬 많았다. 그중에는 납북 어부 출신 공작원도 있었다. 얼마나 기구한가. 북으로 납치되어 전향을 강요당했을 터이고, 남쪽 사정에 훤하다는 이유로 간첩으로 내려왔다 체포됐으니. 신념 때문이든 북에 두고 온 가족 때문이든 끝까지 버텨야만 했으니.

북에 아무 연고가 없는데도 고향인 남쪽의 가족을 등진 이들도 있었다. 아흔세 살 노모를 두고 떠나기도 했고, 부인과 생이별을 하기도 했다. 대체 그 무엇이 그들의 발길을 북쪽으로 돌리게 했을까.

| 박인수 검거 · 1955년 5월 |

카사노바를 위한 변명

> "나는 여성을 사랑한다.
> 그러나 내가 진정 사랑한 것은 자유였다!"
> —— 카사노바

"그들과 결코 결혼을 약속한 적이 없었다. 그럴 필요도 없었다. 댄스홀에서 함께 춤을 춘 뒤에는 으레 여관으로 가는 것이 상식이었다."

'한국판 카사노바' 박인수.

1955년 7월 혼인빙자 간음 혐의로 법정에 선 그는 간음은 순순히 시인했으나 '혼인빙자'는 강력히 부인했다.

대학 재학 중 입대한 이 훤칠한 미남은 해병대 헌병으로 복무하며 사교춤을 익혔다. 해군 장교 구락부, 국일관, 낙원장 등 고급 댄스홀을 무시로 드나들었다.

1954년 제대 후에도 해군 대위를 사칭하며 화려한 여성 편력을 이어간다. 1년 남짓한 동안 여성 70여 명을 상대했는데 거개가 명문대생이었다. 장안의 내로라하는 명문가의 여식(女息)도 있었다.

"나와 교제한 수많은 여성 중 처녀는 미용사인 이 모 양뿐이었다. 여대생 송 모 양과는 나흘을 여관에서 함께 뒹굴었는데 집과 학교에 연락조차 하지 않았다."

'순결의 확률' 70분의 1은 당시 인구에 회자된다. 그것은 1950년대 전후 한국 사회의 성 모럴을 재는 바로미터이기도 했다.

1심 재판부는 박인수의 혼인빙자 간음 혐의에 대해 무죄를 선고했다. 현역 장교를 사칭한 부분에 대해서만 2만 환의 벌금형이 내려졌다. 재판이 끝난 뒤 권순영 부장 판사는 명언을 남겼다. "정숙한 여인의 순결한 정조만이 보호받을 가치가 있다!"

세인의 비상한 관심을 모았던 박인수 스캔들은 법원의 무죄 선고로 뜨겁게 끓어올랐다. 남녀 관계에서 '가해자는 항상 남자요, 피해자는 여성'이라는 공식이 깨지고 만 것이다. 여성의 순결과 정조에 관해 도덕의 색안경을 벗어던진 현대적(?) 판결에 여론은 경악했다.

그러나 항소심에서 박인수는 징역 1년을 선고받고 법정 구속됐다. "댄스홀에 다닌다고 해서 모두 내놓은 정조는 아니다"라는 게 판결 요지였으나 왠지 군색했다. 여론은 결코 이 죄 없는(?) 바람둥이에게 관대할 수 없었던 거다!

혼인빙자 간음죄가 됐든 간통죄가 됐든 법이 보호하고자 한 것은 정작 '여성'이 아니라 '여성의 정조'는 아니었을까. 여성의 정조로 상징되는 성 질서와 남성 지배의 이데올로기는 아니었을까.

박인수는 자신의 엽색 행각이 군 복무 시절 '고무신을 거꾸로 신은' 약혼녀에 대한 반발 때문이었다고 진술했는데, 이 또한 카사노바답지 않은 구차한 변명이 아닌가.

문학가이자 모험가이고 바이올리니스트였던 18세기의 영원한 보헤미안, 카사노바. 11세 소녀부터 50세 이상에 이르기까지, 하녀에서 왕족에 이르기까지 130여 명의 여성과 관계했던 카사노바는 일찍이 호색한들을 위해 그럴듯한 변명을 지어내지 않았던가.

"나는 여성을 사랑한다. 그러나 내가 진정 사랑한 것은 자유였다!"

| 중앙정보부 창설 · 1961년 6월 10일 |

나는 새도 떨어뜨린다

오죽하면 1971년 대선에서 패한 김대중 후보가 이후락 부장에게 이렇게 쏘아붙였을까.
"나는 박정희 후보에게 진 것이 아니라, 이 부장 당신에게 졌소!"

나는 새도 떨어뜨린다던 중앙정보부. 호시절(?), 남산의 중정 부장실에서 바라보면 북악산 기슭의 청와대가 한눈에 보였다.

김종필, 김형욱, 김계원, 이후락, 김재규……. 중앙정보부가 국가안전기획부로 간판을 바꿔 달기까지, 박정희 집권 18년간 남산의 부장들은 북악산을 바라보며 무슨 생각을 했을까. 선우후락(先憂後樂), 먼저 고민하고 나중에 즐거워한다? 그러나 남산의 부장들은 일본 공안조사청의 청훈과 달리 선락후우(先樂後憂)의 길을 갔다.

중정은 1961년 6월 10일 국가재건최고회의 직속으로 발족했다. 김종필의 작품이었다. 중정 최초의 야심작은 4대 의혹 사건. 증권 파동, 워커힐 사건, 새나라 자동차 사건, 회전 당구기 사건을 통해 5·16 군사정변 세력의 정치 자금을 긁어모았다. '구악 뺨치는 신악(新惡)'이었다.

중정은 날 때부터 설계가 잘못되었다. 겉모습은 미 중앙정보국을 베껴 왔으나 속은 일본군과 경찰에서 노하우를 전수받았다. 정보의 최종 소비자인 박정희 자신이 일본군 장교 출신이 아니던가. 중정은 이후 국정 운영 전반에 걸쳐 대통령을 보좌하는 광범위하고 다양한 역할을 수행하면서 내내 뒤틀린 길을 간다.

정보 정치와 공작 정치는 중정의 일상 업무가 되

었고 국가 안보는 '정권 안보'로 변질된다. 선거 때마다 거국적인 부정을 획책했다. 오죽하면 1971년 대선에서 패한 김대중 후보가 당시 이후락 부장에게 이렇게 쏘아붙였을까. "나는 박정희 후보에게 진 것이 아니라, 이 부장 당신에게 졌소!"

용공 조작도 서슴지 않았다. 1974년 '인혁당 재건위' 사건으로 끌려간 반체제 인사들은 졸지에 간첩으로 둔갑했다. 여덟 명이 사형을 선고받았고 불과 스무 시간 만에 형이 집행됐다. '사법적 살인'이었다.

'유럽 거점 간첩단'으로 옭아매려고 했던 최종길 서울대 법대 교수는 죽어서야 남산의 지하 벙커를 나올 수 있었다. 시인 천상병은 술김에 말 한마디 잘못 했다 불구가 되었다.

전두환 정권은 중정의 간판을 안기부로 바꿔 달고 국내 정치 사찰을 더욱 강화했다. 박종철 고문치사 사건은 그 악몽이다. 김영삼 정권 시절에는 안기부의 총구에서 총풍(銃風), 북풍(北風)이 몰아쳤다.

이 태생적으로 권력 지향적인 집단은 김대중 정권이 들어설 즈음 희한한 행태를 보이기 시작한다. 기관에서 수집한 정보를 이용해 정치권과 '거래'를 트고자 했다. 유력한 대권 후보에 줄을 대고자 함이었으니, 신물 나는 폭로 정치는 그 소산이었다. 그들은 국가 기밀을 입에 물고 '권력의 강'을 헤엄치는 불나방과 다르지 않았다. 더 이상 '익명에의 정열'은 찾아볼 수 없었다. 이 와중에 국가 기밀이 줄줄이 새어 나갔다.

어쩌면 이들은 미 중앙정보국의 국훈이기도 한 성경 구절을 제멋대로 해석하고 있었는지 모른다. "진리(정보)를 알지니, 진리가 너희를 자유롭게 하리라!"

| 장준하 · 1918~1975 |

입을 꿰매도 할 말은 했다!

장준하가 없는 《사상계》는 생각하기 어렵다.
《사상계》는 그의 분신이자 신앙이었다.
형극의 삶을 받쳐 준 '돌베개'였다.

"그땐 《사상계》라는 오아시스가 있었고, 북두칠성이 있었고, 소크라테스가 있었지."

《사상계》는 해방 이후 그 간고한 세월 동안 인문의 샘이자 시대의 좌표였다. 지성의 빛이었다.

《사상계》는 1970년 5월 박정희 정권에 의해 폐간될 때까지 아무리 입을 꿰매도 하고 싶은 말은 했고, 해야 할 말은 기어코 터뜨렸다. 함석헌의 '광야에서 외치는 소리'가 있었고, 장준하의 백지(白紙) 권두언이 있었다. 그때나 지금이나 잔재주를 피우며 시류에 영합하는 글쟁이들을 부끄럽게 만들었다. 굽힐 줄 모르는 필봉은 4·19 혁명의 기폭제가 되었고, 5·16 쿠데타 이후 박정희 독재에 대항하는 전위에 섰다.

《사상계》의 정론과 비판 정신은 시대를 광정(匡正)했다. 민주화 투쟁과 통일 운동의 이념적 모태였고 깨어 있는 지식인 사회의 구심체였다. 사무실이 있던 서울 종로구 청진동 백조다방 건물 4층은 야당 정치인과 지식인들의 '사랑방'이었다.

《사상계》에는 유난히 서북 출신이 많았다. 발행인 장준하가 그러했고 편집위원 김준엽, 김성한, 안병욱, 김하태, 전택부

가 그러했다. 주요 필진으로 참여했던 함석헌, 김재준, 감형석, 신석초, 황산덕의 고향도 평안도다.

《사상계》의 지식 담론은 일제 강점기 도산 안창호로 대표되는 서북의 문화주의 전통을 이어받았다. 기독교에 바탕을 둔 '문화적 민족주의'에 뿌리내렸다. 우리 근대화의 이념적 자양(滋養)이었다.

1953년 4월 '부산 피난' 시절에 어렵게 창간된 《사상계》. 1958년 함석헌의 글 「생각하는 백성이라야 산다」가 필화에 휘말리자 발행 부수가 5만 부에 이르렀고, 4·19 혁명 때는 8만 부까지 치솟았다.

장준하가 없는 《사상계》는 생각하기 어렵다. 《사상계》는 그의 분신이자 신앙이었다. 형극의 삶을 받쳐 준 '돌베개'였다.

지식인 됨의 전범으로 우러름을 받았던 장준하.

혹자는 그를 '박정희의 천적'이라고 했으나 그는 애초부터 박정희를 경멸했다. 그도 그럴 것이 박정희가 일본군 중위로 있을 때 장준하는 광복군 대위였다. 그에게 박정희는 일본 천황에 충성을 맹세한 일본군 장교요, 광복군에 총부리를 겨눈 반역자일 뿐이었다.

장준하는 스물여섯 살 되던 1944년, 일제의 학도병으로 강제 징집됐으나 목숨을 걸고 부대를 탈출했다. 쉬저우(西州)에서 충칭(重慶)까지 장정 6,000리(2,400킬로미터)를 거쳐 만 6개월 24일 만인 1945년 1월, 대한민국 임시정부에 도착했다.

초췌한 모습이었으나 눈빛만은 형형했다. 백범 김구는 찬탄했다. "한국의 혼이 죽지 않고 살아 있음이로다!"

그 장준하는 '해방된 조국'에서 서른일곱 번 구속되고 아홉 번 감옥에 갔다. 그리고 1975년 경기도 포천의 약사봉에서 의문의 죽음을 당했다.

그의 생은 광복군 대위 시절에 쓴 시에 예언한 그대로였다.

내 영혼 저 노을처럼 번지리
겨레의 가슴마다 핏빛으로
내 영혼 영원히 헤엄치리
조국의 역사 속에 핏빛으로…….

그 시절, 그래도 '사상계 세대'는 행복했다. 《사상계》가 있어 숨을 쉴 수 있었다.

| 제1차 사법 파동 · 1971년 7월 28일 |

사법부 길들이기

"사법권 독립은 수단일 뿐 그 자체가 목적이 될 수는 없다!"
— 박정희

유신의 음모가 무르익어 가던 1971년 7월 28일.

자정을 조금 넘긴 시각, 서울지법 당직 판사실에 구속 영장이 청구됐다. 피의자는 같은 법원 형사부의 이범렬 부장 판사와 최공웅 판사였다. 청구 이유는 '직무와 관련한 뇌물 수수.' 증인 조사차 출장을 가면서 변호사에게 교통비와 숙식비로 9만 7,000원을 받았다는 것이다. 그러나 당시 형사 사건에서 검증을 신청한 변호인 측이 비용을 대는 것은 관행이었다.

이 부장 판사는 검찰에 잔뜩 미운 털이 박힌 터였다. 시국 공안 사범에 대해 잇따라 무죄 판결을 내렸으니, 그것은 소신 법관에 대한 정치 검찰의 보복이었다.

영장은 기각됐고, 서울 형사 지법 판사 서른일곱 명 전원이 항의 표시로 집단 사표를 냈다. 이튿날 검찰이 다시 영장을 청구하자 전국 판사(415명)의 3분의 1이 넘는 153명이 사표를 내던졌다.

제1차 사법 파동은 검찰과 법원 간의 미묘한 갈등 속에서 터져 나왔다. 법원이 신민당사 농성 사건과 월간 《다리》 사건에서 시국 공안 사범에 무죄를 선고한 때가 그 얼마 전이었다. 기꺼이 권력의 시녀를 자임했던 검찰은 심기가 불편했다. 게다가 이는 검찰의 뜻만이 아니었다. 그해 6월 대법원이 군인과 군속의 손해 배상 청구를 제한하는 국가 배상법에 대해 위헌 판결을 내린 것이 권력 상층부의 심기를 거슬렸던 것이다. 이는 헌정사상 획기적인 판결이었으니, 법원은 위헌 심사권을 적극 행사해 혁명 정부의 비상 입법에 제동을 걸었다. 박정희는 격노했다. "사법권 독립은 수단일 뿐 그 자체가 목적이 될 수는 없다!"

초유의 사법 파동은 무덥고 긴 8월 한 달 동안 이어졌으나, 사법권 독립의 개혁에 이르지는 못했다. 당시 민복기 대법원장은 대통령을 만나 할 말을 하고자 했으나 면담은 거부됐다. 이 부장 판사와 최 판사는 끝내 사표를 썼다.

이후 사법부 독립이라는 당연한 주장은 오래 동안 겨울잠을 자야 했다. 이듬해 출범한 유신 체제는 사법부의 위헌 법률 심사권을 박탈했고, 국가 배상법 위헌 결정에 찬성했던 대법관을 재임용에서 모두 탈락시켰다.

권력의 '사법부 길들이기'는 어제 오늘 일이 아니다. 때론 충돌했고 때론 동행했다. 사법부의 수난과 굴절은 얼룩진 우리 현대사의 또 다른 얼굴이기도 하다.

1958년 7월, 서울 지법(유병진 부장 판사)은 진보당 사건으로 기소된 조봉암 등에 무죄를 선고하며 이승만의 '반공 권력'에 맞섰으나 얼마 뒤 고등 법원은 이를 뒤집었다. 5·16 직후 조진만 대법원장 체제는 비상 조치법은 헌법에 합치된다며 새로운 권력 창출을 거들었고, 1968년 10월 대법원은 '동백림 사건'에 대해 간첩죄를 무리하게 적용했다며 원심을 파기했다.

1980년에는 김재규 피고인의 내란죄 혐의에 대해 소수 의견을 냈던 대법원 판사들은 모진 고문을 당하고 법복을 벗어야 했다. 신군부의 서슬이 퍼렇던 시절, 법관들은 특별 교육을 받는 수모를 견뎌야 했다.

10·26 사태와 1980년 '민주화의 봄'이라는 격변기에 사법부의 수장으로

있었던 이영섭 대법원장. 그는 신군부의 등장으로 임기를 채우지 못하고 물러나며 이렇게 탄식했다.

"과거를 돌아보면 모든 것이 회한과 오욕으로 얼룩진 것 외에 아무것도 아니었다……."

| 함석헌 · 1901~1989 |

씨올의 소리

"하늘의 기운과 뜻이 씨알 하나에 맺혀 있다.
씨알 하나가 하늘과 닿아 있다.
그것은 사람 속에 깃들인 하느님이 씨앗이다."

"클로버 씨앗 하나가 소와 말의 내장을 통과하고 땅 속에서도 죽지 않고 있다가 싹을 틔워, 온 들을 푸르름으로 가꾼다."

함석헌, 그는 '광야의 예언자'였다. 얼음장을 깨는 힘찬 울림이었다. 일제 강점기와 이승만 정권, 박정희 군사정부 아래서 걸림이 없는 자유인이었다. 그는 매양 하얀 수염, 하얀 두루마기, 하얀 고무신의 모습으로 거기 그렇게 있었다. 재야의 중심이었다.

붓을 들면 풍랑을 가르는 서슬 퍼런 글이 튀어나오고 연단에 서면 천지를 뒤흔드는 사자후를 토했다. 옹(翁)의 신념은 꽃처럼 붉었고 순정은 숫총각 같았다. 시인 고은의 말대로 "당신은 걱정하는 사람의 운명으로 이 세상에 온" 선지자였다.

함석헌은 한국 근현대사의 고난을 짊어졌다. 그는 신의 도시와 세속 도시 사이에서 여든아홉 해의 격랑을 탔다.

그는 아홉 살 나이에 한일 병합을 맞았다. "자라나던 어린 순에 서리가 내렸다." 1919년 평양고보 재학 중 3·1 만세 운동에 가담했다 퇴학을 당했고, 일본 유학에서 돌아온 뒤 '조선 성서 사건' 등

으로 두 차례 옥고를 치렀다. 감옥살이는 그에게 '인생 대학'이었다.

식민지 치하에서 기독교가 과연 민족을 건질 수 있는가에 대한 회의와 그 대안으로서 사회주의가 타당한가에 대해 격심한 사상적 갈등을 겪었던 함석헌. 그는 해방 후 잠자고 있던 기독교 사회에 뇌성벽력을 내려쳤다. "하늘나라를 지키는 종? 그래, 종놈들은 문간을 지켜라. 우리는 마음대로 하늘나라를 뒤지고 고치고 더 지으면서 살리라!"

함석헌은 그 엄혹했던 1970년, 월간《씨올의 소리》를 창간했다.

"씨알이란 무엇인가. 하늘의 기운과 뜻이 씨알 하나에 맺혀 있다. 씨알 하나가 하늘과 닿아 있다. 그것은 사람 속에 깃들인 하느님의 씨앗이다. 씨알 하나, 한 생명은 그토록 소중하다."

생각하는 백성이라야 산다고 역설해 온 그는 '뜻으로 본 한국역사'를 개창했다. 왕권 중심의 사관을 깨고 반역자의 입장에서 역사를 보았다. 역사 밖에서 역사를 꿰뚫었다. "비석에 새겨진 역사는 죽은 역사다. 산 역사, 살아 있는 문화를 보려거든 민중 속으로 들어가라!"

가파른 역사의 굴곡을 십자가처럼 떠메고 다닌 함석헌 옹. 그의 삶과 사상은 아직도 미지의 광맥으로 남아 있다. 유불선과 기독교 사상을 일치시킨 사유는 한국 사상사에서 원효와 율곡의 맥을 잇는다.

"하늘을 나는 새를 보라. 지구의 중력과 싸움이 있기에 노랫가락이 흘러나온다. 매 순간 죽음과 싸움으로써 삶이 있다. 삶 자체가 솟구쳐 오르는 생명의 본래 모습을 지키려는 끊임없는 싸움이다. 희망은 절망하는 사람만이 갖는다!"

그 카랑카랑한 '씨올의 소리'가 그립다.

| 684부대 실미도 탈출 · 1971년 8월 23일 |

김일성의 목을 따라!

실미도는 삼십 년 넘도록 '악명의 섬'으로 가라앉아 있었다.
실미도 사건은 대한민국 군의 공식 역사에 존재하지 않는다.
단지 관계자들의 입에서 입으로 전할 뿐.

김일성의 목을 따라!

실미도의 '김일성 주석궁 폭파 부대'에 떨어진 특명이었다. 1968년 1·21 사태 직후 만들어진 특수 부대는 창설 연월을 따 '684부대'로 불렸다. 대북 응징 차원에서 김신조 일당과 똑같이 서른 명이 인간 병기로 사육(?)됐다.

684부대는 김형욱 중앙정보부장의 작품이었다. 684부대 창설 계획을 보고 받은 박정희 대통령은 흔쾌히 재가했다. "임자, 되로 받았으면 말로 갚아야지. 한번 만들어 봐!" 그런데 이들은 왜 주석궁이 아니라 청와대로 총구를 겨누었을까.

1971년 8월 23일, 라디오에서 아나운서의 다급한 목소리가 흘러나왔다. "정체 불명의 무장 괴한들이 서울 노량진에서 군경과 교전을 벌이고 있습니다!"

모두가 남파 간첩이려니 했으나 그들은 북파를 기다리던 684부대 훈련병들이었다. 이들이 기간병을 사살하고 실미도를 탈출했던 것이다. 대원들은 버스를 탈취해 청와대로 향했으나 군경과 대치하던 중 수류탄이 터져 폭사하고 말았다. 네 명이 살아남았으나 군사 재판에서 모두 사형에 처해졌다.

실미도는 서울에서 가까운 섬이다. 인천 신공항

고속도로를 달리면 한 시간 남짓한 거리. 그 실미도는 30년 넘게 '익명의 섬'으로 가라앉아 있었다. '실미도 사건'은 군대의 공식 역사에는 존재하지 않는다. 단지 관계자들의 입에서 입으로 전할 뿐이다. 684부대 김방일 소대장의 증언에 의하면 4월에 창설된 부대는 9월까지 김일성을 사살하라는 목표를 세워 놓고 상상을 초월하는 고강도의 훈련을 받았다고 한다.

그런데 만들어 놓고 아무도 거들떠보지 않았다. 삼 년 넘게 지옥 훈련을 받았으니 무슨 일이 터질지 알 수 없는 상황이었다고 한다. 이 와중에 훈련병 일곱 명이 탈출 미수와 강간 등으로 사살되거나 자살했다. 눈이 빠지게 실전 명령을 기다리던 이들에게 1968년 8월 북한 침투 명령이 떨어졌으나, 곧바로 취소되고 말았다.

그 이듬해 5월 김형욱으로부터 평양 결사대 투입 준비가 완료됐다는 보고를 받은 박정희는 시큰둥했다. 바야흐로 한반도에 데탕트의 훈풍이 불고 있었다. 서울과 평양 당국 사이에 비밀 교섭이 오가고 있었다. 684부대는 더 이상 존재 가치가 없었다. 그저 골치 아픈 살인 병기였다.

몇 달 뒤 중앙정보부장은 이후락으로 교체되고 만다. 공군 검찰부장으로 실미도 사건의 수사를 맡았던 김중권 전 민주당 대표는 실미도 사건이 엄연히 '훈련병들의 난동'이었다고 강조한다. 비인간적인 대우와 가혹한 훈련에 따른 우발적 사고였을 뿐 영화「실미도」에서처럼 사전 모의된 사건이 아니라는 얘기다. "영화「실미도」는 이들을 미화시켜 진실을 왜곡시킬 우려가 있어요. 이들은 결코 의인은 아니지요."

어쨌거나 영화는 실미도 사건을 침묵의 바다에서 건져 올렸고 북파 공작원의 존재를 세상에 알렸다.

1951년 육군 첩보 부대가 창설된 이래 양성된 북파 공작원은 모두 1만 3000여 명. 이 가운데 7,800여 명이 사망했고 200여 명이 부상했다. 나머지는 생사조차 확인되지 않는다.

 이들에 대한 보상은 없었다. 그들의 존재를 인정하는 것 자체가 '휴전협정 위반'이 아닌가.

 그들은 군번도 계급도 없는 군인들이었다. 전역 후에도 흔적이 남아 있지 않아 보훈 대상에서 제외됐다. 분단과 냉전의 그늘 속에서 그들은 하얗게 지워졌다.

| 사이공 부대 베트남 도착 · 1965년 2월 25일 |

오래된 수렁

"분명한 것은 우리가 참전하지 않고 대신 주한 미군을 빼돌렸다면
제2의 6·25 전쟁이 불가피했을 것이라는 점이다."
— 채명신

이라크 전쟁은 오래된 수렁이다. 미국은 십여 년 전에 이미 승전했고, 2003년에도 승전을 선언했다. 그러나 이 전쟁은 사담 후세인이 체포되어 재판을 받고 있는 지금도 계속되고 있다. 그것은 또한 미국의 선택에 의한 전쟁이었다. 유엔과 국제 사회의 지지를 받지 못한 명분 없는 전쟁이었다. 이 때문에 많은 미국인들은 이라크에서 베트남의 악몽을 떠올린다. 이라크는 제2의 베트남이 될 것인가?

우리 역사상 한국군이 외국의 영토에서 싸운 최초의 전쟁인 베트남 전쟁. 그리고 이라크 전쟁. 이라크 추가 파병을 둘러싼 논란은 한 시대 전 우리나라의 베트남 파병 논란과 그대로 겹쳐진다. 아직도 꺼지지 않고 있는 파월(派越) 논쟁의 불씨를 재연시킨다.

2001년 8월 김대중 대통령은 청와대에서 천득령 베트남 국가 주석에게 "우리가 불행한 전쟁에 참여해 베트남 국민에게 고통을 준 점을 미안하게 생각한다"고 말했다. 이에 흥분한 야당은 대체 김 대통령의 국가관과 역사관의 실체가 뭐냐고 들고 일어났다. 주월 사령부 초대 사령관을 지낸 채명신은 이렇게 따져 물었다. "베트남에서 싸운 우리 병사들이 단지 용병이었는지, 아니면 정의의 십자군이었는지 밝히라!" 그는 우리가 참전하지 않고 대신 주한 미군을 베트남으로 빼돌렸다면 제2의 6·25전쟁이 불가피했을 것이라고 목소리를 높였다. 하지만 그런 그도 베트남 전쟁이 부분적으

로 부도덕한 전쟁이었음을 굳이 부인하지 않는다.

 우리는 그때나 지금이나 여전히 안보 논리(동맹론)의 울타리에 갇혀 있다. 그리고 안타깝게도 그 울타리는 여전히 절박한 현실이며, 떨쳐 버릴 수 없는 한반도의 한계상황이기도 하다.

 베트남 파병은 과연 부끄러운 과거였나? 우리는 아직도 그 답을 알지 못한다. 다만 6·25 전쟁 때 미군이 저지른 '노근리 양민 학살' 사건이 문제됐을 때 베트남에서 한국군의 행적을 함께 떠올리지 않을 수 없었으니, 그것은 역사의 업보였다.

 노근리 현장에 있던 미군 병사는 이렇게 증언했다. "중위 한 명이 미친 사람처럼 소리 지르던 게 기억납니다. '있는 건 전부 발사해! 다 죽여 버려!'"

 그리고 아들과 임신한 며느리를 잃은 베트남 할머니는 이렇게 증언했다. "왜 한국군이 마을 사람들을 죽였는지 모르겠어요. 마을에는 노인과 여자들, 아이들밖에 없었는데……."(할머니의 증언)

 총부리를 남에게 겨누면 자신에게 되돌아오기 마련이라던가.

 베트남 전쟁에서 민간인 살상은 민감한 부분이다. '인민은 물이요, 게릴라는 물고기'라는 마오쩌둥의 전술 이론에 따라 인민 깊숙이 침투했던 베트남군. 그들과 목숨을 겨누었던 한국군에게도 어찌할 수 없는 상황은 있었을 것이다.

 파월 용사는 현대사의 아픔으로 남았다. 5,000여 명이 사망했고, 수만 명이 아직도 고엽제 등으로 고통을 호소하고 있다. 고향의 부모님께 소 한 마리 사 드리려고 베트남으로 갔던 스물 안팎의 청년들은 상이 군인이 되어서 고국으로 돌아왔다. 그러나 정부는 유해조차 제대로 수습하지 않았고, 실종자 문제도 외면했다.

  베트남 전쟁, 그 지워지지 않는 상처는 온전히 개인의 몫이었다.

| 이준 · 1859~1907 |

이역만리에서 지다

그의 사인에 대해서는 자결, 병사, 단식 순절설이 전한다.
종양이 악화되었다고 하고 단독(丹毒)이 도졌다고도 한다.
분사(憤死)였다!

이준 열사는 할복했는가?

결론부터 말하면 그렇지는 않다. 그의 사인에 대해서는 자결, 병사, 단식 순절(殉節)설이 전하나 모두 분명치 않다. 장기 기차 여행에 따른 여독에 정신적 피로가 쌓여 병원에 입원했다고도 하고, 종양이 악화되었다고도 한다. 일설에는 패혈증 등 합병증을 일으키는 단독(丹毒)이 도졌다고 전한다.

분사(憤死)였다!

이준 열사가 네덜란드 헤이그의 한 병원에서 세상을 뜬 것이 1907년 7월 14일. 그의 나이 마흔여덟이었다. 함께 '헤이그 밀사'로 파견됐던 이위종은 기자회견을 갖고 "이준 열사는 순국했다"고 밝혔다.

이날 공개된 이준 열사의 유언은 우국충정으로 가득했다. "나라를 구하시오! 일본이 끝없이 유린하고 있소."

당시 널리 할복 자살설이 유포된 까닭은 항일 투쟁을 독려함으로써 그의 유지를 받들고자 함이 아니었을까. 이를 의식했음인지 일제는 궐석재판까지 열어 이상설에게 사형을, 숨진 이준 열사와 이위종에게는 종신형을 선고했다.

이준 열사는 한국 최초의 근대적 사법 교육기관인 법관양성소의 제1회 졸업생이다. 그는 강직한 검사였다. 1896년 한성재판소 검사보로 임관되었으나 조신들의 불법과 비행을 파헤치다 한 달 만에 면직됐고 이후로도 망명, 투옥, 유배의 간난신고를 겪었다.

이준 열사는 고종의 종친이었다. 밀사로 떠나기 전야에 고종은 그를 불러 어사주를 내렸다. "오늘밤 짐은 골육지친(骨肉之親)을 만나 국가대사를 의탁하게 되니 기쁘기 한량없다……."

헤이그 밀사는 알려진 바와 달리 '3밀사'가 아니라 '4밀사'였다고 한다. 밀사 모의 단계부터 미국인 선교사 호머 헐버트가 깊숙이 참여했다. 그는 헤이그에서 이준 열사와 이상설, 이위종의 곁을 지키며 밀사 이상의 역할을 했다. 비록 만국평화회의 입장은 좌절되었으나, 각국 신문기자단의 국제회의에 참석해 한국의 입장을 지지한다는 결의문을 이끌어낸 것은 헐버트의 공이었다.

오죽하면 당시 조선통감 이토 히로부미가 헤이그에 긴급 암호 전문을 띄워 "3명의 밀사 외에 암약하고 있는 외국인의 동태를 주시하라"고 지시했을까.

《코리아 리뷰》라는 영문 잡지를 통해 일제의 침략 야욕을 만천하에 고발했던 헐버트. 그는 누구보다 한국을 깊이 이해하고 사랑했다. 죽기 이레 전 여든일곱의 노구를 이끌고 해방된 한국을 다시 찾은 그의 일성(一聲)은 이랬다. "웨스터민스터 성당보다 한국 땅에 묻히기를 더 원한다!"

이렇듯 외국인까지 조선 독립을 위해 고군분투하는 동안 국내의 친일파들은 나라를 팔아먹지 못해 안달을 했다. 이들은 밀사 파견을 빌미로 일제의 고종 퇴위 공작에 나섰다. 이토 히로부미는 짐짓 뒷짐을 진 채 송병준이 앞장을 서고 이완용이 맞장구를 쳤다. '일제의 개'가 되기까지 내내 밑바닥 인생을 훑었던 송병준은 고종에게 이렇게 따졌다.

"친히 도쿄로 가시어 천황께 사죄를 하든가, 자결을 하시거나, 하세가와 요시미치 사령관을 대한문에서 맞아 면박(面縛)의 예를 갖추시지요!"

면박이란 양손을 등 뒤로 돌려 결박하고 사죄를 청함이니, 송가란 자는 대체 어느 나라의 백성이었던가.

| 이효석 · 1907~1942 |

메밀꽃 필 무렵

"우리말로 자유로이 글을 쓸 때는 억제되어 있던 민족의식이
일본어로 글을 쓰면서 꿈틀거리기 시작한 것일까?"
―― 이상옥

"몰랐다. 정말로! 감쪽같이 몰랐다! 광복이 되리라고는."

생전에 여러 차례에 걸쳐 '친일 고백'을 했던 미당 서정주. 우리 근현대 문학사의 어두운 골짜기에 울려 퍼졌던 미당의 절규는 아직도 이명처럼 귓전을 맴돌고 있다.

우리 문학사의 아킬레스건, 친일 문학. 그 아픈 흉터를 더듬을 때 만나는 흥미로운 인물이 바로 『메밀꽃 필 무렵』의 작가 이효석이다.

이효석은 친일 문인이었나? 이 곤혹스러운 질문을 좇은 이상옥 서울대 명예교수는 그의 문학 행로에서 아주 특이한 발견을 하게 된다.

이효석도 일제 말기에 일본어로 글을 썼다. '국어(國語)'로 작품을 썼다. 당시 국어는 일본어였고, 한글은 '언문'이었다. 그러나 이효석은 삐딱했다. 많은 작가들이 전시의 '국민 문학'을 선양하고 있을 때 그는 전혀 시국의 여망(?)에 부응하지 못했다. 일제가 실시한 문인 설문조사에서 "여전히 시정물이며 애정물 등을 쓸까 한다"며 아예 한걸음 비켜섰다.

1940년 4월 《경성신문》에 실린 글을 보자. 일제가 국책 사업의 일환으로 내놓은 '노연만두'라는 보리빵에 대해 이효석은 이렇게 혹평한다.

"많은 문자를 써서 세세하게 설명하고 국책 운운하며 방패를 삼아 보아도 맛이 없는 것은 결국 맛이 없다."

이효석의 작품들은 전시 문학의 진지성(?)과는 더욱 거리가 멀었다. 단편소설「은은한 빛」에서 주인공은 고구려의 고검(古劍)을 일본인에게 팔아넘기라고 하자 이렇게 다그친다. "그 물건의 값어치를 알지 못한다면 이 땅에 태어난 걸 수치로 알아야 합니다. 그건 오랜 영혼의 소리입니다." 그 이전까지 이국 정취와 탐미주의를 열렬히 추구했던 이효석이 아닌가.

이상옥 교수는 묻는다. 우리말로 자유로이 글을 쓸 때는 억제되어 있던 민족의식이 일본어로 글을 쓰면서 꿈틀거리기 시작한 것일까?

이효석의 문학은 '식민주의와 파시즘 옹호'라는 친일 기준에 현저히 미달(?)이었다. "일제의 국민 문학은 그에 이르러 매우 비(非)국민적이고, 회의적이고, 자유주의적인 것이 되었다."(문학평론가 임종국)

이효석은 잠시 총독부에 취업하기도 했으나 그뿐이었다. 그는 끝내 친일 문인의 길을 거부했다. 창씨개명도 하지 않았다.

이효석은 태평양 전쟁이 끝나려면 3년 3개월이나 남은 1942년, 뇌막염으로 세상을 떴다.

"그가 더 살았더라면 어떤 글을 쓰게 됐을지 몹시 궁금하다. 내선 일체와 대화혼(大和魂)을 부르짖던 일제의 강압 아래 오히려 그의 작품은 민족의식을 싹틔우고 있었으니 말이다."(이상옥)

| 신민당사 YH 농성 진압 · 1979년 8월 11일 |

공순이가 영애에게!

YH 사건은 유신 독재에 조종을 울렸다.
마지막 발은 숨을 벗어던 박정희 정권의 숨통을 끊어 놓았다.

    1970년대 노동 운동은 의미 이전에 삶 자체였다. 피맺힌 절규였다. 살아남으려는 몸부림이었다.
    1970년대 노동 운동은 노동자의 육신을 사르고 피어올랐다. 노동자의 선혈 속에서 작렬했다. 1970년 평화시장 노동자 전태일이 분신했고, 1979년 YH 무역의 여공 김경숙이 투신했다. 둘 다 꽃다운 스물둘이었다.
    유신 체제의 수레바퀴에 치인 '수출의 꽃'은 빈농의 딸이었다. 5원짜리 풀빵 여섯 개로 하루 세 끼를 때우며 어린 동생의 학비를 벌고자 가발 공장과 봉제 공장을 전전했다. 사회의 천대와 자기 비하 속에서 '공순이'는 야학을 통해 노동 계급으로 거듭났다.
    1979년 8월 11일 오전 2시.

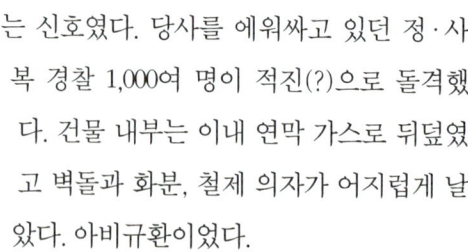

서울 마포구 신민당사 주변에서 자동차 경음기 소리가 세 번 길게 울었다. '101호 작전'의 개시를 알리는 신호였다. 당사를 에워싸고 있던 정·사복 경찰 1,000여 명이 적진(?)으로 돌격했다. 건물 내부는 이내 연막 가스로 뒤덮였고 벽돌과 화분, 철제 의자가 어지럽게 날았다. 아비규환이었다.

경찰은 농성 중인 노동자들을 곤봉으로

무차별 구타하며 계단으로 끌어내렸다. 김영삼 신민당 총재가 멱살이 잡힌 채 끌려 나갔고, 국회의원과 기자들이 경찰의 주먹질과 발길질에 쓰러졌다. 김경숙은 이때 당사 사 층에서 떨어져 숨졌으니 왼팔 동맥이 끊긴 채였다. 어린 새처럼 퍼덕이는 그 몸뚱이 위를 소방차의 서치라이트 불빛이 무심히 비추고 지나갔다.

1970년대 후반, 박정희 정권의 버팀목이었던 경제는 무너져 내리고 있었다. 실업자가 속출하고 물가는 두 자리 수로 뛰었다. YH 무역도 예외가 아니었고 경영주는 부실의 늪에서 회사 재산을 빼돌리기에 여념이 없었다. 회사는 빈껍데기만 남았다. YH 노조는 분연히 들고 일어났다. 'YH의 부(富)'는 대체 누구의 것인가?

YH 사건은 유신 독재에 조종을 울렸다. 마지막 밭은 숨을 내쉬던 박정희 정권의 숨통을 끊어놓았다. 신민당의 무기한 농성, 김영삼 총재 제명, 부마 항쟁, 계엄령과 위수령……. 그리고 마침내 10·26의 총성이 울리고야 만다.

YH 사건은 1970년대 노동 운동의 정점이었다. 노동 운동은 정치 마당의 한가운데에 뛰어들어 노동자의 정치 세력화라는 1980년대의 화두를 끄집어냈다. 그리고 사반세기가 흐른 2004년, '공돌이 공순이 출신들이 만든' 민주노동당이 원내에 진입하기에 이른다.

YH 사건 당시 노조 지부장이 바로 민노당의 최순영 의원이다. YH 사건 당시 농성을 벌이다 구속 수감됐을 때, 스물여섯이던 그녀는 임신 6개월이었다. 그런 그녀가 2004년 3월에 한나라당 박근혜 대표에게 공개 서한을 띄웠다. '공순이가 영애(令愛)에게!'

1970년대의 '산업전사'는 경제 발전의 주역은 박정희와 3공 세력이라는 박 대표의 주장에 견딜 수 없는 모멸감을 느꼈던 것이다. 편지를 쓰면서 그녀는 '봄이 오는 길목의 개나리와 진달래처럼 싱그러웠던 동료 공순이들의 20대'를 떠올리고 있었는지 모른다.

동시대를 살고 있는 '공순이'와 '영애'. 두 사람은 여의도에 나란히 입성했으나 그들은 지금 전혀 무늬가 다른 역사의 나이테를 그리고 있다.

| 이철희·장영자 부부 구속·1982년 5월 4일 |

민나 도로보데스!

서른여덟이라는 나이에 처음 쇠고랑을 찼던 장 씨는
차가운 감방에서 환갑을 맞았다. 대체 무엇 때문에?

 서슬 퍼런 5공이 '정의 사회 구현'을 소리 높이 외치던 1982년.

 그해 5월 단군 이래 최대 어음 사기 사건이라는 이철희·장영자 사건이 터졌다. 경남 의령군 궁유 지서의 우범곤 순경이 카빈 총과 수류탄으로 주민 56명을 사살해 세상이 발칵 뒤집어진 지 불과 열흘 뒤의 일이다.

 검찰이 밝힌 이·장 부부의 어음 사취 금액은 1,400억 원, 어음 발행 기업의 총 피해액이 7,000억 원에 달했다. 모두가 입을 딱 벌렸다.

 때는 군사 정권의 폭압 아래 숨죽이던 시절이었다. "민나 도로보데스!(모두가 도둑놈들!)"라는 일본말이 크게 유행했다. 당시 인기리에 방영 중이던 텔레비전 드라마(「거부실록」)에서 공주 갑부 김갑순이 툭하면 내뱉던 이 대사는 시대의 정곡을 찔렀다.

 민심은 흉흉했고 검찰의 수사조차 곧이곧대로 받아들이려 들지 않았다. 오죽하면 검찰총장이 직접 텔레비전에 나와 수사 결과를 믿어 달라고 하소연했을까.

 "더 큰 손은 청와대의 안주인"이라는 소문이 꼬리에 꼬리를 물었다. 5공 내내 권력형 비리가 터질 때마다 눈총을 받아야 했던 영부인이었다. 그리고 마침내 고위층의 얼굴이 벗겨진다. 안기부 차장에 유정회 국회의원을 지낸 이철희 씨 부부의 배후에는 장

씨의 형부이자 전두환 대통령의 처삼촌인 이규광 씨가 버티고 있었다.

어찌 보면 이·장 부부의 수법은 단순했다. 자금난에 빠진 기업들에 현금을 대주고 빌려 준 돈의 2배 내지 9배에 달하는 어음을 받았다. '순전히 담보용'이라던 어음을 사채 시장에서 할인해 자금을 융통했고, 그 돈을 다시 은행에 예금한 뒤 거액을 대출받았다. 장 씨의 말 그대로 경제는 유통이었던 것이다.

문제는 어음이 한 바퀴 돌았을 때다. 어음을 끊어 준 기업은 부도를 내고 무너져 내렸다. 금융 시장을 뒤흔든 사건은 정치권에도 불똥이 튀었으니, 나는 새도 떨어뜨린다던 5공 실세들이 줄줄이 날개가 꺾였다. 이·장 부부는 사기죄의 법정 최고형인 징역 15년을 선고받았다.

그러나 구속될 때부터 미모와 화려한 언변으로 세간의 화제가 됐던 장 씨는 잊을 만하면 뉴스에 다시 등장했다. 1992년 가석방으로 풀려났으나 채 2년이 못 돼 사위인 탤런트 김주승 씨가 운영하던 회사의 부도 사건으로 구속됐다.

2003년까지 복역해야 했으나 1998년 8·15 특사 때 형 집행 정지로 풀려났고, 2000년 또다시 구권 화폐 사기극에 연루돼 수감 생활을 하고 있다. 두 번째 구속됐을 때는 정신 감정까지 받았다.

서른여덟의 나이에 처음 쇠고랑을 찼던 장 씨는 차가운 감방에서 환갑을 맞았다. 대체 무엇 때문에?

| 흥인지문 명칭 회복 · 1996년 11월 28일 |

문화재의 창씨개명

일제는 창경궁의 이름을 창경원으로 바꾸어 불렀다.
왕궁은 졸지에 유원지로 전락했다. 비원도 일제가 붙인 이름이다.
창덕궁의 뒤뜰은 비밀스럽고 음습한 곳이 되고 말았다.

1996년 11월 28일. 보물 1호 동대문이 본래 이름인 '흥인지문(興仁之門)'을 되찾았다. 일제 강점기의 문화재 지정 이후 62년 만이다. 마침내 우리 문화재가 일제의 창씨 개명을 청산했다는 찬사를 들을 만했다.

문민 정부 시절 '역사 바로세우기' 사업의 성과였다. 국민학교가 초등학교로 개명되고 옛 조선총독부 건물이 철거됐다. 그건 썩 잘한 일이었다. 인적 청산이 아니면 물적 청산이라도 해야 했다. 그나마 광복 반세기 만의 일이니.

일제는 조선 왕조와 관련된 것이라면 어떻게든 깔아뭉개려 들었다. 1909년에는 느닷없이 창경궁(昌慶宮)에 동물원과 식물원을 만들고 벚나무를 심었다. 그러고는 이름도 창경원(昌慶苑)으로 바꾸었다. 왕궁은 졸지에 유원지로 전락했으니 일제의 흉계(譎計)였다. 비원(秘苑)도 일제가 붙인 이름이다. 창덕궁의 뒤뜰(후원, 後苑)은 '비밀스럽고 음습한' 곳이 되고 말았다.

이뿐인가. 해인사의 팔만대장경을 보관하는 목조 건축물 경판전(經板殿, 국보52호)은 경판고(經板庫)가 되었다. 전(殿)에 모신 대장경이 고(庫)에 처박히게 된 것이다.

하나 동대문이든 남대문이든 이게 일제

가 처음 쓴 명칭인지는 분명치 않다. '남대문 입납(南大門入納)'이란 말에서 보듯 우리 옛 문헌에도 방향을 딴 이름은 숱하게 발견된다. 목멱산이 남쪽에 있다 해서 남산으로 부르듯, 그것들은 우리 민족의 삶 속에서 자연스레 고유명사화한 것은 아닐까.

1397년(태조6년) 4월에 완공된 흥인문은 성을 쌓을 때부터 어려움이 많았다. 지형은 낮고 유난히 습해 말뚝을 박고 돌을 채워 다져야 했다. 그래서 흥인문 현판의 글자 수는 네 글자로 늘어났다. 땅을 높이고 지세(地勢)를 보하고자 산맥 형상의 지(之) 자를 넣었고, 일부러 두 줄로 썼다.

흥인문은 '동대문(動大門)'이었다고 한다. 나라에 큰일이 있으면 변고가 난 방향으로 문이 기울었다고 속설은 전한다.

정사가 어지러웠던 광해군 말년에는 북서쪽으로 기울었는데, 흥인문의 서쪽에 있던 홍제원에서 군사를 일으킨 게 인조반정이다. 임오군란 때는 민비가 급히 피신했던 남동쪽으로 문이 기울었다고.

임진왜란 때는 왜구의 선봉 고니시 유키나가(小西行長)가 이곳을 지나 한양으로 쳐들어왔다. 1905년 교통 장애를 이유로 흥인문을 헐 계획이었던 일제는 뒤늦게 이 사실을 알고 고적(古蹟)으로 지정했다고 한다.

흥인문의 600년 성상은 신산(辛酸)했다. 서울의 빌딩 숲 한가운데에 버티고 있는 그 모양새는 옹색하기만 하다. 지하철 1호선과 4호선이 다퉈 땅 밑을 치달리고, 인근에 들어선 대형 쇼핑몰은 지하수를 빨아들여 지반 침하마저 우려된다. 이래저래 흥인문은 꺼져 들어가는가.

| 공주 무령왕릉 발굴 · 1971년 7월 8일 |

백제사의 여백

"우리는 천추의 한을 남겼다. 그것은 우리 고고학계의 원죄였다!"
— 김원룡

그것은 발굴이 아니라 차라리 도굴이었다!

1971년 7월 8일 밤, 충남 공주 무령왕릉 발굴 현장. 삼국시대 왕릉 가운데 유일하게 신원이 밝혀진 백제의 처녀분(處女墳)은 비상한 관심을 모았다. 현장은 취재진과 군중이 몰려들어 아수라장을 이루었다.

누군가 사진을 찍는다며 동시(銅匙, 청동 숟가락)를 부러뜨리는 만행을 서슴지 않았다. 발굴을 책임진 김원룡 국립 중앙박물관장은 마음이 급했다. "이러다 큰일 나겠어. 서둘러야 해!"

장대비가 쏟아지는 장마철이었으나 발굴단은 밤샘 작업을 강행했다. 어디선가 깜박깜박하는 희미한 백열전등을 끌어왔다. 장비라고는 덜렁 고물 카메라 한 대가 전부였다. 고구마를 캐 자루에 퍼 담듯 열두 시간 만에 유물을 쓸어 모았다.

유물 2,900여 점이 출토됐으나 실측도는 물론 최소한의 발굴 정황마저 기록되지 않았다. 어디서 무슨 유물이 나왔는지 발굴단원들조차 알 수 없었다. 유물은 발굴과 동시에 고고학적 생명력을 잃어 갔다. 모두가 제정신이 아니었다. 모든 것이 최악이었다.

무령왕릉은 획기적인 발견이었다. 누가 묻

했는지, 언제 축조됐는지조차 확인되지 않은 신라 고분과는 달랐다. 그것은 수수께끼로 가득 찬 고대 삼국사에 해답의 실마리를 던져줄 고고학계의 보고였다. 동아시아 고대사를 여는 블랙박스였다.

왕릉이 마침내 1500년의 침묵을 깨고 '무덤 속 진실'을 전하려는 바로 그 순간, 발굴단은 그 입을 틀어막았다. 발굴단을 이끌었던 김원룡은 훗날 탄식한다. "우리는 천추의 한을 남겼다. 그것은 우리 고고학계의 원죄였다!"

백제의 제2전성기를 열었던 25대 무령왕. 그는 웅진 시대의 백제를 해양 강국으로 다시 일으켜 세운 영주(英主)였다. 무덤에서 발견된 지석(誌石)은 그의 죽음을 중국 황제와 대등한 '붕(崩)'으로, 무덤을 '대묘(大墓)'로 표기했다. 백제의 자존심이었다.

그의 출생에 대해서는 고대사의 증언이 엇갈린다. 동성왕의 아들(『삼국사기』)이라고도 하고, 일본으로 건너간 곤지(개로왕의 동생)의 아들(『일본서기』)이라고도 전한다.

부끄럽게도 무령왕릉의 논의를 주도한 이는 일본 학자들이었다. 이들은 무령왕이 안치된 관의 재질이 일본 남부에서만 자라는 금송(金松)이라는 사실을 밝혀내 백제와 일본 왕실의 '친연(親緣) 관계'를 적은 『일본서기』에 힘을 실어 주었다.

그래서일까? 무령왕릉에는 일본인들의 답사가 줄을 잇는다. 도래인(渡來人)의 후손인 그들에겐 이곳이 귀소 본능을 자극하는 성지였던가. 정작 우리에게 백제사는 여백으로 남아 있을 뿐이건만!

|최익현 · 1833~1906|

도끼를 든 선비

"면암은 그동안 외세 저항의 측면만 부각돼 왔다.
그 점을 평가하더라도 그가 체제 개혁에
전면으로 맞섰던 사실이 간과되어서는 안 될 것이다."
—— 이미화

1906년 일본 쓰시마 섬에 유배된 면암(勉庵) 최익현.

일본군이 그에게 모자를 벗을 것을 요구하자 면암은 탄식했다.

"내가 지금 왜놈이 주는 쌀을 먹고 있으니 모자를 벗으라면 벗고, 머리를 깎으라면 깎을 수밖에 없는 것 아닌가. 굶어 죽을지언정 왜놈의 쌀은 단 한 톨도 삼키지 않겠다!"

74세의 고령이었으나 의기는 하늘을 찔렀고 그의 단식에 일본은 크게 당황했다. 이토 히로부미 통감은 특명을 내렸다. "쓰시마에 조선의 쌀과 보약을 보내라." 이토는 민심의 동요를 두려워했다.

면암의 죽음은 단식 때문이었을까? 당시 면암과 함께 있었던 제자들이 남긴 『해외일기』에 따르면 단식은 사흘 만에 끝났다. 일본 병사들이 부랴부랴 부산에서 쌀을 가져왔던 것이다.

면암은 수개월에 걸친 유배 생활로 지칠 대로 지쳐 있었고 울화증과 풍토병까지 겹쳐 반년 뒤에 병사했다.

면암의 일생은 상소와 유배로 점철되었다. 1876년 조선이 일본과 수교를 맺자 면암은 일본 사신의 목을 베라며 도끼를 들고 광화문에 나타났다. 그 유명한 '병자지부소(丙子持斧疏)'다. 민심을 어지럽혔다 해서 흑산도에 유배된다.

1895년 전국에 단발령이 내려져 고종이 상투를 자르자 그는 결연히 외쳤다. "40년 군신의 의리는 여기서 끝났다!"

오늘날 그 의미는 무엇인가.

면암이 살다간 19세기는 조선 지식인들에게 혼돈과 고뇌의 시기였다. 그들은 동아시아를 축으로 한 인식 지형에 서양을 새로이 그려 넣어야만 했고, 그것은 불가피하게 성리학의 가치질서와 세계관을 헝클어 놓았다.

유림은 만인평등과 사해동포주의를 내세우는 기독교적 세계관을 용납할 수 없었다. 신분철폐는 사대부의 존재를 부정하는 것이었다. 그것은 마땅히 배척해야 할 이단이었고 양이(洋夷)였다.

면암의 위정척사론은 그 정치적 선택이었다. 이이화 역사문제연구소 고문은 "북한 사학계에서도 면암은 외세저항의 측면만 부각돼 왔다"며 "그 점을 평가하더라도 그가 수구 세력을 대변하며 체제개혁에 정면으로 맞섰던 사실이 간과되어서는 안 될 것"이라고 지적했다.

1970년대 한국적 특수성과 민족주의를 강조하던 박정희 군사정권이 위정척사론을 근대적 민족주의 운동으로 치켜세웠던 것은 맹랑하다. 위정척사론의 저변에 깔려 있는 것은 바로 중화주의요 사대 사상이 아니던가.

위정척사론, 그것은 중세 봉건 왕조를 떠받드는 보수적 이데올로기, 그 이상도 이하도 아니었다.

매혹과 환멸의
20세기 인물 이야기

1판 1쇄 찍음 2006년 7월 10일
1판 1쇄 펴냄 2006년 7월 20일

지은이	이기우
편집인	이지연
발행인	박근섭
펴낸곳	(주) 황금가지

출판등록 1996. 5. 3. (제16-1305호)
주소   135-887 서울 강남구 신사동 506 강남출판문화센터 5층
전화   영업부 515-2000 / 편집부 3446-8773 / 팩시밀리 515-2007
홈페이지 www.goldenbough.co.kr

값 23,000원

ⓒ (주) 황금가지, 2006. Printed in Seoul, Korea

ISBN 89-8273-787-1 03900